国家社科基金项目（项目编号：13CJY095）

中国农业科学院科技创新工程（ASTIP-IAED-2015-06）

Risk Management and Strategy
Selection of China's Grain Import

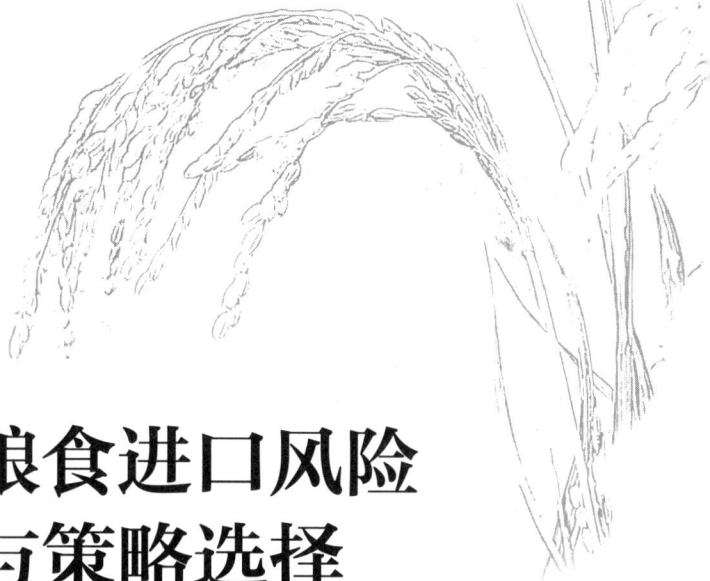

我国粮食进口风险防控与策略选择

钟 钰 等/著

中国财经出版传媒集团

经济科学出版社
Economic Science Press

序

古往今来，粮食安全是治国安邦的首善大举，也是社会稳定的基石，对于我们这样一个超过13亿人口的发展中大国，其重要性更是不言而喻。随着经济全球化的不断发展，特别是我国加入世界贸易组织以来，农产品市场的对外开放程度不断扩大，这意味着我国在努力发展国内粮食生产的同时，也需要更加重视对国际农产品市场的利用和挖掘。如何在不断开放的进程中，更加有效地利用国际市场、国际资源，是我们努力追求的目标之一。

钟钰博士主持的国家社会科学基金项目，经过两年多的研究，其最终成果《我国粮食进口风险防控与策略选择》就要公开出版了。总体来看，本项成果基于国家宏观、企业微观视角，对粮食进口和区域合作机制进行丰富和扩展，探讨进一步优化未来我国的粮食进口环境，为新时期保障国家粮食安全提供有效的对策依据。

纵览全书，有几个明显的特色：（1）宏观、微观基本面的有效对接。从全球、国家和企业、品种多个层面分析影响粮食进口的成本收益、环境条件，深入探究我国粮食进口的调控路径，量化分析进口效率、市场势力和贸易便利化等问题，提出了具有一定前瞻性、理论指导性、实践操作性强的框架体系。（2）国际、国内贸易政策的深度融合。从国际贸易、国内流通两个角度展开，既分析粮食进口效应、效率和国际区域合作，又实地调研国内粮食企业购销情况，有利于两套政策体系对比分析、融会贯通、结合对接，改善我国的粮食进口环境。（3）"适度进口"与"过度进口"的结合。大多传统思维是尽量扩大出口、实现顺差，2013 年底中央农村工作会议上提出国家粮食安全新战略，其中粮食"适度进口"体现出粮食安全观的巨大转变，本项研究成果紧紧围绕国家政策方针展开论证，具有很强的适时性、适用性；难能可贵的是，作者在研究"适度进口"的同时，警醒地提出，防止未来"适度进口"向"过度进口"转化，意义重大。

当然，粮食进口是一个重大的宏观战略问题，牵扯到与粮食供给、粮食需求相关的诸多层面，是综合性与系统性较为复杂的研究主题。在当前全球经济一体化、国内外市场快速融合背景下，农产品对外开放性愈加明显，如美国加速推动建立 TPP、中国提出"一带一路"倡议、国内成立四大"自贸区"以及多边双边自贸协定陆续达成共识，等等，要准确、全面把握粮食进口风险的规律特征，并判断其未来走势具有很大的难度。正因为如此，该成果还有进一步深入、拓展的空间，如多边双边自贸协定下的粮食进口、新一轮 WTO 农业谈判中的贸易壁垒等，这些新变化都持续影响着我国粮食进口的可靠性和稳定性。

钟钰博士是中国农业科学院农业经济与政策顾问团时任成员庞道沐先生和我合作指导的博士后，2009 年顺利出站并留在农经所工作以来，一直专注于农产品贸易、国际农业政策、粮食安全领域的研究，并具有一定的成果积淀，发表了有影响的学术文章几十篇。此书是他近七年研究积累的集中展示，衷心祝贺他主持的国家社科基金研究成果顺利结项并出版，期待他在未来的科学研究工作中取得更丰硕的业绩。

是为序。

2016 年 4 月

前　言

　　粮食安全是全球共同持续关注的重大战略问题，也是关乎国计民生的永恒主题。我国作为世界上人口最多的国家，既是粮食生产大国，也是消费大国和进口大国，粮食安全历来受到党和政府的高度重视。步入 21 世纪以来，随着改革开放不断深化和工业化、城镇化迅速发展，粮食消费量更是快速增长，以工业用粮、饲料用粮尤为明显。尽管粮食产量实现了多年的连续增长，但由于多种因素叠加影响，我国也由此前的粮食净出口国转变成净进口国，并显现逐年扩增趋向，突显了保障粮食安全的极端重要性、紧迫性。针对粮食进口量实实在在的大幅度增长，2013 年底中央农村工作会议和 2014 年中央"一号文件"，提出了"以我为主、立足国内、确保产能、适度进口、科技支撑"的国家粮食安全战略。由于资源约束的影响日益增强和消费需求的刚性增长，未来进口粮食成为大势所趋。利用国际市场资源，既是粮食安全新战略的内在要求，也是现实发展的必然选择。新战略秉持底线思维，坚持合理配置资源，集中力量保最基本，核心就是守底线、保口粮，必须坚持立足国内、基本自给的基本方针。国内旺盛的需求与国际上充足的供给相遇，有利于利用"两个市场、两种资源"，实现国内粮食市场平衡。市场范围的扩大以及外部粮食市场的复杂性加大了我们认识和利用国际市场的难度。借力但不依赖，必须未雨绸缪，采取系统性应对措施，增强进口收益，防控或减缓甚至遏制外部市场冲击和带来的经济风险。

　　本书以经济全球化和我国粮食进口可能面临潜在的三层经济风险为背景，在确定粮食进口风险理论框架和相关文献述评的基础上，比较国内粮食流通与国外粮食进口的相关指标，即考虑国际运输费、关税、增值税及港口杂费等，进口贸易仍然有利可图。进口粮食的物流渠道通畅、成本低廉、运输便捷，为开展进口提供了可能。进而分别从粮食进口调控效率、市场势力、大国效应、贸易便利化等内容展开，对我国粮食进口风险进行实证分析与研究。主要研究结果如下：

（1）在粮食进口效率方面，我国进口粮食价格与国际价格波动并未形成很好的互补关系，从而导致粮食进口效率偏低，且没有改善趋势，表明我国在粮食进口策略上缺乏主动性措施以应对国际粮食价格波动。在调控效率方面，粮食市场调控政策在稳定不同粮食品种方面存在较大差异，对粮食价格波动具有类似于稳定器的作用，在平抑稻谷与小麦波动方面具有较强作用，但平抑玉米价格波动的效率相对较低。

（2）我国粮食进口市场的内部结构存在不完全竞争性，以大米市场为例，呈现出典型的"寡头结构"。运用剩余需求弹性模型，并结合平稳性检验、Johansen 协整检验等方法，结果显示越南大米在我国的市场势力最强，巴基斯坦紧随其后，而泰国的市场势力则相对最弱。个别国家的大米出口很有可能出现波动，市场难以实现稳定，这不利于我国大米进口规模保持稳定。寡头之间的市场势力差异说明我国大米进口市场的结构仍不具备稳定性，可进一步加强与泰国间的大米贸易对接，并通过"分散化进口"策略抑制个别出口大国的完全性垄断。

（3）要警惕未来"适度进口"转化为"过度进口"，基于系统 GMM 估计方法，显示出我国粮食进口与国际粮食价格间的弱项关系，国际粮食价格变动主要受其自身惯性的影响，我国粮食进口与国际粮食价格之间存在较为显著的正向弹性关系，尽管"大国效应"很微弱。需要注意的是，我国粮食进口增大了国际化肥供给价格弹性，因此我国粮食进口要充分考虑国际市场的供给能力，提前给予世界一个明确的信号或合理稳定的进口需求预期。生物质能源产量、原油价格与国际粮价的弹性关系趋向式微，表明我国粮食进口稀释了生物质能源和原油与粮食之间的价格需求弹性。

（4）运用动态面板差分 GMM 模型，从进口贸易流量角度实证分析我国与东盟贸易便利化对区域粮食可获得性的影响，研究表明，中国—东盟区域范围内的粮食进口贸易具有较强的时间持续性，提升港口、铁路基础设施和海关程序负担的质量等级，对区域粮食可获得性（进口）有显著的促进作用；提升我国和东盟区域贸易便利化水平，可以显著提高区域内粮食进口规模，增强区域粮食可获得性程度。而且通过区域协作能有效约束粮食出口限制政策的实施，提升区域范围内粮食政策效率。

（5）纵览日韩粮食进口政策的经验，结合我国国情粮情和国际粮食市场特点，决定了开放条件下我国要采取"有保有放"、"次序放开"的粮食进口政策，对进口贸易与生产自给的关系做到拿捏有度。在努力实现进口调剂补充、区域粮食协作、保障适度进口、培育国内粮食企业等四大目标引领下，要坚持"四个原则"、"围绕一个中心"、"狠抓一条主线"和把握"三个维度"。从战略层面来讲，我国粮食进口风险防控战略应从风险管理的需要出发，以市场化为根本导向，以最大收益、最小风险依靠国际市场获取所需粮食为目标，构筑导向明确、重点突出、配套协调的进口政策体系。从操作实战来讲，可借鉴日韩粮食进口的政策经验，结合我国粮情农情具体情况，综合运用市场监控、谈判策略、政策扶持和贸易救济等政策工具，多措并举、稳妥推进各项政策落地生根，发挥"组合拳"功效，为粮食进口提供全方位、多层面的立体安全防护网。

本研究基于国内外粮食市场联动条件下面临的三重经济风险，构建了我国粮食安全防控从宏观战略到微观策略的研究框架，分析了进口效率、市场势力、大国效应、贸易便利化等问题，希望对这些问题、理论的分析，能为专家学者进一步研究提供新的思路；提出的借鉴启示、政策建议，对我国粮食进口政策制定有所启发和参考。

目 录
CONTENTS

第一章　引言 ／ *1*

一、研究概述 ………………………………………………… 1

（一）研究背景 ……………………………………… 1

（二）研究目标 ……………………………………… 2

（三）主要内容 ……………………………………… 3

二、研究方法和技术路线 ……………………………… 5

（一）研究方法 ……………………………………… 5

（二）技术路线 ……………………………………… 9

第二章　粮食进口风险的理论框架 ／ *10*

一、风险相关理论基础 …………………………………… 11

（一）风险内涵 ……………………………………… 11

（二）风险特征 ……………………………………… 13

（三）风险管理 ……………………………………… 17

二、研究框架 ……………………………………………… 20

（一）进口风险视角 ………………………………… 20

（二）粮食进口政治风险 …………………………… 21

（三）粮食进口经济风险 …………………………… 24

三、研究现状与文献述评 ………………………………… 28

（一）进口效率 ……………………………………… 28

（二）调控效率 ……………………………………… 29

（三）市场势力 ……………………………………… 30

（四）价格传导 ……………………………………… 32

（五）贸易便利化 …………………………………… 34

（六）大国效应 ……………………………………… 36

（七）产业绩效 ……………………………………… 38

第三章　国际粮食供求与我国粮食进口流通 / 40

一、国际粮食供求状况 …………………………………… 41

（一）国际粮食出口状况 …………………………… 41

（二）国际粮食进口状况 …………………………… 44

二、我国粮食流通格局及其变化 ………………………… 47

（一）国内产销格局变化 …………………………… 47

（二）国内粮食流通情况 …………………………… 51

三、我国粮食进口与国内流通比较 ……………………… 58

（一）运输成本比较 ………………………………… 59

（二）运输时间比较 ………………………………… 62

（三）运输方式比较 ………………………………… 63

四、粮食流通面临的障碍及挑战 ………………………… 65

（一）受到运输设备和运输条件的严重制约 ……… 65

（二）粮食流通通道网络尚不健全 ………………… 67

（三）粮食物流技术装备水平比较落后 …………… 68

第四章　我国粮食进口及调控效率 / 71

一、我国粮食进口总体分析 ……………………………… 72

（一）不同阶段粮食进口状况 ……………………… 72

（二）不同粮食品种进口状况 ……………………… 75

（三）进口粮食的主要来源国 ……………………… 81

二、粮食进口效率分析 …………………………………… 83

（一）粮食进口价格与世界粮食价格走势 ………… 83

（二）我国粮食进口效率分析 ……………………… 86

（三）典型国家粮食进口效率比较 ………………… 88

三、粮食市场调控效率检验 ……………………………… 93

（一）调控效率测算说明 …………………………… 93

（二）不同粮食品种调控效率 …………………………… 96

第五章　我国粮食进口效应分析 / 100

一、进口激增背景下的国内外粮食市场价格关系 ………… 101

　　（一）国内外粮食价格倒挂的现状与趋势 ……………… 101

　　（二）国内外粮食价格倒挂的主要原因 ………………… 104

　　（三）过度进口带来的主要问题 ………………………… 108

二、国内外粮食价差与进口动态传导关系 ………………… 110

　　（一）模型设定与估计方法 ……………………………… 111

　　（二）实证检验及结果 …………………………………… 112

三、粮食进口的市场势力 …………………………………… 118

　　（一）市场势力模型构建 ………………………………… 121

　　（二）市场势力结果测算 ………………………………… 124

　　（三）模型输出结果比较 ………………………………… 127

四、粮食进口"大国效应"的验证 ………………………… 130

　　（一）模型、方法与数据 ………………………………… 134

　　（二）估计结果与分析 …………………………………… 136

　　（三）结论及政策含义 …………………………………… 139

第六章　粮食进口安全与贸易便利化 / 140

一、我国粮食进口战略走向："适度进口" ……………… 141

　　（一）政策背景 …………………………………………… 141

　　（二）政策含义 …………………………………………… 143

　　（三）政策内容 …………………………………………… 145

二、国际粮食市场的出口限制 ……………………………… 148

　　（一）规则缺失下的粮食出口限制 ……………………… 149

　　（二）粮食出口国的出口限制政策 ……………………… 152

　　（三）区域一体化下的粮食贸易合作 …………………… 155

三、贸易便利化与粮食区域合作 …………………………… 158

　　（一）研究方法与资料来源 ……………………………… 160

　　（二）贸易便利化的影响 ………………………………… 165

　　（三）方案模拟 …………………………………………… 167

第七章　我国粮食进口的策略选择 / 170

一、典型国家粮食进口政策 …………………………… 170

（一）严格管控大米进口数量 ………………………… 171

（二）放宽准入小麦、玉米进口 ……………………… 172

二、我国粮食进口的策略选择 ………………………… 173

（一）主要原则 ……………………………………… 174

（二）战略目标 ……………………………………… 175

（三）政策选择 ……………………………………… 180

三、政策建议 ………………………………………… 189

（一）加强粮食对外协作力度和范围，抓紧完善粮食进口

贸易调控政策 …………………………………… 190

（二）根据国际粮食市场风险性加大特点，强化对国际

粮食市场的监测监管 …………………………… 192

（三）深入参与多边双边谈判，维护粮食发展核心利益 …… 193

（四）加快培育国内领军的粮食集团，推进粮食

企业"走出去" ………………………………… 194

参考文献　/　196

后记　/　215

第一章　引　言

一、研究概述

（一）研究背景

　　纵观我国近年的粮食市场，国内粮食产量实现连续十一年增产，为经济持续稳定健康发展提供了物质保障，为应对国际粮荒、维护社会稳定提供了坚实基础，并满足了城乡居民日益增长的粮食需求。但粮食供求仍处于"总量平衡、结构短缺、长期偏紧"的状况。粮食结构性矛盾比较突出，表现为粮食供应品质失调，存在一般品种多，优质、专用品种少的问题，需通过进口弥补国内短缺品种供应，如我国居民口粮消费进一步下降，稻谷、小麦供需基本平衡，但肉蛋奶等畜禽产品消费增加，消费结构加快转型升级，玉米供需不平衡。三大粮食作物呈现全面净进口，延续并强化了"大量净出口—净出口量下降—全面净进口"的趋势。从粮食进口数量看，我国已是进口大国，但由于信息交流不畅、调控体制机制不灵活和进口企业缺乏话语权等原因，并未因此而获得相应的买方垄断收益，存在进口效率、调控效率不高等问题，甚至出现阶段性过量进口危及国内产业发展的问题。今后一段时期，国内粮食需求还会持续增长，在"转方式、调结构"的背景下，单纯依靠国内有限资源难以满足国内粮食消费增长需要。考虑到缓解我国日益趋紧的资源环境压力，未来采取"有保有放"策略不可避免，需要利用国际市场，统筹利用"两个市场、两种资源"，鲜明地把"适度进口"作为弥补国内粮食供求缺口的重要调节手段，这也是实现粮食可持续发展的客观要求。国内旺盛的需求与国际充足的供给相交，有利于利用"两个市场、两种资源", 实现国内外结合的粮食市场平衡。如果面对一个供给波动巨大的外部市场, 就不得不受到来自外部市场的影响甚至冲击。市场范围的扩大以及外部粮食市场的复杂性, 加大了认识和利用国际市场的难度。尤为要注意的是, 受 2009 年欧洲主权债务危机和国际经济复苏乏力、消费疲软等影响, 粮食等主要农产品国际价格不断下行, 进一步加大了国内外粮食价格差。2013~2014 年间, 粮食产量全面增产的同时, 国内粮价陆续、持续高于国际价格, 内外价差呈现不断扩大趋势, 价差驱动进口效应增强, 导致粮食进口过度, 出现"边进口、边积压"、"洋货入市、国货入库", 给国内产业发展和粮食安全带来巨大挑战。根据国家粮油信息中心数据显示, 2014 年在储备充足的情况下, 大米、玉米和小麦库存增加了 4 500 万吨。深入分析粮食进口规律, 准确把握发展趋势和内在机理, 做到亡羊补牢、未雨绸缪、有效应对, 对落实好国家粮食安全新战略至关重要。

学者们(卢锋, 1998; 胡迎春、刘卿, 2003; 谭术魁等, 2003)从有关历史事实推断, 未来我国遭遇类似于美国对苏联大规模粮食禁运事件的可能性不大, 国际贸易环境的演变趋势会进一步降低这类事件发生的几率。但由于国际市场贸易量有限及存在波动性和不确定性, 即使不考虑政治、军事等因素, 要保障我国大量粮食(谷物)进口需求也将面临很大的风险和挑战。因此, 我国粮食进口风险主要面临的是经济方面的潜在风险。

(二) 研究目标

快速工业化、新型城镇化促使粮食供求关系将长时期处于紧平衡状态, 国内有限的自然资源与粮食消费需求持续增长存在矛盾, 适度的粮食进口既是弥补国内粮食缺口的现实需要, 也是落实粮食安全新战略的必然选择, 决定了当前要更好地利用国际粮食市场的紧迫性和政策创新的必要性。但不能一放了之, "放什么、放多少、怎么放"提出了确保国家粮食安全的目标底线和责任要求, 必须策略性地控制好规模、节奏和渠道, 防止不必要的损失和对国内相关产业的冲击。粮食进口是开放的中国贸易体制内外互动的过程，随着粮食金融化程度的提高，我国面临的外部粮食环境越来越复杂，必须借助政府、市场、社会等多种手段和机制的协调。提高我国粮食进口收益获取能力，要发挥宏观政策的诱导性作用，实行"差别化、多样化"的贸易政策，这是管控我国粮食进口风险的切入点。本项目旨在研究在粮食进口常态化、不可避免趋势下，最大程度地保障对国际市场利用程度，防控我国粮食进口可能遭遇的经济风险，并增强收益获取能力，从我国粮食进口快速增长的现实问题出发，分析我国粮食进口和流通情况，把握粮食进口的总体特征和一般规律，构筑我国粮食进口风险防范与调控机制。粮食安全的内涵不仅包括国内可持续发展的生产能力，还包括对国际资源的控制力和有效利用程度。实施恰当的粮食进口调控政策，充分发挥政策杠杆效应，直接关乎我国能否通过国际市场有效增强国内粮食供给能力，又能平抑、减缓进口激增的影响冲击，这是本研究拟突破的关键点和研究价值所在。

（三）主要内容

1. 粮食进口与国内流通比较

我国粮食流通的多层级性、远距离性，且粮食运输方式的弱系统性，在一定程度上导致了粮食流通高成本、低效率，限制了国内粮食自我调剂的能力，从而为粮食进口创造条件，我国多次粮食供求失衡大多与粮食综合流通能力不畅有一定的关系。通过对国内粮食流通的成本、时间等若干要素与粮食进口的关联研究，探析区域流通不畅是否推动进口的增加。

2. 我国粮食进口、调控效率分析

选取有代表性的粮食进口国，如日本、菲律宾、巴西、墨西哥等粮食进口大国，与我国粮食进口效率相比较，探讨影响贸易效率的主要原因。同时采用 ARCH 类模型，对比分析稻谷、小麦和玉米市场价格波动的特性及差异，以此评价粮食调控效率。

3. 我国粮食进口效应

近年我国粮食进口出现激增态势，粮食进口与价差如何相互影响，本小节将通过构建面板向量自回归模型，系统考察二者间的动态量化关系。在大量进口过程中，呈现出典型的"寡头结构"特征，我国既要注意这些国家的出口情况，防止出现个别寡头拥有较高的市场势力进行合谋，预先分割市场，从而导致市场的非技术性垄断；也要避免出现进口"大国效应"，"大国效应"会约束贸易大国的贸易行为，进而对其经济利益造成负面影响。

4. 粮食进口贸易便利化

中国—东盟区域范围内的粮食进口贸易具有较强的时间持续性，提升港口、铁路基础设施和海关程序负担的质量等级，对可获得性（进口）的作用重要。运用动态面板差分 GMM 模型，从进口贸易流量角度实证分析贸易便利化对区域粮食可获得性的影响，这个问题对于国际化背景下利用区域合作机制保障粮食安全具有重要的现实意义。通过实证分析中国与东盟贸易便利化对区域粮食可获得性的影响，期望为我国利用区域合作保障粮食安全提供现实依据。

5. 我国粮食进口的战略安排研究

以经济全球化和国内粮食战略调整为背景，较全面地构建我国粮食进口常态化下应对风险的框架。增强粮食进口战略的针对性、稳健性和有效性，提供调控的预见性、科学性和适时性，进一步完善政策环境，强化政策抓手。具体而言，在努力实现四个目标引领下，要坚持"四个原则"、围绕"一中心"、狠抓"一条主线"、把握"三个维度"。基于未来我国粮食进口的总量、结构、来源地和遭遇风险等趋势判断，以进口收益最大化、风险最小化为目标，构筑我国粮食进口风险防范与调控机制。

二、研究方法和技术路线

（一）研究方法

本研究是基于我国当前实际情况和实证分析基础的应用性研究，以实现利用外部粮食市场最大化为目的，将规范研究和实证分析相结合。规范研究论述进口风险的内涵、演变机理和防范举措，并以此为基础展开理论分析；在规范研究的基础上进一步做实证分析。定性分析着重进口政策的归纳和粮食进口演绎运用；定量分析针对市场势力、大国效应和贸易便利化等实用方法，以确保研究结果的科学性与精确性。主要定量分析方法如下：

1. ARCH 系列模型

针对自回归模型中存在的异方差问题，提出了自回归条件异方差模型（Autoregressive Conditional Heteroskedasticity，简称 ARCH 模型）。该模型由均值模型和方差模型构成。均值模型采用自回归模型，如下所示：

$$y_t = \beta_0 + \sum_{p=1} \beta_p y_{t-p} + \varepsilon_t \qquad (1.1)$$

其中 y_t 代表对数价格一阶差分即价格波动率，p 为滞后阶数，ε_t 为扰动项。

方差模型为：

$$\sigma_t^2 = \alpha_0 + \sum_{p=1} \alpha_i \varepsilon_{t-i}^2 \qquad (1.2)$$

在 ARCH 分析基础上，博勒斯莱文（Bollerslev, 1986）在上式基础上加入方差项的滞后项，构建了广义自回归条件异方差（Generalized Autoregressive Conditional Heteroskedasticity，简称 GARCH 模型），利用 GARCH 模型分别检验外部冲击对粮食价格波动的影响以及粮食价格波动的跨期传递效应。

$$\sigma_t^2 = \alpha_0 + \sum_{i=1}^{p} \alpha_i \varepsilon_{t-i}^2 + \sum_{j=1}^{q} \beta_i \varepsilon_{t-j}^2 \qquad (1.3)$$

格洛斯顿、贾甘纳坦和朗克尔（Glosten, Jagannathan and Runkle, 1993）提出了非对称的"门限GARCH"模型（简称TARCH模型）；纳尔逊（Nelson, 1991）提出了EGARCH模型。为进一步分析粮食价格的波动原因，将采用TARCH、EGARCH模型分别检验不同信息对粮食价格波动的影响，以考察政府"托低平高"政策在稳定粮食价格方面的调控效率。

$$\sigma_t^2 = \alpha_0 + \alpha_1 \varepsilon_{t-1}^2 + \lambda_1 d_{t-1} \varepsilon_{t-1}^2 + \beta_1 \sigma_{t-1}^2 \tag{1.4}$$

$$\ln\sigma_t^2 = \alpha_0 + \alpha_1 \left(\frac{\varepsilon_{t-1}}{\sigma_{t-1}} \right) + \lambda_1 \left| \frac{\varepsilon_{t-1}}{\sigma_{t-1}} \right| + \beta_1 \ln\sigma_{t-1}^2 \tag{1.5}$$

2. 市场势力模型

在测定市场势力的模型中，主要基于勒纳指数展开分析，用"市场定价"参数值来体现市场势力的影响程度。"市场定价"是指当进口国货币升值时，出口商不但不降价反而维持原价格，甚至还会提高出口品单位价格，反映了出口商对市场拥有很强的影响力、占有率。以往研究大多根据传统产业组织理论中的SCP范式理论，从结构变化对绩效的影响入手，使用市场集中度指标进行衡量。布雷斯纳汉（Bresnahan, 1989）的剩余需求弹性模型是评估产业层面市场势力的常用方法，该模型利用经济计量学模型估算目标市场上某产业的市场势力，从而推断某一产业在特定市场上的价格加成能力。高柏和克内特（Goldberg and Knetter, 1999）结合竞争对手和市场需求因素的影响，丰富了该模型的内容，本研究也以此方法测算粮食市场势力。为了测算剩余需求弹性，假设出口国与出口市场之间的汇率波动是导致该国出口企业在出口市场上的供给曲线变化的最主要因素，且在样本期间并没有发生重大贸易政策的变化，上述模型可表述为：

$$\ln P_{mt}^i = \lambda_m + \eta_m \cdot \ln Q_{mt}^i + \alpha_m \cdot \ln Z_{mt} + \beta_m \cdot \ln W_{mt}^n + \varepsilon_{mt} \tag{1.6}$$

其中，$i = 1, 2, \cdots$，表示一国的出口产品种类；$m = 1, 2, \cdots$，表示该国的主要出口市场；t 为年份；P_{mt}^i 和 Q_{mt}^i 分别表示该国对出口市场 m 产品 i 出口价格和出口数量；Z_{mt} 为出口市场影响市场需求的需求转换矢量；W_{mt}^n 为该国在出口市场上面临的 n 个竞争者的影响成本的成本转换矢量；λ_m 为常数；ε_{mt} 为随机干扰项。而 η_m 表示出口价格对出口量的弹性，即剩余需求弹性，其绝对值是市场势力大小的表征量；α_m 和 β_m 分别表示出口市场需求与竞争者成本对出口价格的影响程度。

3. 面板向量自回归模型（Panel VAR）

构建面板向量自回归模型（Panel VAR），研究粮食国内外差价与我国粮食进口量之间的量化关系。加入个体效应和时间效应，得到以下结构的模型：

$$z_{it} = \alpha_0 + \sum_{1}^{P} \beta z_{i,t-p} + e_t + f_i + \varepsilon_{i,t} \tag{1.7}$$

其中，$z_{it} = (IV_{i,t}, PG_{i,t})'$，$i$ 表示不同粮食品种，t 表示时间；e_t 是二维时间效应向量；f_i 是三维粮食品种的个体效应向量；$\varepsilon_{i,t}$ 表示扰动项，该扰动项服从正态分布特征，且满足 $E(\varepsilon_{i,t}|f_i, e_t, z_{i,t}, z_{i,t-1}, \cdots, z_{i,t-p}) = 0$。

采用由洛夫和齐克柴纳（Love and Zicchina，2006）提出的 Panel VAR 模型估计程序，对原始数据进行平稳性检验，在确定没有单位根的前提下利用广义矩估计（GMM）方法进行系数估计，随后描述脉冲响应函数图以观察内生变量之间的动态关系，同时进行方差分解分析。扰动项满足的条件意味着 $E(\varepsilon_{i,t} \otimes z_{i,t-p}) = 0$ 对于所有 $p \geqslant 1$ 都成立，但固定效应会使广义矩估计方法无法得到有效估计的系数，要先消除模型中包含的固定效应，然后对去除固定效应的 Panel VAR 模型进行有效估计。

4. "大国效应"模型

将我国粮食进口量作为一项影响因素引入国际粮食价格回归分析方程，构建实证分析国际粮食价格的基本模型：

$$P = f(Q, Z) \tag{1.8}$$

式中，P 为国际粮食价格，Q 为我国粮食进口量，Z 代表若干影响国际粮食价格的其他重要因素。

使用时间序列数据进行实证分析，考虑到国际粮食价格受一定惯性的影响，将模型设定为：

$$\ln P = c + \alpha \ln Q + \sum \beta_t \ln P_t + \sum \theta_j \ln Z_j + \varepsilon \qquad (1.9)$$

式中，ln 表示各变量的对数形式，c 表示常数项，α、β_t、θ_j 表示变量系数，ε 表示随机干扰项。因变量 P 为国际粮食市场价格，Q 为我国粮食进口量，Z_j 为影响国际粮食价格的其他重要因素。

5. 引力模型

借鉴万有引力作用原理，引力模型被广泛应用于评估双边贸易中流量规模和因素影响程度，尤其是在测算经济体规模、经济中心距离和消费规模等对双边贸易流量的影响。后来人们开始不断扩充影响因素变量，增加了制度机制、文化习俗等政策指标来考察各国制度因素以对双边贸易量的影响，最具代表性的是安德森和温科普（Anderson and Wincoop，2001）基于不变替代弹性支出系统，推导的引力模型。引力模型一般包括以下两种解释变量：一是衡量市场规模的解释变量，如 GDP 等；二是衡量贸易成本的解释变量，如两国之间的绝对距离，两国是否接壤等。

$$\ln X_{ijt} = U_{ij} + \beta_1 \times \ln GDP_{it} + \beta_2 \times \ln GDP_{jt} + \beta_3 \times \ln Dist_{ij} + \beta_4 \times Border_{ij} + V_{ijt}$$

$$(1.10)$$

贝尔和柏格斯特兰（Baier and Bergstrand，2007）改进了贸易引力模型，认为使用面板数据做引力模型估计能够得到更准确的结果。本研究将结合中国—东盟区域贸易现状，在引力模型中引入贸易便利指标。

需要说明的是，以上模型所需数据主要来源于 FAO 农产品价格数据库、UN Comtrade 数据库、世界银行贸易发展指数数据库、商务部《中国农产品进出口月度统计报告》、农业部《农产品供需形势分析月报》（大宗农产品）以及国家统计局和国家粮食局等部门数据。研究过程中，国内各部门和国际机构发布数据的时间不一，也无明显规律可循，尤其涉及不同国家、不同产业的数据生成更是明显地滞后于研究报告成文时间，所以上述模型中采用数据的起止点略有不同，很难做到整齐划一。但样本数据最后节点基本上相差不超过一年，不会影响整个研究的连贯性、一致性和结果可信性。

（二）技术路线

本书的研究框架如图1-1所示。

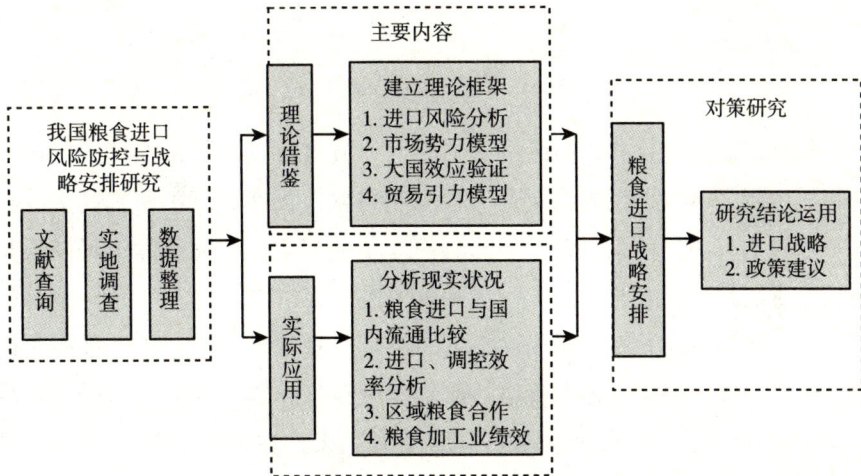

图 1-1　本书的研究框架

第二章 粮食进口风险的理论框架

　　随着经济全球化和区域经济一体化深入发展，资源要素在国际间的流动和重组越来越快，世界农业合作程度和粮食市场融合度不断提高。在今后一个时期，国外环境仍将发生深刻而复杂的变化，依托国际市场获取粮食依然面临诸多严峻的挑战。世界粮食供需存在"三个并存"——全球性平衡与区域性短缺并存、全局性平衡与结构性短缺并存、全年性平衡与阶段性短缺并存。同时，粮食价格的波动频度越来越快、幅度和力度越来越大，还没有彻底根除威胁粮食安全的隐患因素，在特定时期仍会卷土重来。粮食危机的风险始终存在，统筹国际国内两个市场、两种资源的任务还较为艰巨。在开放的市场条件下，一个国家或地区往往会比一个自给自足的市场更能保障粮食安全。在自给自足的自然经济条件下，粮食安全主要是一个国家内部的事情，此时粮食安全风险只有唯一的承担主体；但在开放经济条件下，粮食的供给源得以扩大，粮食安全的风险在某种程度上会得到化解和分担，粮食安全的水平就会大大提高。当前国际经济发展的一体化趋势越来越多地体现了互补、替代和明确的分工，大多数国家或地区都非常重视利用国外的资源和市场状况，合理确定粮食的进口依存度和进口来源地，提升进口的综合效应，进而强化粮食安全。我国实现粮食安全这一目标也必须顺应这一潮流，通过开放和贸易寻求国际市场与资源的支持；发展灵活的粮食进出口贸易将有助于实现有效率的粮食安全。但是，进入国际市场也意味着引入新的风险，这种风险既涉及国际粮食市场本身的供应安全，也涉及国际市场对国内市场的影响。大米和小麦作为基本口粮，各国都将其作为确保国内稳定的"稳压器"，政治经济敏感度极高，受保护措施干预的可能性极大，依靠国际市场不确定性风险大；玉米国际市场供需偏紧，作为生物质能源原料与能源市场联动性强，供给和价格波动风险大，未来最大的风险在于美国的生物质能源政策。如果未来能源价格上涨，美国就可能加大玉米燃料乙醇转换力度，进而影响国际市场玉米价格，导致进口风险陡增。在参与粮食国际贸易过程中，必须加强风险预防、控制与管理，增强粮食进出口渠道的稳定性、控制进口寡头市场垄断、防止粮食大国随意出口限制等风险。只有做到防患于未然、居安思危，才能最大程度地获得经济利益，进口途径成为保障我国粮食安全目标的有效补充。

一、风险相关理论基础

（一）风险内涵

根据维基百科的解释，风险是指事件发生与否的不确定性[①]，相对某有机体有可能发生，发生后会阻碍有机体的发展，甚至走向衰亡。"认知学"认为，损害的程度取决于人类主观认识和客观存在之间的差异性。在这个意义上说，风险即在一定条件下特定时期内，预期结果和实际结果之间存在差异，这种差异对决策主体很重要，甚至有很大的利害关系。由于对风险理解认知的维度有差异，或者对风险关注视角不同，所以对风险的内涵、概念没有达成一致性定义。总体来看，大致包含以下几种代表性观点以供参照。

（1）风险是对某事件带来后果的不可预见性或不确定性。美国经济学家弗朗·奈特（Frang H. Knight）1921 年在其发表的博士论文《风险，不确定性和利润》中对风险做了经典的界定——风险是"可度量的不确定性"，而"不确定性"是指不可度量的风险（王宇、王文玉译，2005）。美国学者莫布雷（A. H. Mowbray，1995）将"风险"定义为不愿发生的事件发生的不确定性。威廉姆斯（C. A. Williams，1985）认为，风险是在给

---

① 严格意义上的风险和不确定性是有区别的。风险是指事前可以知道所有可能的后果及其出现的概率；不确定性是指事前不知道所有可能的后果，或者虽知道可能的后果但不知道它们发生的概率。

定的条件和某一特定的时期，未来结果的变动。

（2）风险是损失发生的不确定性。罗森布卢姆（J. S. Rosenbloom，1972）在《风险管理案例研究》（*A Case Study in Risk Management*）一文中认为人们防控风险主要就是担心损失，所以风险主要针对带来损失与否和程度的不确定性；克拉内（F. G. Crane，1984）将风险定义为未来损失的不确定性。鲁夫利等（Ruefli, et al.,）把风险定义为不利事件发生的概率程度。可分为主观、客观两个层面：主观层面认为不确定性是个人主观和心理上的一种感受，是基于个人认识对过程结果的估计，估计内容包括是否发生、发生时间、发生范围和发生程度的不确定性；客观层面判断是以科学观察、严谨判断风险事故为基础，利用数学运算、统计概率的方法来量化程度。

（3）风险是指发生损失或损害的不确定性、概率的大小。段开龄（1993）认为，对保险公司或被保险企业来说，风险可以引申定义为预期损失的不利偏差，若实际损失程度超过预期损失结果，则此偏差对保险公司而言即为不利偏差。哈里·马科维茨（Harry M. Markowitz）提出"下方风险"概念，即如果实现的收益率低于预期收益率，可通过半方差来测度下方风险程度（周刚等译，1999）。

（4）风险是指发生损失损害的可能性。朱淑珍（2002）认为不确定性和风险是两个完全不同的概念。不确定性是指不利结果发生的可能性，是否有可能发生不利于行为主体的结果是判断风险的唯一标准。风险是一个双维度概念，由损失程度与损失发生可能性两个指标衡量。风险与收益往往存在着紧密的伴随关系，多数情况下，高风险意味着高收益。王明涛（2003）在总结各种风险描述的基础上，认为风险具有损失概率、可能造成损失程度以及损失易变性三方面的特性构成，进而将风险界定为在决策过程中，由于各种不确定性因素的影响，决策方案在一定时间内出现不利结果的可能性以及可能带来损失的程度，包涵上述三个本质属性，其中可能损失的程度是最关键、最核心的内容。

（5）风险是数个构成要素相互叠加影响、共同作用的结果。风险的基本构成单位包括风险内容、引发事件以及作用结果，其中风险内容是风险发生、演变、运行的必要条件，是风险爆发和存在的前提；引发事件是风险爆发的充分条件，是外界环境变量出现未预期到变动从而导致风险结果的事件，引发事件在整个风险构成中居于主动地位，其是连接风险内容与作用结果的纽带媒介。根据风险的形成机理，郭晓亭、蒲勇健等（2004）认为，风险是在一定的时间内，以相应风险内容为必要条件，以相应引发事件为充分条件，有关行为主体承受相应风险结果的可能性。叶青、易丹辉（2000）认为，风险是在一定时间内由风险因素、风险事故以及风险结果递进联系而呈现的可能性。

综合以上文献的研究结论，风险是指在一定时期内、一定因素影响下、一定区域范围内发生的各种结果的可能性。从以上定义不难看出，风险包括两个方面的含义：一是风险发生与否的不确定性，只能通过概率来表示其出现的可能程度；二是风险带来结果的不确定性，即风险产生的结果可能是重大损失、轻微损失、盈利颇丰、少许获利以及无损失也无获利。损失是广义上的风险，盈利是狭义上的风险。风险是事件本身具有的不确定性，具有客观性的特征，风险的大小随时间的变化而变化，是"一定时期内"的风险。本研究提到的"风险概念"是指：行为主体为某一行为决策所承担损失的不确定性，也就是行为决策所依据的客观实际和主观预期之间相背离而发生损失的可能性。任何风险产生与突发都必须经过一个生成、潜移、演化以及作用的过程，在这个过程中风险通过积累各种风险成因，再经过风险成因之间的相互影响和作用而最终爆发，并会产生不同程度的破坏。

（二）风险特征

粮食安全上的风险是诱发粮食供求不安全状态的一系列不确定因素，它既涉及粮食生产能否保证足够的粮源，又涉及人们能否以合理的价格适时获取满足生存和发展所必需的粮食。粮食安全所面临的风险除具备一般性风险所具有的特征，还体现了客观、系统、复杂和扩散等属性。

1. 客观性

即不以人的意志为转移，独立于人意识之外的客观存在，由超过人们主观意识所存在的客观规律决定。决定风险的许多因素是相对于风险主体而独立存在，并在一定条件下促使风险由可能转变为现实。风险的客观性还表现在它存在于人类社会经济活动的各个方面，人们无法消除风险，只能采取各种方法防御风险，慎重决策，实施风险管理和控制，尽量规避风险。

2. 系统性

从性质上看，粮食安全系统涉及生产、流通、储备等多个环节，是各种可控因素和不可控因素变化的一个综合集成反应，只有在生产稳定、流通有效、消费持续、储备充分和贸易顺畅的前提下才能实现粮食安全，而上述任何环节出现差错都有可能引发粮食风险。粮食风险所涉及的上述因素，除独立发挥它们各自的作用之外，还会通过相互间的作用对粮食安全产生影响。如粮食生产领域的问题会扩展到流通、消费和贸易环节；消费领域出现的风险也有可能向上游领域传递，消费变化释放出的市场信号将会影响粮农的种粮意愿，进而对下一时段的粮食生产和供给造成影响。这些多元因素，再加上它们之间的关联性，致使一个领域的风险因素会引起一系列连锁损失的可能性。因此在粮食安全风险问题上，我国面临的是一种系统性的风险。本研究更多关注在流通贸易环节，从流通领域来说，能否实现粮食供求的顺利对接和转移是影响粮食安全的主要风险，构成这一风险的因素涉及：粮食流通渠道是否畅通、粮食价格能否保持平稳、粮食购销主体是否多元、粮食供求区域之间是否平衡、粮食市场结构是否具有竞争性、粮食企业能否迅速回应市场信号、政府宏观调控能否有效地化解粮价波动及其负面效应等。就进口贸易而言，国际市场上的粮食供给能力和价格水平、粮食进口对国际市场的依赖度、粮食进口国的经济实力、汇率变动等因素都有可能成为诱发粮食进口风险的因素，要确保粮食安全就要做好防控以规避这些风险。

3. 复杂性

在市场开放条件下，粮食进口涉及多个维度、多个环节、多个主体，蕴含的风险种类纷繁复杂，不确定性也越来越大。从传统社会发展到开放社会，粮食进口逐渐呈现出自然风险与市场风险交织、国内风险与国际风险并存的复杂特征。基于粮食产业对自然条件的高度依赖性，主要粮食出口国自然条件变化会对粮食进口造成最直接的影响。随着自然经济向市场经济转型，给粮食安全带来风险的不仅是自然因素，社会化大生产也带来了新风险，增加了危机发生的频率，加剧了粮食生产的不稳定性，扩大了粮食安全的威胁源。市场机制能否有效调节粮食供求、粮食价格形成机制是否健全、粮食流通管理体制是否完善、粮食市场结构是否具有竞争性等因素，成为影响粮食进口的市场因素。在这个市场化程度日益加深的转型过程中，粮食进口所面临的风险种类将越来越多，风险危害性将不断加大，并且不可控性也越来越高。

在全球经济一体化趋势下，国与国之间形成了相互依赖的经济贸易合作关系。国际市场既为各国提供了广阔的贸易空间，也带来了各种潜在风险，这些风险主要集中在国际粮食市场供求和价格的变化上。在贸易依存关系日益加深的时代，正确的粮食安全观念必须将国内和国际市场风险因素同时纳入考量之中。在经济一体化和市场开放化背景下，粮食市场风险源将变幻莫测、难以预料，发生概率更大，波及范围更广，不确定性更大。如此，一国既可以利用国际市场来调节国内粮食供求，也可能在国际贸易中导致国内粮食市场受到国际市场风险的干扰。国内与国际风险因素息息相关并相互作用，使得一国粮食安全所面临的风险愈加复杂。

4. 扩散性

扩散性是指粮食进口风险会跨越时空界限传导到其他相关领域和地区，通过扩散效应，风险的波及范围和造成的影响更大。20世纪中后期以来，随着国际货币基金组织、世界银行和关贸总协定（世界贸易组织）的成立，各国相互依存关系日益加深，全球已经成为一个有机互动的整体，这为世界各国尤其是发展中国家的经济发展提供了难得的机遇，也使风险因素跨越国界更加容易，让原本属于一个国家自身的粮食安全扩展成为区域性、国际性问题，一国的危机很容易演化成地区、洲际灾难，甚至会扩散至全球。对于粮食产业来说，进口风险效应不仅会从一个地区扩展到另一地区，一个产业波及另一个产业，从经济领域扩展到政治和社会领域。

另外，这种冲击在时间上也存在着延续性，持续数年数月不等。粮食进口风险的扩散性表明，如果不能有效应对小范围、短时期的风险，那么这些风险就会逐渐累积并冲破既有边界，引发更大范围的效应。

从空间上看，粮食进口风险一旦发生就会在空间上迅速扩展，导致更多的人受到影响。贸易依存度越高，受到的影响越快、越大。这种空间上的扩散通过三个机制得以实现：市场价格——在市场整合的条件下，进口风险发源地的粮价波动会导致其他地区粮价波动；心理因素——风险发源地的粮食紧缺引起其他地区居民的心理恐慌，出现更大范围的粮食抢购现象；人口流出——风险发源地居民为了获得粮食纷纷去外地寻找生存的希望。由此可见，粮食进口风险在地域上具有溢出效应，将牵连更大的范围。在时间层面上，粮食进口风险的影响也存在着递延效应，这种效应在代际间不断延续，通过改变人们的思想和行为而影响后世，如2004年发生的大豆产业沦陷危机。

2003年8月，美国农业部发布农业灾害情况报告，大幅度修正了大豆月度供需报告数据，大豆库存量滑入20多年来的最低点。芝加哥期货交易所的大豆期货价格连番上涨，2003年8月前大豆价格最低时仅540美分/蒲式耳，美国农业部报告发布后便一路猛涨，到2004年4月已蹿到1 060美分/蒲式耳。依据当时汇率折算，涨幅相当于从2 300元/吨涨至4 400元/吨。在这种恐慌心理支配下，国内大豆压榨企业纷纷加大进口采购量。2004年初，国内企业累计从美国订购了800多万吨大豆，平均价格折合人民币约4 300元/吨。但随后美国农业部就调高大豆预期产量，国际基金紧跟反手做空，大豆价格骤跌，跌幅近半。于是，巨大的价格落差瞬间将众多中小企业逼向绝境，我国油脂企业每吨进口大豆亏损达500～600元。这些都在潜移默化中对以后粮食进口的态度和行为产生影响，从而实现粮食进口风险在代际间延续。当然，这类影响会随着时间推移而逐渐淡化，但这种时间上的扩散性却不容忽视。粮食安全是经济领域的大问题，鉴于它在维护国民经济稳定中的基础性作用和在国家安全中的战略意义，粮食进口风险的后果还会扩散到政治和社会领域。历史和现实经验表明，在民众获取粮食困难时，社会就会滋生不稳定因素，当这些因素不断累积并达到一定规模时，就会影响政治稳定。

（三）风险管理

粮食产业具有高风险性和弱质性，关乎国家经济安全与政治稳定。特别是对于世界上人口最多、粮食消费规模最大的中国而言，加强粮食安全风险管理无疑是必要的。粮食安全的风险管理，就是识别、衡量和评估威胁粮食安全的主要风险源，运用适当的手段对其进行有效控制，从而确保粮食供给能力和可获得性，它包括减少风险发生的可能性，或提前做好预防安排以降低和分散风险所造成的损失。粮食进口安全的风险管理既是影响农业发展以及国民经济发展状况的一个基本管理范畴，也是现代农业经济活动中一项不可或缺的组成部分。

1. 风险管理目标

粮食进口安全风险管理是一个具有多元性和层次性的有机体系，如果是从其所要达到的效果来看，从不同维度对其测量可将其划分为不同目标。若是从粮食进口安全对国家政治和经济的影响来看，可以将其分为政治目标和经济目标；若是根据粮食进口安全的属性来划分，可以分为数量目标和收益目标；若是用动态的视角来看，粮食进口安全的风险管理既要考虑近期目标，又要考虑远期目标；若是考虑粮食产业的可持续发展，上下游相关产业链条也要考虑在内。每一种划分方式都有其合理性和相对性，彼此之间相互联系。在此，依据粮食进口安全影响的空间维度，针对粮食安全进行风险管理要综合考虑两个基本目标：宏观目标和微观目标。

宏观目标是从国家层面来讲，粮食进口安全的风险管理要保障国际粮食市场的供给源，满足国内需求用粮，维持国内粮食市场稳定，避免粮食安全风险给国家经济安全和政治稳定造成负面影响。微观目标则是针对个体进口商、粮食直接消费者而言，要保证经营主体能以正常或较小代价从国际市场获取所需符合质量、数量要求的粮食，它涉及粮食流通渠道的畅通和个体购买力的大小。

2. 风险管理主旨

（1）前瞻预见性。粮食进口风险管理即在进口风险爆发之前及时针对风险做好应对准备，在进口风险转化为危机之前控制风险，增强政府和社会抵抗粮食危机的能力。从某种意义上讲，这种风险管理与危机疏缓、危机准备是一体的；粮食进口风险管理既致力于预防进口危机，又致力于降低政府与社会在粮食危机面前的整体脆弱性。粮食进口风险管理的主旨就是在进口危机发生之前预先降低政府与社会所承担的相应风险，从而更有助于降低现实损失。

（2）常规稳定性。突发的粮食进口危机决定了危机管理在很大程度上是临时的某种应急行为。因为危机管理是一种非常规的管理行为，本身就具有较大的不确定性。而粮食进口安全风险管理则是整合规划政府和社会日常管理活动中的相对稳定的管理行为，旨在将风险源头、风险控制等具体措施整合于政策管理、项目管理、资源管理等常规管理活动之中，使控制风险成为各管理环节的任务之一。对于相应职能部门而言，粮食进口安全风险管理是稳定的、长期性和常态化的管理行为。

（3）组织有效性。粮食进口安全风险管理的有效性不仅体现为降低粮食危机状态下的现实损失，更体现为预防粮食进口风险的发生、提高政府和社会应对粮食进口风险的能力。粮食进口风险管理的有效性既可以表现为遏制进口风险的爆发，使其消失于源头，又可以表现为降低粮食危机的破坏程度。此外，与单纯的风险管理相比，粮食进口风险管理的效力更为持久，能够增强政府与社会在很长时间范围内抗进口危机的能力，有助于政府与社会应对多次粮食危机的冲击。

3. 粮食进口风险管理的原则

（1）多重风险管理。如同恪守质量管理一样，增强风险管理已在经营主体内部各个领域得到广泛认同。对于粮食进口安全这一涉及国计民生的公共议题来说，由于它所面临的风险无处不在、无时不有，因此推行多重风险管理具有很强的现实意义。在保障粮食进口安全的过程中，不仅要面临自然因素的不确定性，还要时时预防社会因素、人为因素带来的挑战；不仅要考虑国内市场频繁变化，更要留意国际市场不确定因素的冲击……这就要求相关主体在风险管理的过程中要对进口安全所面临的外部威胁以及彼此之间的关联性进行分析，从而准备一套较全面的风险管理战略和计划。此外，由于粮食进口安全所面临的各种风险具有密不可分的关联性，有可能导致某种单一的风险转化为复杂性、系统性风险，成为"风险链"或"风险群"。因此粮食进口安全的风险管理要从处理单一风险的方式转化为全面风险管理的方式，包括对影响粮食安全的价格、流通、消费、汇率等各个环节进行风险分析，从而制定既统一又灵活的战略、政策、规划、组织安排和资源支持系统等，只有这样才能利用有限资源实现最大效果。

（2）强化源头预防。风险管理过程主要分为两个阶段，即第一阶段：风险发生前（pre-risk）时期，通过对风险识别、判断和预防，采用相关预防性措施降低风险发生概率或回避风险，避免事态恶化；如果风险无法回避带来严重后果，则进入第二阶段，即风险后（post-risk）时期。这时的主要目标是尽力尽快妥善地解决危机和突发事件带来的后果，减轻和消除不利影响，恢复初始状态。粮食进口安全的风险管理是一项系统工程，包括事前预防、事中应对、事后处理等环节过程。预防才真正是风险管理的重头戏，应对和恢复风险后的工作只是风险管理的一部分。通常，如果能够措施得当，就可能进退有据、化险为夷，从源头避免或减少风险事件发生的可能性，减缓风险发生后的不良后果。但在国际粮食市场联动变化条件下，有些风险确实无法避免（譬如说自然灾害导致粮食主产国出口受限），此时就要采用多种技术和政策手段应对，尽量减少进口压力风险传递至宏观和微观层面所造成的损害。

（3）坚持政府统筹。如同其他所有关系到国家经济社会可持续发展的重大问题一样，在粮食进口安全问题上，政府理所当然地发挥主导作用。由于粮食进口安全面临的风险具有复杂多元的特征，事关国家经济安全和政治稳定，必须借助政府、市场、社会等多种手段和机制的协调，也只有在政府的统筹协调下才能有效地防范和抵御风险。另一方面，粮食进口事关多重主体——生产者、消费者、交易者、宏观调控者，所以仅靠政府发力很难做到及时应对风险和达到预期效果，只有调动各种社会资源共同预防和应对风险，在不同主体之间建立持续有效的合作关系，粮食进口安全方能实现。

二、研究框架

（一）进口风险视角

由于国内外各种经济、政治以及社会因素的叠加交织，使一个国家或企业在进口过程以及进口后续环节中经常面临各种不确定性的损害。进口风险是外贸中最常见、最普遍的问题，但目前的相关研究大多关注于实务方面，注重如何在进口中规避一些程序上、操作上和法律上的风险；从经济管理学角度研究进口风险较为缺乏，对于如何规避进口风险缺少较为深入的理论和实证分析，对于农产品进口风险的研究更为少见，相对研究较多的是关于石油、铁矿石等地质资源型产品的分析，如杨晓龙等（2005）、何琬等（2011）、张会清（2014）、王强等（2014），只有张静伟（2015）、刘春雨等（2015）以国际国内粮食市场环境为背景，运用相关分析、逐步回归等方法重点研究了影响我国粮食进口的国内外两个市场风险因素，缺少系统性论证。除此之外，也有一些研究不是以具体产品为例，而是针对一般贸易。王伟（2006）对进口贸易风险做了研究，他指出我国进口贸易的风险因素主要有：信用风险、合同风险、政策风险、汇率风险和价格风险；卢俊峰、刘伟华（2011）认为进口企业定价权缺失是我国大宗商品进口面临的重要风险；吴利群（2010）从实务角度探讨了进口的欺诈风险；宫桓刚、屈丽英（2005）根据引起进口风险的因素，将进口风险划分为政治风险、宏观经济风险、外汇风险、信用风险和合同条款风险，并以辽宁一家外贸公司为背景，从四个方面列举了我国进口贸易的典型风险案例，并分析了这些风险成因及对进口企业的影响。

关于粮食进口风险问题的分析和归纳，是对农业经济理论和国际农产品贸易理论的重要补充和拓展。基于影响因素、政策效果、国内影响以及与经济发展的关系等方面研究粮食进口问题，并选择基于进口风险角度研究粮食进口，是一个较为新颖的视角。同时，粮食进口对我国粮食安全和农业产业安全具有重要意义，关于进口风险的研究也是对农业产业安全理论和粮食安全理论的补充和完善。在经济社会发展中，粮食进口作为我国对外贸易中不可或缺的重要组成部分，在我国的经济发展中占有重要地位，通过进口满足国内日益增长的消费需求，促进我国经济平稳快速发展，将是未来我国适应新常态经济战略的必然选择。在此前提下，通过研究粮食进口风险问题明确进口风险现状和探究风险来源，可以为今后我国制定粮食进口政策提供较为准确的参考和依据，同时也为国家建立进口风险识别和预警机制提供坚实的理论基础。

（二）粮食进口政治风险

粮食是一种刚性需求很强的农产品。在政治风险中人们最常想到的就是禁运。通常意义上的粮食禁运，主要指粮食大国的强制性政策干预影响了国际间粮食贸易数量减少乃至中断的现象。粮食大国（美国）常为了满足自身政治诉求或政治军事利益，减少乃至中断对粮食进口国的粮食出口，单纯或主要以粮食贸易为手段对粮食进口国进行禁运，有时更为广泛地采取一揽子禁运方式（胡迎春等，2003）。粮食禁运本身就是一把双刃剑，危及对方的同时，也会伤及自己，无法销售的粮食只能堆积仓库，国内种粮农民利益受损。由于禁运本身可以作为一国政府谋求政治目标的有力手段，因而长期是国内外经济、政治领域关注的一个问题。因此在做出粮食政策选择时，不能忽略粮食禁运带来的风险。

对粮食禁运有效性的考察是研究关注的一个重点，温特斯（Winters，1990）分析了粮食禁运发生的频率，指出在1950年之后发生的85次经济制裁中，涉及食物出口的禁运有10次，发生频率为3~4次/年。其中，以发展中国家为禁运目标的有9次，针对苏联的1次，由美国发起的出口禁运多达8次。所以过去50年粮食禁运发生的几率并不低，且美国是最有可能发起粮食禁运的国家。从已经实施的粮食（食物）禁运效果看，其中半数彻底失败，只有2次基本成功。可以看到，虽然粮食禁运的频率不低，但成功率并不高。卢峰教授在《我国粮食贸易政策调整与粮食禁运风险评价》中指出，这些食物禁运中至少有一半左右属于部分或全部中断援助性粮食出口，而不是商业性粮食出口禁运。粮食禁运欲取得预期效果，粮食出口大国要达成一致意见，形成"铁板一块"似的同盟，而且还要处理好国内政治、经济压力。

粮食禁运案例中影响最大的是 1980~1981 年美国对苏联实施的粮食禁运，学者们对此做了深入分析。吉尔摩（Gilmore, 1982）认为，美国较高的农业出口占有率以及急剧扩大的商业粮食出口量，使美国在世界粮食出口市场中占据举足轻重的地位，为其将粮食武器化提供了条件。另一方面，苏联巨大的粮食进口量，尤其小麦和杂粮对美国高度依赖（Ghoshal, 1983），为美国对其实施禁运提供了机会，但最终的失败说明食物武器的乏力，是已被试验证明无效的手段。帕尔伯格（Paarlberg, 1980, 1987）分析了美国对苏联粮食禁运失败的原因——禁运前磋商不及时，不久阿根廷就退出禁运，使禁运显得先天不足。苏联通过原华约盟国转运以及与美国私营粮商的秘密交易，也能额外获得粮食进口。此时，加拿大向苏联进行超常规出口；匈牙利、瑞典等国原本并不是苏联的粮食进口来源国，禁运期间借此开拓苏联市场，向其出口粮食，显然会使禁运效果大打折扣。1981 年美国农业立法规定，实施禁运的前提条件就是政府保障种粮农场主利益；之后修订了《期货贸易法》，规定发起禁运后 270 天内的出口合同都要得到执行，导致美国发起禁运的成本大大提高。

在国内，对于粮食禁运的研究并不多，卢锋（1998）对粮食禁运风险的考察无疑是最为全面和深入的。首先对粮食禁运含义做了细致而有意义的区分，认为我国目前面临的主要禁运风险来自出口禁运；而后将出口禁运从动机上划分为政治性出口禁运和经济性出口禁运，从目的上划分为援助性出口禁运和商业性出口禁运，从而明确了研究对象。卢锋指出，1950 年以来国际粮食禁运发生频率虽然较高，但是属于政治性商业粮食出口禁运的只有一次①。从我国粮食贸易历史来看，即使在冷战期间我国也未成为粮食禁运对象，加上后来国际贸易自由化潮流趋势不断强化，以及国际社会对经济制裁中人道主义原则的认同，所以今后针对我国发起的粮食禁运可能性较小。关于粮食出口禁运的有效性研究，卢锋通过分析赫夫鲍尔

---

① 粮食出口国出于政治性动机，部分或全部中断与进口国发生的商业性粮食贸易，即政治性商业出口禁运。

和肖特（Hufbauer and Schott, 1985）的资料以及美国对苏联 1980～1981 年粮食出口禁运案例，认为援助性粮食出口禁运更容易达到禁运效果。对于商业性粮食出口禁运，由于粮食出口国不易达成共识、不易控制粮食转运、不易有效监控禁运参与国犯规行为，所以禁运效果不会理想。粮食市场的买方市场特点和粮食的高度可替代性，很难阻止一个具有支付能力的进口国获得所需要的粮食。

池邦劳等（2001）从粮食禁运可行性、有效性和实施效果三个方面研究了我国面临粮食进口的禁运风险，认为针对我国发生粮食禁运的可能性较小。胡迎春等（2003）剖析了粮食禁运发生的原因，认为粮食禁运的有效性取决于：粮食可替代程度、出口国利益大小、人道主义考虑和实施成本。并基于中国较强的购买力和粮食自给能力，以及国际和平发展的大环境，认为针对中国发生粮食禁运的可能性较小。北京天则经济研究所（2008）基于 1950～1985 年国际粮食禁运情况，假设我国发生粮食禁运的概率服从二项分布，判断我国未来某一年发生粮食禁运的可能性，得出我国未来发生粮食禁运的可能性是 1.21%，可见我国未来某年发生粮食禁运的可能性是非常低的。尽管北京天则经济研究所的研究报告《粮食安全与耕地保护》发布后引发很大的争议，但对我国遭受粮食禁运可能性的判断还有一定的合理性，哪怕我国遭受了以联合国为名义的联合封锁，也不会对我国粮食进口带来实质性影响，因为我国在国际上有着灵活外交的能力和实力，也具有化解危机的能力。联合国曾对伊朗、朝鲜实施制裁，但禁运内容并不包括粮食。伊拉克式的粮食制裁结果在我国是不会发生的，因为我国粮食自给率一般不低于 90%，口粮自给率更高；而伊拉克粮食来源主要依靠进口。在中国当前情况下，维持供给两个月的库存，可以解决短暂急需。少数研究也有认同禁运风险犹在，如杨正兵等（2009）对粮食出口禁运的可能性及效果进行了博弈分析，在上述分析框架下指出，新的小麦格局将使得中国面临美国禁运的可能性增大。

综上所述，学者们（卢锋，1998；胡迎春、刘卿，2003；谭术魁等，2003）从有关历史事实推断，未来我国遭遇粮食禁运风险的可能性不大，全球经济一体化和粮食分布的广泛性会进一步降低这类事件的发生概率。因此，我国粮食进口主要面临经济层面的潜在风险。

(三) 粮食进口经济风险

在粮食进口风险的先期研究成果中，绝大部分都赞成在进口风险不大或风险可控的条件下可以适当进口粮食，如张吉祥（2007a）指出，只有在风险可控以及贸易策略有效的条件下，才可以将粮食进口作为生产和储备之外的第三种安全实现路径，广泛参与粮食国际贸易才能既获得经济利益，又促进我国粮食安全目标的实现。刘晓梅（2004）认为，粮食进口风险来源于进口规模不合理，如果粮食进口依存度控制在 5% 的范围内，进口面临风险将比较小。池邦劳等（2001）讨论了粮食进口的经济风险和政治风险，给出了风险评价的量化指标。经济风险是指扩大粮食进口必然要承担国际粮食市场价格波动可能引起的经济损失；从长期来看国际粮食供给增长空间较大，粮食价格相对国内价格水平较低，且有走低趋势，总体来说进口经济风险较小。政治风险主要体现为禁运风险，未来国际上发生禁运可能性较小，但主动调整进口产品结构是降低禁运风险的有效手段。朱晶、钟甫宁（2000）从供应安全和经济可行两方面考察了粮食进口的可行性，指出世界粮食市场供给充足，世界粮食产量完全能够满足需求，总量可供性风险很小。他们发现世界粮食产量波动走势与我国粮食产量的波动规律差异比较大，有着很强的互补性，所以时点可供性不存在风险。因此，基于世界粮源的总量供应、时点供应以及经济上、价格上来说，利用粮食国际贸易来实现国内供应稳定面临的所谓"安全"风险极低。张吉祥（2007a）分析了我国粮食进口的运输风险，由于进口的很多粮食都来源于美洲，大量进口会提高国际海运费价格；而粮食进口数量进一步受港口规模影响较大，尤其国内港口发展滞后将给我国粮食进口带来风险。当然，也有其他研究表明进口风险很大，李晶晶（2005）、蒯鹤滩（2006）认为，粮食进口会遭受价格波动风险、农民收入降低风险、产业受损风险和政策失效风险。保罗·多路士（Paul A. Dorosh，2009）则认为不应对国际市场抱有更多指望，更应加强国家储备、国内生产和对贫困家庭的安全网计划等。赵予新（2010）认为，从经济上考虑有效利用国际粮食市场比较划算，但对于我们这样一个大国来说，全球粮源供应量比较小，不足以满足巨大的需求，同时还受到国际贸易规则有效性、政治力量可靠性的制约。匡远配等（2005）在充分肯定我国粮食进口合理性的基础上，指出我国粮食需求量太大，完全寄希望于世界市场是十分危险的，因为"大国效应"会加剧世界粮食市场产量和价格的波动，产生进口风险。世界粮食市场供给并非十分宽松，有趋紧的趋势，我国过分依赖进口对于世界粮食安全不利；我国基础设施如港口、运输、仓储能力不足也会加大我国组织进口的难度。

另一类研究主要是粮食进口的风险防控。马克·萨德勒等（Marc Sadler et al.，2011）介绍了中东和北非洲（MENA）在国际高粮价背景下，大量进口粮食的风险控制举措。迈克尔·海特等（Michael S. Haigh et al.，2000）通过多元 GARCH 研究发现，商品期货合约对防范风险非常重要，国际水运期货也能有效降低风险。傅龙波、钟甫宁、徐志刚（2001）认为，适当利用国际市场有助于平衡年度间的粮食供需矛盾，弥补丰歉，如果能增强进口渠道多元化，可进一步提高粮食安全程度。他们利用海关统计数据实证计算了我国不同粮食产品进口来源地，从进口依赖性角度分析了我国能否安全地从国际市场获得保障。结果表明大豆和玉米对于美国有较强的依赖性，因而需要扩展进口来源。但由于美国的大豆和玉米对世界市场的依赖性也较强，所以中断出口的可能性较小，对进口可得性影响不大。张吉祥（2007b）运用赫芬达尔指数分析了我国粮食贸易的定价权风险，认为我国玉米、大豆、小麦在贸易中的定价权相对弱势，应尽快完善国内期货现货市场体系，建立大宗粮食战略储备，并运用宏观手段合理调控，以减小定价权风险。汤洋、刘书琪（2007）分析了粮食进口的可得性风险，认为在购买力上中国外汇充足，世界粮食市场供给量充足，只要不发生大规模的战争和自然灾害，国际粮食价格将稳中有降，少数国家垄断市场的可能性很小。我国粮食进口应该有一定的品种要求，即大胆增加饲料进口，扩大进口饲料种类；适度增加小麦进口量，但要分散进口来源；弥补大豆供需缺口，调控转基因大豆；保持大米 95% 的高自给率。程国强（2005）建议我国应主动调控进口，实行一个窗口对外的集中经营体制，积极组建行业协会，统一进口，避免进口风险；同时应鼓励具有国际贸易经验的大型粮食企业实施"走出去"战略，直接掌控国家粮源。还应增加中长期贸易合同比例，减少短期投机行为，规避价格风险。朱彬（2007）

提出了规避我国粮食进口风险的几种思路。应对进口经济风险时，我国应该加强外汇储备，保证充足的购买力，同时稳定开放粮食市场，丰富粮食进口来源，刺激出口商扩大供给，平抑粮食波动；应对进口政治风险时，我国应在平时主动进口粮食加以储备，合理选择粮食进口的时机、数量和国别；应对进口军事风险时，我国应提前充分准备，但是同时也应看到，目前发生长时间大规模军事冲突的可能性比较小。因此，应公布我国中长期主动粮食进口政策，提高粮食进口透明度，建立我国与国际市场的互相信赖关系，有利于国际市场根据我国需求调整供给水平，保证国际市场供给数量和价格的稳定。我国应与主要粮食出口国签订中长期贸易协定，规避波动风险。最后，在建立国际新秩序过程中，强调粮食不应被用于政治和军事目的，避免粮食的武器化。

可以看出，上述研究提到的利用国际市场、粮食进口隐含了一个假设——风险可控，至于包含哪些风险，略有提及；至于可控的标准，基本是语焉不详。本研究界定了粮食进口经济风险的内涵，主要体现在三个层面：

第一层风险是在能利用国际市场进口所需粮食互补余缺情况下发生的。全球饥饿人口下降至8亿左右，主要得益于过去粮食供应充足导致粮食和大宗商品价格降低。国际谷物理事会（IGC）发布的报告显示，全球谷物供应过剩已经造成过去价格下跌，而未来这样的供应过剩态势还会持续。全球谷物产量持续增加，进一步提高了世界粮食供求安全系数。尽管国际粮食市场整体上供应充足，但年度、区域和品种之间很不平衡，做不到与人们需求的高度匹配，必然会发生粮食进口价格大幅度且频繁波动，我们经常不能把握好进口时机与快慢节奏，或者进口来源渠道单一，甚至只有付出较大代价才能获取进口收益。

第二层风险是由于我国持续提高粮食价格支持水平，导致国内粮食价格成为全球粮食市场"高地"，进口压力陡增，出现"进口激增"、"过度进口"，导致"适度进口"目标面临挑战，国内价格支持、关税调控举措等面临"政策失灵"。综合考虑国际国内供求形势等因素，预计"十三五"末可能会突破配额外进口到岸税后价。我们必须要统筹好国内粮食生产与国际资源和市场利用的关系，着力处理好"进多少、怎样进、何时进"的问题。如果粮价突破配额外交税后的"天花板"价格，我国入世时谈定的关税配额"防火墙"将完全失去保护作用，我国现行的粮食贸易调控体系也将全部失效。

第三层风险是阶段性、局部性利用国际市场进口所需粮食受阻（非政治军事原因）。粮食不安全问题和危机风险始终伴随着人类发展，近60年来就发生了三次大的全球性粮食危机。2007～2008年全球粮食价格危机时，许多粮食出口大国曾对三大主粮品种实施出口限制，立即减少了国际市场的当期粮食供应数量，进一步加剧了国际粮价高涨。未来阶段危及粮食安全的不确定事件还会发生，很有可能诱发粮食大国再次采取粮食出口限制政策，重蹈覆辙之前对世界粮食安全的侵害。2010年和2012年在全球粮食主产国发生干旱灾害时，部分粮食出口国同样采取了出口限制政策，这种以邻为壑式的做法无助于解决矛盾，只会加重矛盾带来的后果。

粮食进口牵系国内市场稳定、种粮农民及粮食主产区等多重相关主体利益，为实现我国长期粮食安全目标，必须实行恰当的粮食进口政策，提高利用国际市场和资源的掌控能力，增强企业应对国际粮商的对抗能力，以解决好市场各主体的关系并协调各方利益，尤其是保障种粮农民收益。为实现我国长期粮食安全目标，必须统筹兼顾、重点突出、协调推进，以保障我国整体经济利益。

总体来看，国内外对于粮食进口问题的研究认识不够全面，忽略了日益开放的国际市场使得粮食贸易增长成为不可避免的趋势，而且分析影响粮食进口风险的因素较多是不可抗力，针对目前我国面临的三个经济风险的研究较少。当前，我国处于粮食消费的快速增长期，人口数量和人均消费总量还会继续增长（农业部食物营养所估计，到2020年人均粮食消费超过500公斤，高于现阶段的430公斤），共同推动着国内粮食消费量增加。同时，城镇化率提高对消费饲料粮需求的增长将显著大于对口粮需求的减弱作用，助推粮食总体需求增长。因此，未来一段时期内，我国将面临粮食进口的常态化。随着对外开放程度扩大，进口粮食价格在更大范围、更大幅度震荡，更易打破国内市场的相对平衡。实施恰当的粮食进口战略，有效发挥政策杠杆效应，直接关乎我国通过国际市场来有效保障国内粮食安全的能力，对于应对外部市场冲击、保护种粮农民与消费者利益、促进现代农业建设和城乡统筹发展具有重要的理论和现实意义。

三、研究现状与文献述评

本研究主要从粮食进口与国内流通比较、粮食进口调控效率、粮食进口效应、区域性粮食合作、产业绩效等方面展开，涉及进口效率、调控效率、价格传导、市场势力、"大国效应"、贸易便利化和产业发展绩效等内容分析或方法演绎应用。为此，从这些研究内容涉及的视角、方法、产品等维度出发，总结借鉴继承前人研究成果与经验，拟有所突破或新收获。

（一）进口效率

回顾我国粮食贸易情况，有一个明显特点，即进出口数量年际波动很大，并在净进口国和净出口国地位之间频繁变换。实际上，国际粮食市场价格一直存在着显著的周期性波动。那么，这种粮食贸易量的急剧变化是否是我国对国际粮食市场价格波动的反应呢，他们之间是否存在某种规律性联系。一些研究表明，我国粮食进口处于"易位"、"反常"、"低效"的状态，在国际市场粮食价格较高时，我国却处在净进口国地位，而在国际市场粮食价格较低时，我国却处在净出口国地位（鲁靖，2005；鲁靖、邓晶，2006）。李义伦、肖芝娥（2011）也认为我国粮食进出口贸易没有发挥好调节功能，甚至还存在"逆调节"现象，加剧了国内粮食供求和价格的波动。但上述研究都是以年度数据为分析基础的，易出现年度数据平均趋势掩盖月度数据的差异性。加入 WTO 后，我国粮食市场对外开放的程度不断扩大，粮食进口业务越来越频繁，通常数周就能完成一笔进口业务，这就需要以更加准确、详细的数据为基础①。对于"贱卖贵买"等逆

---

① 早在民国时期，西贡、仰光等地大米用轮船运输只需一周就可运抵上海（邓娟，2009），理论上如今从这些地区运输大米耗时应该不会超过一周，即使考虑前期的商务谈判、合同签订等环节。据对国家粮食局专家的咨询，从世界任何一粮食主产地购粮，正常条件下 2 月左右即可完成一笔进口交易行为。

向调节的研究，卢锋（2000）和谭砚文等（2005）就棉花做出高水平的学术论证，尽管不是针对粮食品种，但研究方法、逻辑思路给予本研究很大启发。另外，郭庆方（2012）对进口效率的理论分析更是给人耳目一新的感觉，提出"主动"、"纯粹"缺乏效率的概念，具有很大参考价值。

（二）调控效率

粮食市场调控效率高低取决于多方面因素，然而最主要的因素还是要看政策实施的环境以及粮食市场对政策的反应程度。粮食市场调控是把双刃剑，施蒂格勒（Stigler，1962）通过大量实证分析发现政府对市场调节经常与目标相背而驰，不少政府管制措施是低效的，甚至无效，究其原因可能与政策时滞效应和政策变化频繁相关。不可否认，粮食储备作为一种政府调控粮食价格波动的手段，国外学者研究粮食价格波动也是基于此功能。国外研究主要集中在"存销比变动理论"，如萨缪尔森（Samuelson，1971）、赖特和威廉姆斯（Wright and Williams，1982）、迪顿和拉罗克（Deaton and Laroque，1992）。该理论认为，理性预期库存量是决定价格行为的关键因素，当现期价格低于预期价格时，粮食就会被储存以便未来销售；相反，当现期价格高于预期价格，就没有去储存粮食的激励。基于此分析，粮食价格的波动将取决于市场震荡，而关于这一理论的实证研究也都印证了这一观点，如夏夫利（Shively，1996）建立了 ARCH 模型研究加纳玉米价格波动，证实了关于理性预期的存销比理论。

这一现象在我国粮食市场的表现就是粮食储备及市场调控政策，就粮食储备与粮食价格波动的分析，国内学者们也做出了大量研究。胡小平（1999）利用比较动态分析法研究了我国粮食储备对粮食价格的作用，粮食储备不仅作为一种战略储备，而且对粮食价格波动具有稳定作用。与之相似的结论是马九杰、张传宗（2002）的研究，但是他们认为我国粮食储备结构不合理可能扩大粮食价格波动，因此需要优化粮食储备结构。钟甫宁（2011）通过研究我国粮食储备政策对粮食市场的影响，发现虽然粮食储备具有稳定粮食价格波动的作用，但是"它也可能延缓市场价格的信号作用，把本来不严重的短缺倾向积累成更大的波动"。当然，市场调控政策能否有效稳定粮食市场的关键在于微观主体的经营行为。陈飞等（2010）通过适应性预期模型研究农业政策、粮食产量与粮食生产调整能力，得出预期价格对粮食产量具有正向作用的结论，但效果相对偏弱，市场经济的杠杆作用不强。

　　至于评价粮食政策的调控效率，一些学者也从各自角度给出了不同的观点。俞闻和黄季焜（1998）运用 ADF 方法对粮食市场的整合程度进行检验，并评价政策调节的效率。他们认为若粮食市场在政策调节下趋于整合，说明政策的调节效率高；反之则效率低。仰炬等（2008）通过对小麦市场分析，用是否存在协整的方式来评价我国粮食政策调控效率，他们认为如果我国粮食价格与国际粮食价格不存在协整关系，那么就说明我国粮食政策调控是有效率的；反之则为无效率。罗万纯和刘锐（2010）通过建立各种 GARCH 类模型，基于 1997~2007 年粮食价格数据详细分析我国粮食价格波动的特性，为研究粮食价格波动提供了较好的参考。苗珊珊和陆迁（2012）分析了不同市场间的价格传递机制，并建立 VECM 模型分析国际大米价格对中国市场的传递效应。

　　综合已有研究与粮食市场调控政策目标来看，粮食市场调控政策目标是稳定粮食价格，防止剧烈波动。就粮食价格波动相关研究来看，不同学者运用多种方法，为本研究奠定了较好基础。从粮食市场调控政策实施来看，稻谷、小麦、玉米等粮食市场调控政策存在较大差异，若粮食市场调控有效，则这些粮食作物的价格波动脉络也将存在较大差异。本研究按照该思路，采用 ARCH 模型对比分析稻谷、小麦、玉米市场价格波动的特性及差异，以此评价粮食调控效率。

（三）市场势力

　　一般意义上，市场势力研究属于非完全竞争的理论范畴，具体是指在一个非完全竞争市场上，某个企业将产品价格制定在其边际成本之上，从而获得超额利润的能力。而在国际贸易上，市场势力则被认为是一种产业的国际竞争力（占明珍，2011）。市场势力概念提出后[①]，诸多研究都试图解释市场势力及其他市场因素之间的关系。虽然研究目的有所区分，但一项基础性工作是如何对市场势力进行衡量和测度。目前，国内外学术界的相关研究成果主要可分为两类。一类是传统的结构主义模型方法，主要内容是通过直接将边际成本量化，从而得到价格与边际成本的差额。结构主义者认为，市场结构和市场绩效之间存在因果关系，其机制是市场结构影响契约经营行为，进而影响市场绩效。而由于这项传递机制难以佐证，在认为市场势力可以直接观测的基础上，大量文献研究将包含厂商规模分布的市场集中度指数纳入到市场势力的研究中。具有代表性和基础性的研究是莱纳（Lener，1934）提出运用勒纳指数（价格高出边际成本的程度）来衡量市场势力；贝恩（Bain，1956）认为，市场集中度对利润率存在正面影响，因而通过考察市场集中度，就可以直接观察到对市场势力的运用程度；考林和沃特森（Cowling and Waterson，1976）引入赫芬达尔指数测度市场集中度，并运用 C－W 变分模型分析了在市场绩效变动中市场结构变动对其造成的影响；波特（Poreter，1979）引入战略集团的概念，将产业内厂商战略相似的企业划分为战略集团，来共同采取垄断策略，并在此基础上分析市场集中度对价格与成本间差额的影响。因此，结构主义模型从揭示市场势力的来源出发，利用市场的结构参数对其进行量化表述。

另一类测度方法起源于 20 世纪 80 年代初，可以概括为新经验产业组织模型方法。持该方法论者认为，市场势力不可直接观测，因而需要采用间接的测度模型。主要的经典模型有两个：一是霍尔（Hall，1988）在索洛余值的理论基础上提出价格—边际成本模型（PCM）模型，以测算市场势力；二是贝克和布雷斯纳汉（Baker and Bresnahan，1988）在勒纳指数的理论基础上，提出剩余需求弹性模型（RDE 模型），以衡量在不完全竞争市场上企业的市场势力；桑（Song，2006）在 RDE 模型的基础上，推导出反剩余需求函数和反剩余供给函数及均衡条件，建立了两国模型，并比较中、美两国在大豆贸易上的市场势力。国内学者（李晓忠、王斌，

---

① 布兰多（Brandow，1969）将市场势力定义为厂商直接影响其他市场参与者或者诸如价格、推广促销等市场变量的能力。这为市场势力的研究提供了概念性基础，虽然市场势力的定义在后继研究中多有变迁，但是其区分只是在于从何种角度进行理解或考察。

2010；马述忠、王军，2012）应用 RDE 模型方法对不同产业的市场势力进行测度。

　　总之，由于结构主义的研究方法缺乏一定的微观理论基础，且目前关于市场势力的研究更为集中化，即对单个产业或组织的研究，跨部门的截面分析已经逐渐被理论界忽视，新经验产业组织模型方法得到广泛的认同和应用。此外，由于 PCM 模型在数据获取上有较高要求，因而在国际贸易中，大多数关于市场势力研究采取的是 RDE 模型方法。而就后者的应用情况来看，目前仍存在两个缺陷。一是大多数研究忽视了对贸易有不同作用的政策变量的影响。RDE 模型的理论假设之一是在样本期间没有重要贸易政策的发生，因此在应用 RDE 模型进行市场势力分析时，需要对样本期间内是否存在重大贸易政策冲击及其对市场势力的影响进行验证，这就需要对 RDE 模型做必要的拓展，以提升模型的适用能力，而不是片面地通过逐步回归方法筛选自变量，以增加模型的拟合程度。二是诸多研究在对市场势力进行量化计算以后，在分析影响其高低的因素时往往自成体系，忽视了与模型的内在联系。事实上，经模型拟合后的变量参数大小自身不能在客观上体现其经济含义，但通过比较分析，就可以很好地解决这一问题。

（四）价格传导

　　随着我国粮食进口规模快速增长，很多人认为进口激增与国内外粮食价差因素密不可分，即价差驱动进口效应。那么进口变动与国际粮食价格波动有多少关联，国际粮食价格波动如何传导于国内市场？相关研究大致可分为两大类：一是分析粮食进口激增的成因；二是分析粮食进口与国际粮价间的传导关系。

　　第一类研究成果相对较多，主要采用定性分析手段从各个方面探究，甚至基于宏观视角分析造成该现象的主要成因。孔凡玲、李彦民（2013）构建 C - D 函数，采用脉冲响应函数方法，得出人民币升值可以促进我国小麦进口，但具有一定的滞后性。林大燕、朱晶、吴国松（2014）在 H - O 模型中引入季节要素，实证检验了季节是影响我国大豆进口市场结构的重要因素。国外学者考察了汇率价格变动的不确定性对贸易的影响，如切昂、梅哈里和威廉姆斯（Cheong, Mehari and Williams, 2006）以英国为对象运用多元 VAR 模型分析了汇率变动对贸易价格及贸易量的影响，认为汇率波动会降低贸易价格水平，尤其是贸易量。尼辛塔（Nicita, 2013）构建面板模型，发现不确定的汇率价格会直接影响实际进口价格，进而影响国内外粮食实际价差，但这类研究实际上更适用于汇率完全市场化的经济体。值得注意的是，国内外价差这一因素对于我国进口贸易的促进作用得到广泛关注，赵永红（2013）认为国内外价格倒挂是推动玉米进口的原因之一，并提出了应对策略。杨军等（2014）认为国内外玉米价差的明显加大将显著提高我国玉米进口压力。马建蕾等（2013）提出国内外价差仍是大宗农产品进口持续高位的主要原因之一，持类似观点的还有孙绪（2014）等。

第二类研究成果中，巴尔科姆（Balcombe, 2011）通过对世界不同农产品价格的时间序列研究，建立了时变随机参数模型（random parameter model with time-varying），结果表明农产品价格波动会通过各种途径传导，如通过汇率、利率传递到不同市场，进而印证了不同市场间存在价格波动的溢出。高帆、龚芳（2012）通过对国内外粮食价格的研究发现，国际粮食价格波动通过贸易直接传递到中国大豆市场，其后国内大豆价格波动通过替代效应传递到整个粮食市场；王孝松、谢申祥（2012）发现国内外农产品市场间的高度整合关系是通过国际贸易建立的。对于不同市场间价格波动传导的实证效应分析，国外学者主要通过研究相关市场间的波动溢出，如特里萨和乔斯（Teresa and Jose, 2013）通过半参数回归分析玉米价格与生物乙醇价格波动的关联性，发现玉米价格波动会影响生物乙醇市场价格，这两个市场存在明显的价格波动传导，且印证了存销比理论。布古克、哈得逊和汉森（Buguk, Hudson and Hanson, 2003）通过建立 EGARCH 模型分析渔业与粮食价格的波动，因粮食是鱼饲料的主要原料之一，故两个市场高度相关，结果表明这两个市场也存在明显的价格波动溢出关系。其他成果或可归结为对"大国效应"研究范畴，即分析扩大我国粮食进口是否带来国际粮食定价权，如库（Koo, 1996）、李晓钟和张晓蒂（2004）以及杨燕和刘渝林（2006），研究发现中国粮食进口贸易对于国际粮价存在扭曲影响。何树全和高旻（2014）与刘林奇和曾福生（2014）研究发现，有的粮食品种存在"大国效应"，我国粮食进口不会引起国际粮价的变化。可以看出，此类研究的结论不尽相同，可能是采用的分析方法、分析对象不同所致。不管结果如何差异，但可以从一个侧面解释我国粮食价格与国际粮食价格之间存在波动溢出效应。

综上所述，我国粮食进口贸易规模的增长受到诸多因素的影响。总体来看，国内外对于粮食进口的研究忽略了两点，一是日益增长的国内需求使粮食进口成为常态化，我们应积极转变对粮食进口的传统认识；二是粮食进口战略分析较多着眼于可获性方面，忽视了对进口激增层面的关注。由于需要对三个粮食品种进行考察，故而采用面板向量自回归模型（Panel VAR），得出的结论可靠性更强。

（五）贸易便利化

在世界范围内研究贸易便利化最值得参考的是威尔逊等（Wilson et al. , 2005）的研究，他们选取了 75 个国家，建立了港口效率、海关环境、监管环境和电子商务基础设施等四个贸易便利指标，并采用引力模型和模拟分析，将贸易便利程度较低的国家各增加全球平均水平的 50%，得出全球制造业产品贸易额将增加 3770 亿美元的结论，还有一些学者也得出了类似的结论（Iwanow and Kirkpatrick，2007；Njinkeu et al. , 2008；Zarzoso and Ramos，2008；Felipe and Kumar，2010）。匡增杰（2007）和张立莉（2009）则定性分析了在 WTO 框架下如何提升贸易便利水平的问题。佩雷斯和威尔逊（Perez and Wilson，2012）将贸易便利指标划分为"硬指标"和"软指标"，"硬指标"包括物理基础设施和信息通信技术，"软指标"包括边境及海关效率和经商及监管环境，两类指标均对发展中国家出口有显著的促进作用。

在区域贸易便利研究方面，威尔逊等（Wilson et al. , 2003）在 APEC 区域内分析贸易便利化的影响，他们通过运用引力模型，发现贸易便利程度较低的国家在提升了区域平均水平 50% 以后，可以为 APEC 增长 21% 的区域内贸易流量。随后，艾伦·丹尼斯（Allen Dennis，2006）利用 GTAP 模型，认为达成区域贸易协定和提高贸易便利水平对中东和北非国家福利提升有促进作用。亚伯和威尔逊（Abe and Wilson，2008）在前人的基础上扩展了贸易便利指标，结果表明 APEC 国家腐败程度下降至区域平均水平和政府透明度提升至区域平均水平可以使 APEC 区域贸易增长 11%，全球福利增长 4 060 亿美元。弗罗因德和罗查（Freund and Rocha，2010）测算了贸易运输时间对非洲国家出口的影响，他发现内陆运输时间减少一天可以带来 7% 的出口增长，在这个方面，诺达斯等（Nordas et al.，2006）和德加科夫等（Djankov et al.，2006）也有类似结论。李豫新、郭颖慧（2013）使用引力模型，认为边境贸易便利化水平对中国新疆地区的边境贸易流量有正向推动作用。方晓丽、朱明侠（2013）在贸易便利指标的选取上借鉴了威尔逊等（Wilson et al.，2003）的做法，他们认为贸易便利水平越高，越能促进中国—东盟区域贸易增长。

国内外学者也就贸易便利化对各产业的影响做了诸多探讨。制造业方面，孙林、徐旭霏（2011）分析了东盟贸易便利化对中国制造业产品出口的影响，认为提升东盟贸易便利化有利于中国制造业产品出口。尤多西娅等（Evdokia et al.，2013）也有一定的涉猎，他们使用 107 个国家的数据，引入 17 个贸易便利指标，得出诸多结论。就指标而言，信息可获得性、自动化设备、边境手续的流水线操作和政府公正等指标是最显著的；就产业而言，提升贸易便利指标对制造业产品有促进作用，但对农产品的影响不明显，他们认为是样本过少的原因所致；就国家而言，贸易便利水平的提升对发展中国家至关重要。在农产品贸易便利化研究方面，鲍晓华（2011）探究了双边食品安全标准对我国粮食贸易的影响，运用引力模型发现进口国和出口国的食品安全标准对我国粮食贸易都有抑制作用。孙林、倪卡卡（2013）同样基于引力模型，但使用了伪泊松极大似然估计法（PPML），他们对比了东盟贸易便利化对中国和世界向东盟出口农产品的影响，认为东盟区域贸易便利化对农产品出口影响存在明显的地域差异。

从上述文献综述可以看出，国外研究文献不仅数量较多、视角独特，模型的设定也颇有效果，但从总体上看，以往的研究还有如下可改进之处：一是以往研究更多考虑贸易便利指标对整体贸易流量的影响，而在粮食贸易领域的实证分析很少，这与当前努力从粮食可获得性视角解决国际粮食危机的迫切需求不太相符。本研究将从区域粮食进口的视角实证分析贸易便利化对中国与东盟区域粮食可获得性的影响。二是以往研究基本都忽略了贸易的滞后效应，前一期的贸易往往对当期贸易有带动作用，如果不考虑这种滞后效应，对贸易便利指标的估计则会产生偏差。三是国内外实证研究在模型估计方法选择上，对引力模型的内生性这个关键问题考虑不全，以往研究都将贸易便利指标视为外生变量，认为贸易便利指标与扰动项无关，由此可能会忽略贸易便利指标的内生性，从而产生估计偏误，而本研究的动态面板引力模型考虑了贸易便利指标的内生性问题，得到更加准确的估计结果。

（六）大国效应

对于我国粮食进口是否存在"大国效应"，实际上可追溯至布朗（Brown，1995）的著作——《谁来养活中国》，认为中国巨大的粮食缺口及强大的购买力将买断世界出口的粮食，从而威胁第三世界的粮食供给以及世界粮食安全。李炳坤（2002）认为，我国具有典型的"大国效应"，即使少量进口，也会引起国际市场价格攀升，反过来又会抑制粮食进口。库（Koo，1996）运用成本最小化模型，分析得出中国国内的粮食需求将拉动粮食进口的持续增长，并且带动价格上涨。此后库（Koo，2000）运用全球小麦政策模拟模型（Global Wheat Policy Simulation Model）测算了我国入世对美国小麦市场的影响，结果是我国小麦进口量增加促使国际市场小麦价格升高。还有学者利用以因果关系检验为核心的计量方法对"大国效应"的存在与否进行了判断，如武拉平（2001）通过共聚合法、因果分析法和市场联系指数法，对国内主要农产品与国际市场的内在联系进行了分析，间接地研究"大国效应"。于爱芝（2004）通过格兰杰因果关系检验得出我国进口小麦与国际小麦市场价格存在因果关系，即前者是后者变动的原因，并进一步用线性回归分析方法确定二者的弹性关系；杨燕、刘渝林（2006）运用类似方法进行实证分析，发现我国在粮食进口贸易方面存在扭曲的"大国效应"；李晓钟、张晓蒂（2004）结合斯皮尔曼相关系数检验和格兰杰因果关系检验分析了我国小麦和大米进口量与国际市场价格之间的关系，判断"大国效应"在一定条件下才能显现。陈传兴、李静逸（2011）运用上述类似实证方法发现在特定时间段内我国大豆进口贸易和玉米出口贸易存在"大国效应"。何树全、高旻（2014）对中国四种主要粮食作物建立 VAR 模型分析，发现大豆市场存在"大国效应"，小麦和玉米市场不存在"大国效应"。还有学者从"大国效应"产生的动因这一深层角度提出："大国效应"是因为一国在进出口贸易中议价能力较低，使得其在进口增加时被动接受价格升高的成本。范建刚（2007）归纳了粮食进出口"大国效应"四个层次的内涵，认为在一系列的约束条件下才有可能发生大国效应，并得出该效应发生的充分条件。刘林奇、曾福生（2014）构建了包含国际粮食价格、我国粮食进口量及除中国以外世界粮食出口量在内三个变量的 Panel VAR 模型，格兰杰因果检验发现我国粮食进口不是引起国际粮价变化的成因。马述忠、王军（2012）认为如果有市场势力，则可能存在"大国效应"；反之则一定不存在[①]。基于这一思路，其通过 PTM 模型测算了我国作为买方的市场势力，判断我国大豆进口不存在"大国效应"。从市场势力的角度，桑等（Song et al.，2009）构建两国局部均衡模型，发现我国在大豆进口贸易上，作为买方具备相对较大的市场势力，能压低进口价格，故而不存在"大国效应"。肖小勇、李崇光（2013）运用 VAR 模型分析国内大蒜价格、国际大蒜价格、大蒜出口量和大蒜出口额等变量间的动态关系，尽管研究对象不是粮食，但研究方法很有参考价值。

可以看出，先前对于我国粮食进口"大国效应"的研究，主要运用的是描述性分析和因果关系检验，且大部分研究对象是针对某单一粮食品种。当前，我国粮食（尤其是三大主粮）进口规模出现转折性变化，"大国效应"研究范畴应有所扩展，研究方法也要有所突破。一是三大主粮是世界粮食安全的主要组成部分，且相互间具有较高的替代性，应该注重以其为核心的综合研究；二是有相关关系只是"大国效应"存在的充分条件，应该进一步从内容的因果关系分析过渡到综合验证我国粮食进口是否成为影响国际粮价的因素之一；三是关注近段时期，也就是聚焦我国粮食

---

① 马述忠（2012）认为大国效应是指一国进口量足够大，以至于能对市场价格实行有效控制，这正与文中采用 Krugman，Obstfeld（2005）的定义相反。

进口市场大幅放开以后，或者说"适度进口"政策实施后，我国粮食进口是否存在"大国效应"显得尤为重要。

（七）产业绩效

哈佛学派产业组织理论中的主要内容包含 SCP 范式，认为市场结构、企业行为和市场绩效三者间存在一定的相互因果关系。市场结构决定了企业行为，企业行为又决定了市场绩效，为了获得更好的市场绩效，政府需要通过政策引导或强制性来调整一些不合理的市场结构。专家学者们主要选取产能利用率、市场集中度和研发经费投入对粮油加工业市场结构与产业发展绩效进行研究，发现粮油加工业市场集中度正在逐步提高（王瑞元，2011），但市场集中度仍偏低（姚惠源，2010；黄汉权，2013）。其中，由于需求增加以及各地小厂、小作坊与大厂同时并建，大米加工业出现了投资过热、产能过剩（同文，2006；王常伟、吴志华，2009）。粮食加工业研发创新投入较少，明显比其他行业低，更低于发达国家的平均水平（黄汉权，2013）。关于粮食加工业改革对市场结构、产业发展绩效影响的研究不多。一般认为，在粮食流通体制改革过程中，粮食加工业也随之发生变革，形成民营、国有和外资等多元化主体格局（黄汉权，2013）。

关于外资进入对我国粮食加工业市场结构和产业发展绩效的影响，现有文献多为定性研究。在考察外资进入国内粮食产业的营销模式、盈利模式和竞争策略等基础上（李丰等，2011；李光泗等，2012），学者们认为外资进入一方面有助于推动粮食加工业多元化竞争，激发内在活力；另一方面，对国内加工主体带来压力，尤其使中小企业陷入生存困境（杨光焰，2011）。外资依靠资本、管理和技术等方面的优势，与民营和国有企业相比，更具市场竞争力（蓝海涛，2011），市场竞争后的优胜劣汰会提高粮食加工业市场集中度（杜海蓉，2011）；外资带来的负面影响主要体现在造成粮食市场不稳定，这时外资企业对国内市场的影响波澜很可能导致国家宏观调控误判、失效（高焰辉等，2009；谢翀，2010）。

综上所述，虽然国内外学者对经济体制改革、市场开放与市场结构、绩效进行了大量的研究，但对我国粮食加工业市场结构与产业发展绩效进行实证研究的并不多。粮食加工业衔接粮食生产和消费在促进农民就业增收中具有重要地位，是满足城乡居民粮食消费需求、保障国家粮食安全的重要载体。基于此，根据产业组织理论中的传统 SCP 框架试图分析市场改革对粮食市场结构及产业发展绩效的影响。

第三章 国际粮食供求与我国粮食进口流通

粮食安全是一个国家或地区可以持续稳定、及时足量和收益经济地获取或生产所需粮食的状态和能力，具有数量、质量、时间、空间、结构和价格等方面的内涵。近年来，随着粮食总产量不断增长，粮食安全问题又出现了新的层次，总量平衡问题严重性趋于减弱，至少现在没那么紧迫；而其他环节越来越重视，比如流通安全与效率问题等。粮食流通是保障粮食安全的重要一环，正如有些专家所言："粮食流通安全不亚于生产安全"（姜长云，2010）。我国曾经发生的多次规模性粮食供求失衡和价格快速上涨，很大程度都与粮食综合流通能力不强有关。在粮食安全出现问题时，人们易形成错误判断，会认为粮食生产环节出现了问题，进一步归罪于粮食总量短缺了，这就是传统思维"重生产轻流通"造成的后果。粮食生产和流通相互作用、相互影响、密不可分。生产是流通的基础，流通是发展生产的延续。有效降低流通成本、提高流通效率能进一步增强终端产品的市场竞争力，推动粮食生产持续稳定发展。国家发改委在发布的《粮食现代物流发展规划》中提到，2015年全国粮食总流通量将增加到2.8亿吨，其中跨省粮食流通量将由2005年的1.2亿吨，增加到大约1.4亿吨，所以建立高效、畅通、节约的粮食现代流通体系，可以进一步加强粮食产销区的衔接，保障国家粮食安全。东北地区是我国最重要的商品粮基地，也是"北粮南运"的主要流出地，在粮食主产区、主销区直接搭建快捷的粮食流通渠道，是粮食实体从产地到销区运输各环节的有机结合。在广东省调研时，了解到东北地区粮食运不出来或不及时运抵，一些饲料企业选择进口粮食更为可靠、及时。在改革开放和世界经济一体化的推动下，我国粮食流通领域面临着前所未有的新趋势和新挑战。

一、国际粮食供求状况

近三十年来，世界粮食产量总体上保持着增长趋势，粮食总产量从1980年的15.61亿吨增至2012年的23.17亿吨，年均增长1.24%。当然世界粮食产量的增长过程并非一帆风顺，如2002年加拿大、澳大利亚、美国等主要产粮国发生严重旱情以及欧洲大面积遭受水灾导致当年全球粮食大幅减产，国际市场小麦出现供不应求局面。因世界各国地理位置不同及气候差异，粮食作物分布广泛、种类多样。在众多的粮食作物种类中，分布地域最为广泛、占粮食作物总产量最大的主要是小麦、大米和玉米三大主粮。由于世界生产粮食的要素资源分布不均，导致粮食生产总量和需求结构在空间和时间上分布存在差异性，这为我国开展粮食进口贸易，统筹利用国内国际两个市场提供了可能。

（一）国际粮食出口状况

1. 小麦

小麦作为主要的粮食作物品种，广泛分布于世界各大洲，其产量约占世界粮食总产量的30%。其中亚洲是主要产地区域，种植面积约占世界的45%；欧洲地区占25%，北美洲约占15%；非洲、大洋洲和南美洲各占约5%。小麦出口量自1961年以来总体上保持稳定增长趋势（3 952.8万吨），2012年全球出口量已达1.64亿吨，年均增长2.8%，这与全球小麦总产量增长密不可分（同期全球小麦总产量由2.2亿吨增加到7.0亿吨）。但个别年份出口量有较大波动，如1988年我国和苏联都大量进口小麦，世界出口量达到1.1亿吨的高位。从出口国情况来看，世界小麦出口市场非常集中，前五大出口国每年合计出口量占世界总出口量（CR5）的60%以上，个别年份甚至达到75%。但就总的趋势来看，小麦出口集中度逐步下降，出口市场正呈现多元化态势。1980年CR5超过90%，2001年CR5为75.4%，到2012年CR5下降到60.8%。美国是最主要的小麦出口国，年均出口量约为 2 500 万~3 000 万吨, 占世界总出口量的 15%~25%。法国是传统的小麦出口大国, 近几年出口量约为 1 500 万~2 000 万吨, 占世界总出口量的 10%~15%。进入 21 世纪后, 加拿大小麦出口量呈现先下降后回升的情形, 从 2001 年的 1 738 万吨下降到 2003 年的 1 170 万吨, 2008 年恢复到 2 724 万吨, 年均出口量在 1 500 万吨左右。澳大利亚小麦出口量占其国内总产量的 80% 左右, 因而受国内产量影响比较大, 也是出口波动较大的国家之一, 年出口量在 1 400 万吨左右。俄罗斯和阿根廷也是重要的小麦出口国, 出口量分别为 1 200 万吨和 950 万吨左右。值得注意的是, 1992 年以前我国粮食生产水平较低, 粮食自给率不高, 因此并不对外出口小麦。此后, 随着粮食产量不断提高, 小麦出口逐步增加。2003 年小麦出口量达到历史最高水平, 即 224 万吨。最近几年国内小麦供需基本平衡, 几乎不再向世界出口小麦, 如 2008 年小麦出口仅 31 万吨, 其他年份几乎为零。

2. 大米

大米是世界粮食主要作物之一, 一般种植于热带和亚热带地区。根据相关数据统计, 全球大米产量从 1961 年的 1.7 亿吨增长到 2009 的 5.3 亿吨, 年均增长 4.32%。2012 年我国大米产量达到 2.06 亿吨, 位居世界第一。印度大米产量为 1.5 亿吨, 是世界上另一个产量达到 1 亿吨以上的国家。随后分别是印度尼西亚 (6 574 万吨)、孟加拉国 (5 062 万吨)、越南 (4 240 万吨) 和泰国 (3 459 万吨)。而就贸易情况看, 在 1961~2012 年间, 大米全球出口量逐年增加 (从 628.36 万吨增加到 3 972 万吨), 年均增长 4.07%。泰国是传统的大米出口大国, 自 1964 年以来长期保持着世界第一的大米出口国地位, 其大米出口量约占世界总出口量的 1/4, 有的年份甚至超过 40% (1988 年为 42.8%)。直到 2012 年, 泰国大米出口量被印度、越南超越, 当年仅为 673 万吨, 同比下降 37.2%。泰国大米出口量锐减, 主要与英拉政府对大米产业支持政策的重大调整密切相关。2011 年 8 月英拉政府上台后, 大幅度提高大米收购价格, 希冀收购囤积农民手中的大米, 再推高国际市场价格, 以便顺价销售从中获益。这一政策失灵的情况与 20 世纪 80 年代美国对苏联实施粮食禁运类似, 即主动让出了世界市场, 使得人们对所谓 "粮食武器"的乏力有了更为清醒的认识。泰国大米出口量减少后，国际大米出口量并没有受到明显影响，印度、越南等国大量出口，国际大米价格迅速滑落，泰国失去了保持近半个世纪的全球最大大米出口国地位。

而在 2012 年，由于世界大米出口市场竞争日趋激烈，大米出口价格上涨受到制约，泰国大米出口量因而减少至 673 万吨，创下历史新低。与此同时，印度大米出口达到 1 057 万吨，较 2011 年增长了近一倍，创下历史新高，从而跃居世界第一。这主要是因为印度政府在 2012 年批准自由出口白米和蒸谷米，而其低廉价格增强了竞争力，为促进出口创造了有利条件。越南是大米的另一主要出口国，自 2000 年开始，越南不断提高大米产量、质量且出口价格低廉，其出口量逐年稳定上升，2012 年其出口量达到 772 万吨。美国大米出口量基本保持在 400 万吨左右，约占世界出口总量的 10%。巴基斯坦是传统的农业国家，大米是其继小麦、棉花之后的第三大农产品，也是其主要出口经济作物之一。近些年来，受到印度取消大米出口禁令的影响，其出口份额受到挤压。2012 年，其出口量较 2010 的历史最高水平（421 万吨）下降了近 20%，居世界第五。

3. 玉米

全球有两大著名玉米黄金带，分别位于美国和中国。2012 年美国玉米产量高达 2.74 亿吨，我国产量为 1.9 亿吨，二者约占全球产量（约 8.9 亿吨）的 56.2%。从出口整体情况看，出口量从 1961 年的 140 万吨增加到 2012 年 11 938 万吨，玉米出口国的集中度相对较高，从 2000～2010 年，前五大出口国的玉米出口量占世界总出口量（CR5）的比重基本保持在 80% 以上。但从历史发展趋势看，出口集中度呈逐年稳步下降的特征。美国是世界上最大的玉米出口国，2000 年以来其出口量占世界出口份额始终保持在 40% 以上，甚至在 2006 年达到 60.8%。2012 年，美国虽保持其最大玉米出口国地位，但其出口份额下降至 26.4%，发生这一情况主要是因为美国在 2012 年夏季遭遇旱灾导致粮食减产。而在美国出口市场份额大幅下降时，巴西却获得玉米大丰收，2012 年产量较上年增加 27%，出口量在外部需求的刺激下大为增加，达到 1 980 万吨，同比增加 108.6%，一跃成为世界第二大玉米出口国。另一个南美国家阿根廷，2012 年玉米出口量达到 1 786 万吨，创下历史新高。乌克兰作为新兴的玉米主要出口国，其出口量波动较大。2000 年出口量仅为 36 万吨，而 2012 年达到 780 万吨，增长了近 20 倍，这主要与其外部的市场需求波动和当地的气候条件变化有关。近些年来，我国开始大幅增加从乌克兰玉米进口，拉动其出口量不断增加。2007～2008 年全球粮食危机期间，为避免高粮价冲击国内市场，我国从 2007 年 12 月 20 日取消了小麦、稻谷、大米、玉米、大豆等原粮及其制粉的出口退税，从 2008 年 1 月 1 日对小麦、玉米、稻谷、大米、大豆等原粮及其制粉产品征收 5%～25% 不等的出口暂定关税，并实行粮食制粉出口配额许可证管理，（玉米暂定关税为 5%，玉米制粉为 10%），旨在通过税政杠杆和行政手段双结合抑制粮食出口。2008 年后我国玉米出口直线下降，从上年度的 491 万吨降低到 25 万吨，从而不再是玉米的主要出口国，并在随后年度基本停止了玉米出口。

世界主要粮食出口国的粮食出口情况如表 3－1 所示。

（二）国际粮食进口状况

1. 小麦

从进口国情况看[①]，世界小麦进口市场相对分散，集中度不高。2001 年，前五大小麦进口国的进口量占世界进口总量（CR5）的 34.5%，而 2008 年这一数字为 25.4%，此后一直在此区间内波动，平均为 28.4%。从主要进口国来看，2008 年埃及大量从世界进口小麦，进口量为 408 万吨；到 2010 年进口量骤增至 993 万吨，成为世界上第一大小麦进口国，并在随后的年度保持了这一地位。其原因在于随着埃及人口的不断增长，其国内对小麦的消费需求不断增加。巴西是另一小麦进口大国，其进口量占世界比重的 5% 左右。阿尔及利亚从 2001 年开始，不断增加对小麦的进口，并在 2011 年达到 745 万吨，占世界总进口量的 5.8%。印度尼西亚自 2004 年开始，其小麦进口量保持在 450 万吨左右，而在 2011 年和 2012 年，

---

① 从理论上讲，全世界某产品出口量应等于进口量，但由于存在转口贸易以及统计误差等原因，这两者往往存在一定差距，通常是出口量略大于进口量。

表 3 - 1　　　　世界主要粮食出口国的粮食出口情况

单位：万吨

品种 \ 年份	2001		2003		2005		2007		2008		2009		2010		2011		2012	
小麦	USA	2 565	USA	2 543	USA	2 718	USA	3 295	USA	3 009	USA	2 194	USA	2 763	USA	3 279	USA	2 577
	AUS	1 832	FRA	1 633	FRA	1 609	CAN	1 758	CAN	2 724	AUS	2 070	FRA	2 108	FRA	2 035	CAN	2 355
	CAN	1 738	CAN	1 170	AUS	1 523	RUS	1 444	FRA	1 631	CAN	1 928	CAN	1 839	AUS	1 974	AUS	1 787
	FRA	1 556	AUS	1 080	CAN	1 392	FRA	1 436	RUS	1 172	FRA	1 689	AUS	1 589	CAN	1 634	FRA	1 647
	ARG	1 079	RUS	759	ARG	1 043	AUS	1 097	ARG	877	RUS	1 682	RUS	1 185	RUS	1 519	RUS	1 609
	CR5	75.4	CR5	67.1	CR5	67.4	CR5	70.2	CR5	65.9	CR5	62.9	CR5	65.2	CR5	69.5	CR5	60.8
大米	THA	766	THA	734	THA	754	THA	920	THA	1 021	THA	862	THA	894	THA	1 071	IND	1 057
	USA	295	USA	449	IND	506	IND	624	VIN	475	VIN	597	VIN	689	VIN	712	VIN	772
	CHN	186	IND	379	USA	443	VIN	458	USA	395	USA	346	USA	450	IND	502	THA	673
	VIN	181	CHN	260	PAK	348	USA	349	IND	354	PAK	321	PAK	421	USA	368	USA	381
	IND	173	PAK	196	VIN	304	PAK	270	PAK	305	IND	215	IND	251	PAK	341	PAK	342
	CR5	78.1	CR5	79.6	CR5	82.8	CR5	81.7	CR5	80.8	CR5	76.5	CR5	77.3	CR5	79.5	CR5	81.2
玉米	USA	4 765	USA	4 341	USA	4 537	USA	5 701	USA	5 409	USA	4 781	USA	5 091	USA	4 589	USA	3 153
	ARG	1 091	CHN	1 640	ARG	1 464	ARG	1 499	ARG	1 538	ARG	853	ARG	1 755	ARG	1 581	BRA	1 980
	FRA	700	ARG	1 191	CHN	861	BRA	1 093	BRA	643	BRA	778	BRA	1 082	BRA	949	ARG	1 786
	CHN	600	FRA	707	FRA	740	HUN	509	FRA	617	UKR	718	FRA	660	UKR	781	UKR	1 563
	BRA	563	BRA	357	UKR	280	CHN	491	IND	420	FRA	675	UKR	405	FRA	623	FRA	629
	CR5	92.6	CR5	91.3	CR5	87.1	CR5	85.4	CR5	84.0	CR5	78.0	CR5	82.4	CR5	77.7	CR5	76.3

注：ARG：阿根廷，AUS：澳大利亚，BRA：巴西，CAN：加拿大，CHN：中国，FRA：法国，HUN：匈牙利，IND：印度，PAK：巴基斯坦，RUS：俄罗斯，THA：泰国，UKR：乌克兰，USA：美国，VIN：越南。

资料来源：联合国统计署 UN Comtrade 数据库。

分别上升到560万吨、625万吨。正常年景下，日本小麦进口量基本保持在550万吨左右。2011年日本政府放宽食用小麦进口规定限制，其进口量攀升至600多万吨。此外，西班牙也是主要的小麦进口国之一，2012年进口量达到546万吨，约占世界总进口量的4.4%。

2. 大米

从历史数据看，全球大米进口量基本保持稳中有升的状态。2000年全球进口量约为1 900万吨，而2012年进口量增加到2 508万吨，年均增长率为3.2%。前五大大米进口国占世界总进口量（CR5）的比重均值约为30%。因此，大米进口相对分散，呈现出一定程度的多元化。2012年我国一跃成为世界上最大的大米进口国，进口量达到234万吨。在此之前，我国大米进口在30万~60万吨。进口大米数量激增的主要原因是国内外价差不断扩大。由于国内农药、种子、化肥、地租以及人工成本不断提升，大米价格不得不升高。而与此同时，越南、巴基斯坦、印度等国中低端大米投放国际市场数量增大，拉低了国际大米市场价格。因此，价差扩大促进大米进口量快速增加。印度尼西亚是世界第四大大米生产国，但为确保国内的粮食安全，其依然从世界上进口大米，并显示出较大的波动，这主要是受其当期国内大米产量和政府决策等影响的。直到2010年，菲律宾的大米进口量一直处于高位，年均进口量达150万吨。但是近两年来，菲律宾国内的大米产量不断攀升，国内大米自给率不断增加，其大米进口量也随之不断下降。2012年，其产量达到1 800万吨，同比上涨7.9%，而进口量为102万吨，远低于历史平均水平。

3. 玉米

从玉米的进口情况看，其集中度相对较高。近十年来，前五大进口国的进口量占全球进口量的比例（CR5）基本保持在45%左右。日本是世界上最大的玉米进口国，其进口量基本保持在1 600万吨以上。玉米是日本饲料生产的主要原料，占国内饲料消费总量的80%。而日本饲料加工行业每年消费的进口玉米约为1 200万吨。近年来，日本为降低饲料玉米供应的外部依赖性，意图降低玉米的进口量。2012年，日本进口量为1 490万吨，略低于历史平均水平。韩国是另一个玉米进口大国，其进口量基本保持在 800 万吨以上，且主要进口来源地是美国和中国。墨西哥虽为农业大国，但是由于其毗邻美国及自身气候多样性等原因，成为玉米的主要进口国之一，且进口量呈现震荡上升的过程，2012 年进口量达到 952 万吨，约占世界进口总量的 9.8%，而在 2003 年其进口量仅为 576 万吨，约占世界进口总量的 7.5%。同样，西班牙虽然是欧洲农业生产大国，但玉米的自给率较低，需要大量进口，其主要用途是为畜牧业发展提供饲料原料。2012 年其进口量为 606 万吨，成为第四大玉米进口国。近年来，随着人口的不断增加，埃及的玉米进口量大幅提升，如 2010 年其进口量较上一年增加了近 3 倍，达到 519 万吨。

二、我国粮食流通格局及其变化

我国粮食主产中心逐步北移，且有逐步向少数产区集中的趋势。与十年前相比，全国粮食区域性矛盾日益突出，传统主产区粮食供求状况发生重要分化，粮食主产省产粮功能进一步强化，相当一部分平衡区逐步成为销区，销区粮食产销缺口则进一步扩大。相对应的是粮食流向也发生深层变化。

（一）国内产销格局变化

粮食品种适应能力强，国内所有省份都能产出一定数量的粮食。但随着农业经济结构的战略性调整和粮食购销市场化改革的推进，不同省份的比较优势日益显现，各品种和地区的产量变动不同步变化。所以国内粮食需求和供给存在空间、时间上的差异，大量粮食经常从一个地方运往另外一个地方，于是出现了粮食流通。在此过程中，输出粮食的省份为粮食主产省，粮食产不足需的地区为主销区，供需相当的为产销平衡区，随后出现的是跨地区大规模地调粮，尤其是粮食跨省调运数量日趋庞大，《粮食收储供应安全保障工程建设规划（2015～2020）》中显示，2014 年我国 1.65 亿吨粮食跨省运输，原粮跨省散运比例约 25%，以包粮运输为主。

表 3－2　世界主要粮食进口国的粮食进口情况

单位：万吨

品种	2001		2003		2005		2007		2008		2009		2010		2011		2012	
小麦	ITA	771	ITA	713	SPA	773	NIG	1 141	ALG	649	SPA	668	EGY	992	EGY	980	EGY	824
	BRA	701	BRA	661	ITA	663	BRA	664	BRA	603	ITA	652	ITA	749	ALG	745	BRA	644
	IRA	644	JAP	525	ALG	569	ITA	639	JAP	578	ALG	572	BRA	632	ITA	738	ALG	634
	JAP	552	ALG	518	JAP	547	JAP	528	ITA	553	BRA	545	JAP	547	JAP	621	IND	625
	ALG	454	SPA	387	BRA	499	IND	508	NET	487	JAP	470	NET	525	BRA	574	ITA	610
	CR5	34.5	CR5	29.1	CR5	29.3	CR5	29.7	CR5	25.4	CR5	25.7	CR5	27.0	CR5	28.4	CR5	26.9
大米	PNG	128	PNG	1088	PHI	183	PHI	181	PHI	244	PHI	178	PHI	239	IND	275	CHN	234
	NIG	110	NIG	246	SEN	125	IND	141	UAE	129	KSA	133	KSA	130	UAE	132	IND	181
	PHI	81	IND	143	IRA	116	BAN	130	ZIM	129	UAE	112	IRA	113	IRA	113	RSA	130
	IRA	78	BRA	129	KSA	111	SEN	106	KSA	124	CIV	111	UAE	94	KSA	112	CIV	127
	BRA	78	IRA	94	CIV	81	NIG	101	MAL	110	MAL	109	MAL	93	MAL	103	SEN	104
	CR5	25.1	CR5	48.2	CR5	25.3	CR5	27.4	CR5	28.2	CR5	26.5	CR5	26.0	CR5	27.2	CR5	30.9
玉米	USA	3 057	JAP	1 706	JAP	1 666	JAP	1 663	JAP	1 646	JAP	1 629	JAP	1 619	JAP	1 528	JAP	1 490
	JAP	1 622	KOR	878	KOR	853	KOR	858	MEX	915	KOR	733	KOR	854	MEX	948	MEX	952
	KOR	848	MEX	576	MEX	574	MEX	795	KOR	902	MEX	726	MEX	785	KOR	776	KOR	822
	MEX	617	SPA	392	SPA	440	SPA	676	SPA	546	SPA	406	EGY	520	EGY	705	SPA	606
	CAN	321	CAN	374	MAL	259	NET	351	NET	379	COL	325	SPA	396	SPA	478	EGY	550
	CR5	65.8	CR5	50.8	CR5	50.3	CR5	45.1	CR5	47.3	CR5	44.8	CR5	43.2	CR5	44.4	CR5	45.7

注：ALG：阿尔及利亚，BRA：巴西，CAN：加拿大，CHN：中国，CIV：科特迪瓦，EGY：埃及，IND：印度尼西亚，ITA：意大利，JAP：日本，KOR：韩国，KSA：沙特阿拉伯，MAL：马来西亚，MEX：墨西哥，NET：荷兰，NIG：尼日利亚，PHI：菲律宾，RSA：南非，SEN：塞内加尔，SPA：西班牙，UAE：阿联酋。

资料来源：联合国统计署 UN Comtrade 数据库。

1. 全国粮食调运流向进一步集聚

依据粮食产量、播种面积和提供商品粮数量，我国把粮食生产省份划分为主产区、主销区和产销平衡区三大功能区域，其中7个省份为主销区、13个省份为粮食主产区，11个省份为产销平衡区。2013年黑龙江、河南、山东、吉林、江苏、四川、河北等7个最大主产省份粮食产量占全国比重由2003年的45.7%提高到2012年的49.3%；13个粮食主产省份产量9 152.7亿斤，占全国比重已经超过75%。但从商品粮情况看，目前全国约80%的商品粮、90%的调出量都来自这13个主产省份。分区域看，粮食产销区域不平衡局面加剧，部分产销平衡区变成调入区，主销区调入量扩大，粮食生产重心北移，13个粮食主产省份对全国粮食增产的贡献率近90%，其中黑龙江、吉林、辽宁、内蒙古、河南、山东、河北等北方七省区占全国增量超过60%，北粮南调格局不断强化。据国务院发展研究中心调查显示，粮食净调出地区进一步减少，产销平衡地区粮食供需缺口逐步扩大，成为销区；而部分主产区粮食自给率急剧下降，有成为产销平衡区的可能。在13个粮食主产省区中，只有6个省份是粮食净调出的，即黑龙江、吉林、内蒙古、河南、安徽和江西。

2. 粮食的区域性结构矛盾日益突出

11个产销平衡区中有9个省份粮食面积和产量略有增加，有2个是下降的。与10年前的2003年相比，这11个省份粮食产量增加2 066.7万吨，增长22.4%，占全国比重由1/5强下降到18.7%，下降约3个百分点。东部沿海地区粮食播种面积不断减少，粮食缺口加大。与10年前的2003年相比，2013这7个主销区粮食产量减少127.5万吨，1992年这7个省市粮食产量占全国的比重为11.4%，1996年下降到10.3%，2001年下降到9%，2006年为7.1%，2013年为5.47%，区域产销矛盾进一步加剧。目前，我国粮食物流运输主要靠铁路，或者铁水联运，全国流通的原粮中有近一半是由铁路运输。多年来，我国粮食远距离运输一直受着铁路运力"瓶颈"的制约，很不适应"北粮南运"需要。与此相对照，我国海岸线绵长，海运资源丰富。海路运输是一条连接北方主产区和南方主销区、运量大、运价低的海上物流"黄金通道"。遗憾的是，迄今我国大量海运航道和内陆航道的运输资源还在沉睡中，水路运输的粮食量不多，是一个很大的浪费（见表3-3）。

表3-3 2003~2013年我国粮食产量及其产销区结构的变动

粮食		2003	2005	2010	2013	2003~2013年均变动（%）
产量（万吨）	主产区	35 443.2	30 578.5	41 184	45 763.4	2.59
	平衡区	9 543.5	9 073.2	10 140	11 140.3	1.56
	主销区	3 415.7	3 417.7	3 323	3 290.2	-0.37
比例（%）	主产区	73.20	71	75.36	76.03	0.38
	平衡区	19.70	21.10	18.55	18.51	-0.62
	主销区	7.10	7.90	6.08	5.47	-2.57

资料来源：《中国统计年鉴》相关年份。

3. 粮食主产省产粮功能进一步强化

粮食流通格局已由先前的"南粮北调"和"东粮西进"，转为"北粮南调"和"西粮东进"。我国小麦总产量约1.2亿吨，产量较大的省份依次是河南、山东、河北、安徽、江苏等，这五省小麦产量占全国小麦产量的76%，而10年前其累计产量比重为70%。2003年以来，水稻生产区域结构呈现"南减北增"的发展趋势，其中华南稻区（福建、广东、广西、海南）水稻持续下滑，面积、总产分别从2003年的8 688.9万亩、3 040.0万吨减至2013年的7 627.2万亩、2 853.1万吨，分别减少了12.2%和6.1%；东北稻区（内蒙古、辽宁、吉林、黑龙江）水稻面积、总产则分别从2003年的3 599.2万亩、1 557.4万吨快速增至2013年的6 941.0万亩、3 346.7万吨，增幅高达92.8%和114.9%，对全国水稻增产贡献巨大。玉米产量总体表现出向华北地区和东北地区集中的趋势，2003~2013年，河南、山东、河北、山西四省份玉米产量分别增加1 030万吨、556万吨、630万吨和479万吨；黑龙江、吉林、辽宁、内蒙古东北四省区玉米产量分别增加2 385万吨、1 160万吨、656万吨和1 181万吨；东北和华北两大产区玉米产量占全国的比重从68.8%上升到73.4%，玉米产地逐渐向优势产区集中。

（二）国内粮食流通情况

目前能大规模调出商品粮的区域越来越少，主要的粮食调出区包括东北四省区和黄淮海地区等，其中东北地区作为国家重要商品粮基地，粮食外调量占全国调出量的 60% 以上，已成为名副其实的最大粮食调出地。粮食主要调入区包括东南沿海地区和京津地区，其平均流入量占全国跨省（区、市）流通量的 90%。粮食主产区、主销区之间粮食流通在常态化下，快捷高效的粮食流通对于保障区域粮食供需平衡、及时调控粮食市场非常重要。粮食生产的季节性、地域性特点和消费的连续性、多样性特征并存，决定了主要粮食品种跨区域的流向存在较大差异。对于粮食流通情况，要重点关注小麦、大米和玉米三大品种。由于三大作物在我国的生产区域和消费区域各异，因此流通情况也不尽相同。

1. 大米流通

水稻主产区主要集中在东北地区、鄂皖苏川以及湘赣，销区相对分散，主要包括京津、江浙沪及粤闽桂沿海地区等。我国大米地区间流通有两个特点：一是大米跨省流通数量相对不大，主要集中在各地粮食部门的购销活动，包括正常商品粮购销、地方储备和国家储备调拨，因此大米流通渠道以国有粮食企业为主，非国有经销商市场份额相对不大。二是从贸易形态看，流通以大米非稻谷流通为主，这样节省运力，提高单位运输效率[1]，大米加工产业布局从销区向产区发展，销区以精米深加工为主。

（1）内贸主要流向和流量。从国内大米流通格局来看，2003 年以来水稻生产区域结构呈现"南减北增"的发展趋势。华南稻区（福建、广东、广西、海南）由水稻主产区逐步转变为主销区，水稻面积、总产分别从 2003 年的 8 688.9 万亩、3 040.0 万吨减至 2013 年的 7 627.2 万亩、2 853.1 万吨，分别减少了 12.2% 和 6.1%，下滑势头明显；东北稻区（内蒙古、

---

① 原粮运输成本高，以水稻为例，通过铁路运输粮食，通常一车装载量为 50 吨，如果装一车皮 50 吨水稻，相当于装 40 吨大米，而如果装一车皮 50 吨大米，相当于装载 62.5 吨稻谷，按照现行运费标准折合斤粮运输成本测算，发运大米可节约 25% 的运输成本。

辽宁、吉林、黑龙江）水稻面积、总产则分别从 2003 年的 3 599.2 万亩、1 557.4 万吨快速增至 2013 年的 6 941.0 万亩、3 346.7 万吨，增幅高达 92.8% 和 114.9%，总体呈"北粳南运、中籼东输、中籼南下、南籼北运"的交错格局。因此，大米地区间流通方向比较固定，从长江中下游稻谷主产区覆盖整个南方地区，由主产省湖南、湖北、江西三省和江苏、安徽部分地区流向周边的华东、华南、西南；东北稻谷产量大增，成为大米净输出地区（大部分来自黑龙江省），从 2003 年开始大量销往南方市场，其中以东南沿海居多。从 2013 年大米各省（市、区）大米供需平衡表来看，供需缺口在 100 万吨以上的省（市、区）有 15 个，分别是北京、天津、河北、山西、内蒙古、山东、上海、广东、广西、浙江、福建、陕西、甘肃、贵州和四川；在 0~100 万吨的有 6 个，分别是辽宁、河南、重庆、西藏、青海和新疆。其他 10 个（市、区）有产销结余，其中黑龙江省最多，为 1 686 万吨；其次江西、湖南、湖北、安徽、江苏、吉林结余量为数百万吨不等，能向外调出大米；海南、云南、宁夏为基本平衡略有盈余（见表 3-4）。

表 3-4　　　　　　　2013 年度我国主要省份大米产销余缺情况

稻谷供应缺口地	缺口数量（万吨）	稻谷供应结余地	结余数量（万吨）
北京	261	黑龙江	1 686
天津	123	江西	843
河北	337	湖南	708
山西	237	安徽	457
内蒙古	123	湖北	479
山东	394	江苏	297
上海	202	吉林	166
广东	294	海南	41
广西	151	云南	31
浙江	678	宁夏	8
福建	260		
陕西	169		
甘肃	169		
贵州	139		
四川	102		

资料来源：国家粮油信息中心。

黑龙江省粳稻商品率最高，平均在80%以上。2012年商品率达到80.5%，较2007年提高4.6%，2008年、2009年和2013年国家对东北粳稻实施入关运费补贴，粳稻外销活跃，商品率快速提高。黑龙江粳稻产量全国最高，因此粳稻商品量居全国之首。吉林和辽宁粳稻商品率仅次于黑龙江，达到60%～75%，不过由于产量仅有500万～700万吨，因此实际商品量远小于黑龙江。黑龙江省稻谷全年出省量（含跨省移库）610万吨，其中国储、临储南方跨省移库水稻310万吨，贸易性稻谷省外流出300万吨（主要是辽宁、吉林）。加工大米出省约490万吨。吉林、辽宁省主要是大米，运输方式以铁路和公路为主，数量约520万吨。综上，东北稻谷、大米全年流出量约1 620万吨，其中黑龙江省运出1 100万吨（稻谷400万吨，大米700万吨），吉林省运出280万吨大米（稻谷），辽宁省运出240万吨大米（稻谷）。

表3-5　　　　　　　　　　2012年东北粳稻出省量明细　　　　　　单位：万吨

流向	黑龙江		吉林		辽宁		合计
	铁路	公路（铁海）	铁路	公路（铁海）	铁路	公路（铁海）	
流向省外稻谷	0	300	0	0	0	0	300
国储/临储移库	310	0	0	0	0	0	310
南方大米销售	390	100	225	55	190	50	1 010
小计	700	400	225	55	190	50	1 620

资料来源：大连商品交易所。

（2）主要流通渠道与方式。东北大米南下通道有两个：一是通过山海关铁路南下，二是通过港口走铁海联运。南运至北京、上海等地区的稻谷主要通过铁路，由于山海关通行能力短期内难有大的突破，通过山海关铁路运输的数量有限；南运至福建、广东地区的大米主要通过铁海联运。目前我国大米销售最传统、最主要的购销渠道是通过区域粮油批发市场周转，这种方式的物流链是：大米加工企业→运销经销商（多有代理权，分多级）→区域、省级、中央批发市场（综合或者专业批发市场）→省市县骨干批发市场（中间商）→乡镇集贸市场→消费者。

1998年以来国内大米市场购销逐渐放开，目前大米市场购销已经完全市场化。近年来我国大米流通参与者越来越多，从大米自加工企业出厂开始，到消费者最终消费结束，流通过程包括国有粮食企业、各种类型经销商、粮食批发市场和集贸市场、超市、私营个体企业、大米加工企业，实际上各种市场参与者的市场地位平等。从全国整体看，目前国有购销企业仍然发挥主渠道的作用，国有粮食购销企业在大米市场上仍保持较高的市场份额，但在销区大米市场中，私营个体企业销售大米的份额迅速上升。

2. 小麦流通情况

除海南省外，各个省份都有小麦种植，有 10 多个省份能调出小麦，但调出量较大的省份非常集中。经过多年粮食流通体制市场化改革，现已形成了郑州小麦期货交易品种和哈尔滨、长春、广州、西安、成都和武汉几大区域性粮食交易市场，小麦流通多渠道、多元化格局初步形成。2009～2013 年小麦年均消费量为 1.2 亿吨，其中口粮消费为 8 520 万吨。华北黄淮地区是小麦消费量最大的地区，约占全国总消费量的 65%；其次为西北地区，接近全国小麦总消费量的 10%。区域间流动（包括流动方向和流动数量）从根本上说取决于区域内小麦供给水平和消费水平的差异，小麦生产的区域性和分布的不均衡性决定了区域流通成为必然。

（1）流通数量。小麦产量中除农民自用外，其他大部分进入流通领域，成为商品粮。小麦产量由 1978 年的 5 384 万吨增加到 2013 年的 12 193 万吨，增加 1 倍多；小麦收购量随着产量不断增加而增多，如同期国有粮食部门小麦收购量由 1 177 万吨增加至 5 450 万吨，几近增加 4 倍。随着市场经济的长足发展以及粮食市场改革深入推进，小麦商品率不断提高，由 2003 年的 44% 上升到 2013 年的 82.2%，商品量约为 8 000 万～1 亿吨，且未来小麦商品量仍呈上升趋势。

根据粮食部门统计数据，各省小麦调出总量为 2 000 万～2 500 万吨，其中河南、山东、江苏、安徽和河北是小麦调出大省，这五省小麦调出量合计比重超过小麦调出总量的八成。其他 20 个左右省份有小麦调入，较为分散，其中广东省调入量最多，约占总调入量的 1/5。总体来看，黄淮海地区小麦流向呈扇形辐射状，向北辐射东北地区、京津地区；向东辐射东南沿海地区；向西辐射西南地区和西北部分地区，主要通过铁路运往各地。

	2009/10	2010/11	2011/12	2012/13	2013/14
全国总计	852.3	289	-1 043.9	-372	-10
东北地区	-61.7	-84	-55.9	-89.6	-119.6
华北黄淮	1 894.3	1 673.5	795.3	1 198.7	1 458.2
西北地区	359.7	343.5	279.1	330.2	307.5
华东地区	-441.9	-531.5	-566.5	-531.1	-513.3
华中地区	-263.1	-304	-513.9	-391.7	-320
华南地区	-623.5	-710.5	-882.8	-818.4	-764.4
西南地区	-11.3	-98	-99.2	-70.1	-58.4

资料来源：国家粮油信息中心。

    具体到省份来看，北京、天津、山西、辽宁、黑龙江、广东和陕西等七个省（市）小麦产量一直低于消费量，需要常年输入小麦；江苏、安徽、山东、河南、四川和云南六个省份产量一直高于消费量，可以常年输出小麦；其余省份年度间产消对比情况不同，消费量与生产量互有高低。

    （2）内贸主要流向。为了更详细说明国内小麦流向，国家粮油信息中心调查了部分小麦产销区，除了进口外，广东省的小麦供应主要来自山东省，约占70%。从运输方式来说，不同地区采取不同的运输方式。从河南、河北运往广东地区的小麦主要是通过铁路运输的，运输周期大概为6～7天（卜轶彪，2004）。江苏、安徽的小麦主要通过航运完成，运输周期大概为4～5天。从山东运往广东的小麦30%是通过铁路运输，运输周期为7～8天；70%通过航运完成，运输周期为7天左右（卜轶彪，2004）。河南供应本省和华北的小麦主要是公路运输，1～2天左右能运达。供应西部地区的小麦都是通过铁路运输完成，运输周期为4～6天。供应中南、华东地区的小麦都是通过铁路运输完成，运输周期为5～7天。

    河南小麦有过半供应本省面粉生产企业，其他部分供应省外地区。在供应全国其他地区的小麦中，有25%供应给西部地区，40%供应给中南地区，25%供应给华东地区，4%供应给华北地区，6%供应给东北地区。从运输方式上来说，供应本省和华北的小麦都是通过公路运输完成，1～2天左右运达。供应西部地区的小麦都是通过铁路运输完成，运输周期为4～6

天。供应中南、华东地区的小麦都是通过铁路运输完成，运输周期为5～7天。

(3) 主要流通渠道。小麦从生产到消费，要经过多个环节，权属多次转移。目前大致有以下流通渠道：一级渠道，即麦农将产出小麦直接售给消费者，这种销售方式适用于各地农贸、集贸市场，规模小且分散；二级渠道，即麦农将小麦出售给面粉加工企业，然后面粉加工企业将面粉直接供应给消费者；三级渠道，即麦农先把小麦卖给批发收购商，再由收购商规模地出售给加工企业，面粉加工后进入消费市场；或者麦农先把小麦卖给加工企业，加工成面粉后由零售商承销推向终端消费市场。四级渠道，即麦农先把小麦卖给批发收购商，再由收购商规模地出售给加工企业，加工面粉后由零售商承销推向终端消费市场。四级交易是小麦流通渠道中最普遍的形式，随着流通范围逐渐扩大，小麦流通渠道的级数也略有增加。从近些年的流通情况来看，尽管市场主体多元化初步形成，国有企业的小麦流通量占社会流通总量的比重在下降，但仍发挥着主渠道的角色。2009～2013年国有粮食企业小麦收购量分别为6 834万吨、6 178万吨、4 650万吨、4 871万吨和4 024万吨。国家掌握了50%以上的市场粮源，定期有序在市场上投放调控。除节假日外，国家定期在安徽、河南两个批发市场公开拍卖最低收购价政策收购的小麦。随着信息化革命的来临，现代流通方式也逐步推广，小麦流通领域业广泛采用了许多先进的经营方式，如在批发市场推行网上竞价拍卖，实行网上交易，多种电子商务形式进行各品种小麦销售企业内部管理；还有预购、赊销、分期付款和即远期交易、期货交易等形式。

3. 玉米流通情况

玉米流通格局调整主要取决于各地区玉米的供求变化，而玉米加工业快速发展导致的供求状况变化，正悄然改变着改革开放以来形成的玉米"北粮南运"的流通格局。华北地区（河南、河北）虽然产量较大，但消费数量也非常大，既是主产区也是大销区，两大主产区的玉米产量占全国总产量的70%以上。我国玉米消费主要集中在华北黄淮和东北地区，华北黄淮是重要的饲料玉米消费区，年消耗量在3 000万吨左右，占全国消费总量的 1/6 左右。南方地区随着畜牧养殖业的快速发展，玉米消费量逐年增长，且完全依靠外购。东北地区以往玉米严重过剩，自玉米产业开发深加工后，玉米深加工企业逐步由华北黄淮地区向东北地区转移，现在成为新兴的玉米消费区，深加工业对全国的玉米供求平衡和流通格局都产生了重大影响。

（1）内贸主要流向。我国玉米流通格局大体上呈现"北产南消"的特点，以吉林、黑龙江为主的东北地区每年承担着大规模玉米调出的重任，而东南沿海、长江中游地区是主要的玉米调入区。在粮食交易市场化条件下，玉米流通取决于地区之间的供求关系，进而决定玉米区域间流向。东北玉米南下是南粮北运的主流，年均外流量 2 000 万吨以上，对国内玉米供求平衡起着重要作用。然而，随着中粮生化等玉米深加工企业投资设厂，运往南方玉米有所减少，虽然今后东北玉米南运量可能会出现年度性增长，但减少的趋势不会改变；再加之运费上升、玉米价格高涨，东南沿海一些玉米销区省份利用近海优势从国际市场采购玉米的劲头进一步强化。未来，东北玉米南运流通格局将由玉米南运向北出口南进口相结合转变。长期以来我国北方产区玉米供大于求，南方对于玉米的需求主要通过从北方主产区调剂解决，形成北方玉米流出的动力；相反，广东、四川等玉米需求大于当地供给，供需缺口是外地玉米流入的引力。

表 3 - 7　　　　　　2009~2013 年我国玉米分区产销余缺量　　　　单位：万吨

	2009	2010	2011	2012	2013
全国总计	-687.7	-86.5	513.7	322	137
东北地区	2 210.9	2 932.6	3 753.8	4 391.1	4 529.8
华北黄淮	-772.3	-874.5	-580.9	-1 155.4	-1 349.3
西北地区	646.3	736	823.4	907.4	1 028.8
华东地区	-572.6	-597.9	-742.2	-827.2	-873.6
华中地区	-1 457.7	-1 475.4	-1 472.8	-1 618.5	-1 671.1
华南地区	-893.2	-1 041.9	-1 283.8	-1 469	-1 564.1
西南地区	150.9	234.7	16.3	93.7	36.6

资料来源：国家粮油信息中心。

由于玉米主产区集中在北方，销区在南方，因而形成了当前玉米"北粮南运"的流通格局，最长运距达 2 000 公里以上。从运输方式上看，从东北产区运送到四川和湖南等地的少部分玉米主要采用铁路运输。大部分玉米主要通过铁路运输到沿海港口，沿着长春、四平、铁岭一带的铁路专线。沿海一线的港口是铁路集散中心的延伸，越来越多玉米从辽宁沿海的锦州港、北良港、大连港、鲅鱼圈港和丹东港运抵广东福建。

（2）主要流通渠道。相比于其他两个粮食品种，农户很少存留玉米，基本都出售，流通渠道相对来说越来越单一，即玉米的"政策市"，截至玉米临储政策实施以来的 2013 年，国家累计实际收购临储玉米数量达到约 1.5 亿吨，其中在市场比较低迷的 2008 年、2012 年和 2013 年收储量都超过了 3 000 万吨，2013～2014 年度收储量达到创纪录的 6 919 万吨。玉米临时收储政策实行敞开收购，使得实际收储量远大于需求数量，大量粮源成为国家库存，并没有形成市场的有效供给，造成 2014 年 4 月份新玉米收购季节结束后，社会商品余粮很少，农户、贸易商、加工企业库存普遍明显低于上年同期，市场粮源较为紧张。另外，还有一主要渠道，即以粮食流通型企业（中粮集团、吉林粮食集团）为核心的收购体系，玉米流通型企业通过布局网点控制粮源，一般由中介组织协调农户与粮食流通型企业达成交易。农户把玉米出售给粮食流通企业，其通过已有渠道把玉米销售与玉米加工企业或省外玉米市场相连接，保证玉米销售渠道畅通。如在玉米供过于求时，流通型企业可以通过开发省外或国外市场，保证玉米正常销售，避免因产品无销路而导致流通环节运行断裂。在此过程中，以农村合作经济组织、玉米协会、农业经济管理站为代表的中介组织在玉米流通中扮演着重要角色，将小规模农户生产的玉米归并集中，降低单个农户进入市场的交易风险和成本，便于流通渠道的防调和管理，玉米流通型企业作为玉米流通渠道的核心，通过中介组织与众多分散农户建立联系，如合同签订、利益分配等。

三、我国粮食进口与国内流通比较

粮食进口量大幅增加有国内需求因素的推动，实际上不是总量供应不足，更多的是品种结构调剂的需求，但更直接的原因是国内粮食价格高于国际粮食价格，即便加上运输费、关税、增值税及港口杂费等，进口贸易仍然有利可图。粮食进口物流渠道通畅、成本低廉、运输便捷为进口贸易扩大提供可能。而国内粮食流通的低效率、高成本，进一步为外粮进口创造了条件。本部分将从运输成本、运输时间及运输方式三个方面把进口粮食运输与国内粮食流通进行对比。

（一）运输成本比较

流通主体为了完成粮食由生产者向消费者的转移，在不同流通阶段（运输、仓储、包装、加工、配送等）或在不同流通内容（商流、物流、资金流、信息流）上都要支付相应的费用，而运输成本又是流通成本中最重要的构成部分之一，为此在调研吉林、黑龙江粮食经销企业的基础上，对国内外粮食运输成本加以比较。

1. 国内粮食运输成本

总体上看，我国粮食流通运输还比较落后，主要表现为高成本、低效率、多损耗等问题。据国家粮食局数据，国内粮食流通成本占整个销售价格的1/3左右，是发达国家流通成本的2倍。顺畅高效粮食流通不仅涉及到消费者切身利益，能购买到相对低价的粮食，而且关系到全国范围内粮食调剂余缺的效率，一个更大范围的粮食补充能有效降低粮食不安全的风险。

东北地区粮食主要是通过铁路和水路两种运输方式南下，但该主产区远离销区，粮食流通成本高且及时调运难度大，运力运能难以满足粮食地区间转移需要。利用海运水路需要先经铁路运到港口，装船后再运到销区临近的港口城市，在港口城市需卸船后再装车。孙立诚（2006）认为，铁路运输要经过三四次搬倒，每搬倒一次就多一部分损失，增加一部分物流成本。通过在大连北方国际粮食物流股份公司调研了解到，2014年玉米从吉林省运达广东省，累计支出运输成本约300元/吨，其中长春到锦州港铁路运输100元/吨，锦州港港闸费50元/吨，锦州港航运到广东港口成本

60 元/吨，广东港口港闸费 40 元/吨，最后经汽车运输从港口到饲料厂运费 40 元/吨，这是陆海联运成本相对较低。如果以铁路运输为例，非铁路沿线收购玉米，经过检斤、过磅、装编织袋后运到火车站，运输成本每吨约 50 元，装车费用每吨 30 元，长春到广州的铁路运费 300 元/吨，则 1 吨玉米从产地吉林运抵销区广州的运输成本大约要 380 元。高成本粮食流通必然限制国内粮食自我调剂的能力，地区之间不能有效地做到丰歉相互调剂，可能出现产区滞销、销区供不应求并存的局面，甚至迫使企业不得不进口粮食。

大米对运输条件的要求更高，主要是因为没有外壳保护，则容易潮湿变质。因此，总体上大米运输成本相比其他几个粮食品种更高。表 3-8 是东北某大型加工企业通过铁路、水路及汽车发运大米至不同销区的运输总成本情况。

表 3-8 　　　　　2013 年黑龙江省鸡西市粳米铁路运至销区的费用

运输方式	物流目的地	运费（元/吨）
铁路运输	辽宁	224
	湖北	384
	四川	470
	上海	381
	新疆	545
海运（集装箱）	上海	458
	广东广州	500
	广东深圳	520
	浙江金华	531
	浙江嘉兴	492
汽车运输	北京	406
	天津	406
	哈尔滨	206

资料来源：国家粮油信息中心。

2. 进口粮食运输成本

在国际贸易中，粮食产品流通费用则主要包括运费、保险费、进口增值税、港口杂费等。影响进口粮食运输成本的因素众多，主要有航线数量、货船数量、国际油价及航运需求等。受石油价格影响，运费波动较大，2008年粮食危机期间运费一度达到134美元/吨，2008年12月降至22.5美元/吨，之后波动回升，2010年后整体呈下降趋势，目前在30美元/吨左右。从波罗的海干散货指数（Baltic Dry Index，缩写BDI)[①] 来看，2008年以来BDI趋向走低，尤其进入2011年后全部低于2000（2013年12月除外），2014年很多月份BDI徘徊在600~900之间。随着上述因素的波动，巴西运输至中国的玉米船运费一般为30~40美元/吨，美国玉米运输至中国船运费为40~50美元/吨，基本相当于我国东北粮食运到南方销区的成本，但是运距是后者的数倍。

我国进口粮食保险费按照小麦进口价格计算，一般为每吨小麦进口价格的0.45%；进口增值税也是按照小麦进口价格计算，一般为每吨小麦进口价格的13%。港口杂费根据到岸港口的规定收取，按照进口数量计算。以2014年小麦到岸税后平均价格计算，国际运费占到岸税后平均价格的11%，保险费占到岸税后平均价格不足1%，进口增值税占到岸税后平均价格11%，港口杂费约占到岸税后平均价格的4%。东南亚大米进口船运费更低，由于越南大米价格低于国内1 000元/吨以上，向中国出口大米的数量迅猛增长，船运公司为抢夺客户，争相打出"0"运费的竞争口号，即免费运输，待贸易商在中国销售完大米再获取一定利润比例。泰国是传统稳定的大米出口国，船运费市场也相对稳定，曼谷至中国南方港口船运费一般为10~12美元/吨。巴基斯坦至中国南方港口船运费为8~10美元/吨，甚至更低，主要原因是运粮船只返航时从中国装运巴基斯坦所需的进口商品，即回程也有运费收入。

---

① 波罗的海干散货指数是波罗的海航交所于1985年开始发布日运价指数，该指数是由若干条传统干散货船航线的运价，按照各自在航运市场上的重要程度和所占比重构成的综合性指数。成为代表国际干散货运输市场的走势图。1985年1月4日指数设立为1 000点，由13条航线的程租运价构成，其运输货物以谷物、煤、矿砂、磷矿石、铝矾为主，没有期租航线。

现在已经成为航运业的经济指标，它包含了航运业干散货交易量的转变。BDI波罗的海指数是由几条主要航线的即期运费（Spot Rate）加权计算而成，反映的是即期市场行情，因此运费价格高低会影响指数的涨跌。假设现在原物料需求增加，表示各国对货轮运输的需求也随之提高，在此情况下，运费涨幅如果超过油价成本的涨幅，当然其获利就可维持。所以，运费高低的冲击远比原物料的涨跌更直接地影响航运股的获利。

（二）运输时间比较

在不同运输方式中，运输起点与终点的判断很难达到一致，比如公路运输能够提供门对门的直接运输服务，但铁路运输可能还要计算货物从厂家仓储到火车站之间的运输时间，以及从火车站至收货方仓储库的运输时间。因此，在比较不同运输方式时，为了保持运输时间计算的一致性，就统一采用门到门的运输时间来做衡量与判断。

1. 国内粮食运输时间

与进口相比，国内粮食流通效率明显较低。根据《粮食现代物流发展规划》内容显示，"东北地区的粮食运往南方销区一般需要 20~30 天，为发达国家同等运距所需时间的 2 倍以上"。调研的吉林粮食企业也认为，从长春到广州至少费时一个月。从黑龙江北大荒集团获取的信息也可佐证运输的费时，从主流集港到广东需 43 天，在集中运粮时期还要多需一周。华北小麦和玉米运往南方销区所需时间根据运输方式不同而不同，如果有内陆航线需 4~5 天，铁路或铁海联运则需要 7~8 天，国内粮食运销不能及时满足市场需求为粮食进口创造了条件。原来湘赣等地大米运至广东的时间比较短，一般 2~3 天即可达到，自"镉大米"事件后，广东福建等销区在湘米到站后需做重金属检测后方可卸货，一定程度地延长了中间环节的时间。

2. 进口粮食运输时间

我国玉米进口来源地多为美国，美国玉米海运至中国南方港口大约需 25~30 天。2014 年我国海关检出美国玉米中含未经批准的转基因成分 MIR162，其后玉米进口来源地拓宽，包括乌克兰、泰国、老挝等地。由于运距缩短，进口玉米运输时间也相应减少。小麦和进口超过一半来自澳大利亚，运输时间一般为 20~25 天。在所有进口粮食类别中，进口大米运输时间是最短的。因为进口大米绝大部分都来自东南亚，越南进口大米占比最大，其次是泰国和巴基斯坦。越南北部与我国西南边陲接壤、边界线长，边界贸易往来便捷，耗时很短，运输时间只需 1~3 天；越南南部西贡港（胡志明市）船运至中国南方也只需 3 ~ 4 天。在中泰大米贸易中，对运输时间的考量是关键因素，也是影响运输方式选择的主要因素，曼谷海运至中国南方港口运输时间一般为 7 天。巴基斯坦海运至中国，耗时较长，一般为 18 ~ 21 天。

（三）运输方式比较

1. 国内粮食运输方式

铁路运输具有速度快、运量大、运费低、安全性高的优势，但是它的机动性不强。但整体上运输价格相对低廉，目前铁路仍是最主要的方式，2013 年全国粮食总流通量约 2.7 亿吨，铁路粮食运量 1.04 亿吨（不含铁海联运），铁路运输占 38.5%，2005 年这一比重为 48%，下降近 10 个百分点，说明其他运输方式一定程度上分散了铁路的运力。

表 3 - 9　　　　　　　　我国铁路和水路粮食运输量　　　　　单位：万吨

时间	2008	2009	2010	2011	2012	2013
铁路粮食运量	11 470	9 925	9 692	9 578	9 981	10 447
主要港口粮食出港量	3 299	3 606	4 036	4 258	4 710	5 387

资料来源：《中国统计年鉴》相关年份。

汽运多用于特定时段或短距离运输，从亢霞（2014）的运输调查来看，粮食平均运输距离为 1 373 公里，其中火车为 1 551 公里，汽车为 362 公里，轮船为 6 747 公里。但汽车运输效率高、速度快、便捷强，每年 10 月份新粮上市初期，为满足销区尝新需求，东北稻米通过汽车运输运至京津冀等地的数量明显增加，为全年汽运季节性高峰之一。

2. 国外粮食运输方式

据《粮食现代物流发展规划》介绍，美国、加拿大自 20 世纪 30 年代开始，逐步发展以圆筒仓自动装卸、散粮汽车、散粮火车和散粮专用船舶为标志的散粮运输系统。经过半个世纪的投入，各主要发达国家已基本实现了粮食"四散化"流通。澳大利亚粮食运输体系发达，国内运输主要依靠铁路，约占60%，其他40%是公路运输。但粮食以散粮运输为主，配送效率非常高，大大节约了粮食行业运营成本。作为粮食主要产地的新南威尔士州散粮运输率达90%以上。澳大利亚在粮食主要产区和港口建立了以各州为基本覆盖范围的散粮运输系统，配有方便运输的散装铁路车皮和汽车集装箱，粮库也配有火车和汽车散粮装卸系统；大部分港口还配有粮食专用码头和散粮装卸系统（港口集装箱运输量占货运总量的30%）。

美国河流运输公司（ARTCO）是ADM全资子公司，也是ADM物流重要组成部门，主要提供美国国内密西西比河流域的河流运输服务，同时也为第三方客户提供河流运输服务，年运输量约1.2亿吨左右。公司采用运输管理软件Fleetcom收集、发布、管理船队运输情况，包括船只状态、起点、终点、装载状态、位置、装卸货物种类数量等级和人员信息等。数据采集方式包括电话、邮件、传真和人工录入以及GPS信息采集等，数据集中到中心系统进行汇总分析和发布，并进行可视化展示。运输船只驾驶室部署较为先进的数据采集系统，实时提供船只位置信息。船载GPS设备实时定位船只位置，并在软件系统中显示，同时通过移动运营商的网络，将船的信息传送至后台运输管理软件Fleetcom。从技术的适用性和可靠性而言，这种信息采集方式和传递方式，完全可以满足实际需要。

美国伯灵顿北方圣太菲铁路运输公司（BNSF）是世界最大的铁路多式联运承运公司，拥有近400条铁路线，5万多公里的运营网络，遍及美国28个州和加拿大2个省。每天在运列车达1 400列，主要运输谷物、饲料、生物乙醇和肥料等。单台列车牵引100多个车厢，运载1.1万吨。公司电子商务系统采用Web方式进行服务，该系统分计划、装运、跟踪和管理四大模块，每个模块又分为数个不等的子模块[①]，计划模块具有价格查询和发布授权的功能，装运模块具有信息运单、申请车皮和为客户订购装置等功能；跟踪模块具有为客户提供定制运输状态报告、实时提供列车位置信息和提供历史数据，管理模块具有显示打印或邮件传递货单授权支付、审查逾期费用支付、通知逾期费用解决方式、管理各种保证金和信用

---

① 计划模块包含价格、里程子模块，装运模块包含车皮申请、装运说明、装运说明修改和交换释放等四个子模块，跟踪模块包含铁路中心、跟踪列车和历史数据等三个子模块，管理模块包含提醒、用户状态、逾期和联储式存运四个子模块。

卡弹性支付。同时，公司还广泛采用无线射频识别（RFID）技术，RFID标签安装在火车上，包括车辆信息、货物信息和质量信息，在装卸点装有读写器，当列车通过装卸点时，信息被读取。通过读取承载重量，与载荷比较，进而优化装载能力，避免超载欠载或人工录入的失误。

四、粮食流通面临的障碍及挑战

当前，随着国内工业化、城镇化发展的不均衡，以及大量农村劳动力持续地从农业向非农产业、从农村向城镇、从内陆向沿海地区大规模转移，粮食供求区域性矛盾越来越突出，尤其我国余粮区、缺粮区相对集中且运距较远，这类粮食调运不可或缺。如果要有效调控粮食进口量，必然要求相应地提升国内粮食运输能力，这对运输发展提出了新要求。长距离运输是公路所不能承担的，必须依靠铁路。尽管粮食铁路运输能力有所提升，但与运输其他大宗商品相比，粮食铁路运输效率、比重、联运对接等方面依然不够理想，还存在很多障碍因素。

（一）受到运输设备和运输条件的严重制约

1. 山海关段运输不畅成为制约东北地区粮食外运的瓶颈

多年来，运输难已成为东北地区粮食外运销售的头等问题，黑龙江省属于边疆内陆省份，粮食主要流向国内销区，出口仅占很少一部分①，而且出口主要是通过大连港运往国外，这种地理位置和物流特征决定了东北粮食的流向主要是南方。由于公路运输成本相对较高，黑龙江省粮食外销主要以铁路为主，形成"流向单一、流量较大、高度集中"的特点，占总

---

① 据在黑龙江农垦调研了解，2009年国家实施粮食新规，大米、玉米等品种出口必须由国家专营公司统一对外签约成交，任何企业无权对外签订价格，外销的巨大利润和出口后的退税政策企业都无权享受。只有中粮集团拥有大米出口经营权，国内大型稻谷加工企业没有大米出口经营权及配额，生产企业无法直接与国际市场对接。因此，多年来黑龙江农垦总局一直在争取粮食出口经营权。

外销量八成以上。吉林省粮食局提供的数据显示,受山海关通过能力制约,每天只能通过各种列车 66 列,其中货运仅 23 列,通常只能满足 1/3 的需求;加之客货尚未分流,使粮食运输的季节性、需求的时效性以及价格的不稳定性等矛盾突显。由于缺乏足够运力,很多粮食不能及时运往主销区,不得不积压于主产区本地,不仅推高了销区粮食价格、抑制了产区价格,也严重影响了东北粮食流通效率及粮农投入变现进度。运输最紧张时,企业往往需要付出高额的"请车费"和"方向费",一个车皮要多付数千元,相当于每吨粮食无故增加了 70 ~ 80 元的成本。根据调查,目前铁路运力至少增加一半,才能基本满足其外销运输需求。

2. 铁路运力仍不满足粮食外运需求

国家铁路货运量从 2003 年的 19.9 亿吨增至 2013 年的 32.2 亿吨,增幅为 61.6%;其中,粮食运量从 1.01 亿吨增至 1.04 亿吨,增幅仅为 3%,相应地,粮食运量所占比例由 4.0% 下降到 3.2%。就平均距离而言,粮食运距不但在数值上普遍超过所有货物的平均值,而且粮食自身运距也在加长,由 2003 年的 1 348 公里增至 2013 年的 1 792 公里;2003 年粮食平均运距为所有货物的 1.64 倍,而在 2013 年,升至 2.16 倍,即相对其他货物而言,粮食运距也在增加,意味着粮食运输越来越依赖于铁路运输。但铁路运输存在季节性、阶段性不平衡矛盾,每年第四季度和第一季度正是冬春煤运高峰期,石油、木材、煤炭运输与粮食运输争车皮严重,所以黑龙江省粮食铁路运输请配车兑现率一般在 1/3 左右。近十年,我国铁路货物运力在提高,但粮食运量并未同步增长。2003 年,我国铁路运粮首次突破亿吨大关,此后粮食铁路运量仍稳定在 1 亿吨左右,粮食铁路运输数量在总运量中占比呈下降趋势,2013 年较 10 年前下降 2 个百分点。2013 年,我国铁路货物运输总量为 32.16 亿吨,货运量最大的是煤,为 16.79 亿吨,占比为 52%;其次是金属矿石、钢铁与有色金属、石油等;粮食货运量为 1.04 亿吨,仅占 3%,粮食铁路数量与铁路货运总发送量和煤炭运量相比,有巨大差距。

3. 多式联运潜力开发不足

东北地区既是最大的商品粮输出地区,又距东南沿海销区遥远。铁路运输是粮食运输的主要方式，导致粮食与煤炭、原油、木材等物资运输常常出现"争嘴"现象。适当减少粮食铁路运量，增加粮食水运（包括海运和内河运输）数量，既可降低运输成本，又可减轻铁路运输压力。但铁水联运从产区到销区要经过三个以上环节，运用两种以上的运输工具，增加了粮食运输的复杂性。徐芳、宫雨虹（2009）的研究认为铁海联运还存在几方面障碍：一是北粮南运中尚未形成大型物流专业组织，与铁海联运整车整船发运的要求对接困难。二是主产区远离或几乎没有货运港口，2008年全国港口万吨级及以上泊位中，专业化泊位 778 个，其中散装粮泊位只有 23 个。三是水路运输潜力开发不足，只有大连北良港是具备国际先进技术的散粮进出口港口。四是地域化的限制，即并不是所有的目的地都处于港口附近，即使铁海联运节省了一部分成本，但是到达目的港口后，粮食需要再通过铁路或公路送达，期间发生的装卸费用，也会形成资金负担。另外，亢霞（2014）认为铁水联运的发运点需采用汽车和火车集并粮食，在接卸点缺少汽车或内河船只疏港，不能实现各式运输工具间"无缝对接"，既增加了成本，又延迟了时间。

（二）粮食流通通道网络尚不健全

1. 物流节点布局不合理

粮食快速、及时、有效地到达目的地是现代粮食流通所要实现的基本目标，只有高起点的建立现代粮食流通体系，特别是建设和完善布局合理的物流节点，才能从根本上找到并解决流通费用大、装运能力低的问题，从而形成安全、高效、快速的现代粮食流通体系，满足粮食调拨和外运需要。物流节点就是物流活动在空间分布及其对周围联系的密切乘车所形成的空间集聚点，通过资源整合和功能提升、完善，建设流通高速通道。目前，我国初步构建了东北流出通道、黄淮海流出通道、长江中下游流出通道、华东华南沿海流入通道和京津流入通道等，但各通道之间普遍缺乏有效连接，没有解决"北粮南运"中受阻、不畅的突出问题，如吉林省粮食收储流通资源丰富，网点兴罗棋布，约 1 000 多个，但物流节点布局不够均衡，战略装车点建设未能充分考虑和利用粮食企业现有设施，物流资源未能充分利用。铁路专用线有效长度不足，现有设施利用率相对较低、日发运能力不高等。

2. 粮食市场体系发展不平衡

目前，粮食收购和零售市场基本是靠自发形成的，市场布局和发展数量主要靠市场调节，尚没有专门的建设发展规划给予指导，如从辽宁省批发市场来看，只有沈阳、大连的区域性功能批发市场发展较好，但从辽东、辽西情况来看，还缺乏辐射面大、功能性强的区域性批发市场。大多粮食市场交易设施条件不高，粮食批发市场、零售市场和收购市场还相互脱节，相互间交易信息系统不够完善，不能适应现代化粮食交易发展需要。2011 年对吉林省白城市最大的交易市场（铁东批发市场）的调研情况显示，现有经营业户 2 000 多家，从业人员 1.5 万人，市场辐射半径达 300公里，远至内蒙古东部、黑龙江及辽宁的广大区域，产品销往全国各地及世界 20 多个国家地区。由于该交易市场设施简陋、交易手段落后、尚缺乏电子交易手段，且交易方式依然是传统的单独对手现货交易，故不能对交易的规模、流向、价格做出准确统计。同时，物流企业多而散，中小企业比重大，部门间通道不畅。如在吉林省很多市、县域内，既有中储粮总公司、中粮集团（含原中国华粮集团）等央属企业的公司，又有吉粮集团、省储备公司等地方国有粮食企业的收购销售主体，还有上千家民营企业。因隶属不同部门管理，相互间缺乏有效协作和资源整合，难以形成规模效益，导致粮食发运企业多、但都比较零散，发运量都不大，不易满足铁路部门整列整厢发运要求。

（三）粮食物流技术装备水平比较落后

1. 仓储设施不能适应现代粮食运输接卸需要

粮食流通体系建设仍然存在一些亟待解决的问题。一是部分物流节点和主要港口的散粮接卸、中转能力严重不足，不同功能的粮库比例不协调，中转库容仅占 13%，大部分粮食要堆积在港口露天处。二是仓库、运输工具和中转设施之间不能有效衔接，只有中央储备粮库基本上配备了补仓机、扒谷机等较先进的机械设备，多数粮库粮食接卸及进出仓作业依然采取包粮形式。据《粮食现代物流发展规划》介绍，完好仓容中只有约11%是适合粮食散装散卸的立筒仓、浅圆仓，其余89%的平房仓不适应散粮接收发需要。另外，商品粮产地东北地区还有相当一部分企业的传统物流方式和手段仍占主要地位，机械化作业程度低，库内倒运作业基本是农用机车，靠皮带输送机装卸火车、汽车。从我国粮食物流运输环节整体来看，以人工装包、拆包、灌包出入库环节为主，大大延缓了运输装卸环节的效率。这不但增加了作业环节，而且造成装卸运输中的损耗。装卸运输环节的机械化程度不高，绝大部分粮食装卸仍采用传统肩挑背扛的人工搬倒装卸方式，很难实现粮食的快速调运和装卸，而且物流运输环节中转设施不配套，不同运输方式之间衔接不顺畅，导致我国粮食流通效率不高。

2. 运输方式和装卸自动化水平低

自 20 世纪 30 年代起，美国、加拿大开始发展以圆筒仓自动装卸、散粮汽车、散粮火车、散粮专用船舶为标志的散粮运输系统。经过四五十年发展，主要发达国家已全部实现粮食"四散化"运输。国内从 20 世纪 90 年代开始，通过与澳大利亚合作，并利用世行贷款粮食流通项目，建设了一个连接南北、横跨 15 省区市的流通工程，初步形成了一个符合粮食合理流通的"四散"作业框架，但建成后的系统每年只能运转粮食 1 800 万吨，远不能满足粮食流通的实际需要。还有些地方从国外购置了 K17 漏斗散粮车皮，但在实际使用过程中，这些地区缺少装卸粮食的配套设施，结果卸车时在车下扒粮、不能装车。总体而言，国内粮食"四散"流通各环节不配套，系统不完善，自动化水平不高，《粮食收储供应安全保障工程建设规划》中内容显示，2014 年原粮跨省散运比例约 25%，75% 左右还要采用包粮运输方式，"散来包去、拆了又包"，整个流通环节历经多次拆灌包，包装耗费大、抛洒损失多。据国家发改委统计，由于运输装卸方式落后，每年损失粮食 800 万吨左右；2007 年全国只有约 1.2% 的粮库配备铁路散粮卸车设施，制约了铁路散粮车在全国范围使用。"四散化"运输是世界粮食流通领域的一场重大变革。发达国家的实践充分证明了"四散化"运输变革带来的好处，即粮食流通费用占产品价值的总体比重大幅下降。

3. 物流信息化系统支撑能力弱

大多数粮食经营企业发运规模小，独自难以形成规模运输，不能满足运输部门整列、整船发运的要求，这就需要物流信息化来提高配置效率和组织化程度。目前粮食现代物流信息化水平还有待发展，如吉林省缺乏跨地区、跨行业、跨部门的粮食流通公共信息平台及粮食物流供应链管理系统，农业、统计、粮食和交通（铁路）部门掌握的数据因渠道不同、口径不一，经常有出入。全省粮食市场监测功能还待进一步开发，准确、权威的粮食市场信息发布系统还没有形成，导致从产区到中转区再到销区整体粮食仓储信息、货物流向以及加工情况都没有完整的粮食物流信息数据管理系统，使不同领域、不用规格、不同成本的粮食作物在生产、加工、储藏、运输、交易等环节未能实现信息共享。信息化是现代粮食物流体系的重要组成部分，是提高物流效率的技术保障，及时、准确地掌握和利用信息是市场经济条件下组织粮食流通的客观要求，不实现信息化就无法真正实现现代粮食流通。应建立反应灵敏、系统性强的粮食流通信息网络系统，以其跨行业、跨地域、技术密集、多方参与、多学科交叉、开放性好等特点支撑现代粮食流通，采取数据交换、电子商务、互联网等信息网络技术和粮食企业资源管理系统，及时、准确地掌握各方面信息，并加强相互间联系与协调，将收集的信息与粮食流通有机结合起来，使各仓库资源信息与铁路、港口等信息衔接，形成全国统一的信息采集、传输、处理和发布系统。最终实现数据交换、信息发布、会员服务、在线交易、智能配送、粮食跟踪及仓储管理等多项功能。鼓励和支持企业强化粮食流通信息系统化建设，利用互联网技术有序有效组织粮食流通，直至形成区域性的现代粮食流通信息平台。

第四章　我国粮食进口及调控效率

粮食新战略之前，我国基本上秉持着"粮食自给为主、进出口调节为辅"的基本国策，不断增加各种要素投入，强化固化稳粮促粮政策体系，注重年度粮食现实产量增长，形成当前的强制性增长、衰竭性增长和脆弱性增长。1996年，中央政府发布的《中国的粮食问题》白皮书中指出，"现阶段我国已经实现了粮食基本自给，在未来的发展过程中，我国依靠自己的力量实现粮食基本自给"，并表示"中国将努力促进国内粮食增产，在正常情况下，粮食自给率不低于95%，净进口量不超过国内消费量的5%"。2008年国家发展改革委发布的第一个中长期粮食规划——《国家粮食安全中长期规划纲要（2008—2020）》进一步强化了国内粮食生产建设，包含"到2010年粮食综合生产能力稳定在5 000亿公斤以上"、"到2020年达到5 400亿公斤以上"、"粮食自给率稳定在95%以上"等诸多粮食安全的目标。粮食进口仅作为补充国内市场供应、调节供求的调剂手段，粮食进口量主要受国家调控政策的影响，且在各个时期表现差异很大。自党的十六大以来，粮食市场化改革、粮食产业的外在环境已发生翻天覆地变化，国际农产品贸易格局受 TPP、TTIP 等贸易谈判的影响发生深刻变革，全球经贸主导权竞争日益激烈，我国在国际农业竞争中面临被边缘化的风险……随之而来的便是粮食政策的路径选择问题：是继续控制粮食进口、立足自身谋求国内最大限度的自给自足，还是借助外力、扩大国际粮源利用程度保障国内粮食供求平衡。这就要求我们必须准确把握当前国际粮食市场特征，选择契合我国国情粮情实际和长远发展需要的粮食安全政策。实际上，简单的一刀切、绝对性政策，都是以偏概全，完全立足国内或主要依靠国际市场，都不能足以保障国内粮食安全。粮食进口政策的本质不是要不要进口，而是如何进口、进口多少。国情决定了粮食产品基本供给必须依靠国内来保障，数亿农民的生计和就业必须依靠种粮来容纳。同时，扩大进口、充分利用国际市场和资源，也是符合实际的必然选择。关键是统筹把握好国内外市场融合程度，满足进口需求的同时确保国内产业安全。

从粮食进口数量上看，我国已是进口大国，但却并未因此而获得相应的买方垄断收益，甚至处于"反常"、"低效"状态（鲁靖，2005），在国际市场粮食价格较高时，我国大量进口粮食。由于粮食进口数量较大，并缺乏定价话语权，"贱卖贵买"的怪圈同样出现在粮食领域。国内有限的自然资源和持续增长的粮食消费越来越难以调和，不得不在努力提高国内粮食产量的同时，增加从国际市场购进国内所需的粮食。但市场范围的扩大以及外部粮食市场的复杂性，加大了我们认识和利用国际市场的难度。为不断提高统筹利用国际、国内两个市场和两种资源的能力，实现我国长期粮食安全目标，必须实行恰当的粮食进口政策，提高粮食进口、调控效率，这也是满足国内快速增长的消费需求和缓解资源要素紧张的内在要求。

一、我国粮食进口总体分析

从新中国成立以来我国粮食进出口贸易一直由国家指定的国有粮食企业垄断经营，进出口数量严格遵照国家年度计划执行。从 20 世纪 80 年代开始，这种计划管理的办法转为通过颁发进出口许可证管理；90 年代后又改为限量登记、配额管理等办法。收入水平不断提高推动消费结构升级，以及人口增长和土地资源压力等因素共同作用，加之政府对消费市场的逐步放开，粮食人均消费量迅速增长。粮食总量和品种结构不能完全吻合需求，因此粮食进口已成为保障国内粮食安全的另一种选择，带动粮食进口量大幅上升。

（一）不同阶段粮食进口状况

1. 20 世纪 80 年代的粮食进口

20 世纪 70 年代末我国粮食进口开始了新篇章，根据党的十一届三中全会通过的《中共中央关于加快农业发展若干问题的决定（草案）》的要求，国家先后重新限定了统购派购的范围和数量，通过减少粮食征购基数，以缓解农村粮食供给缺口，增加农产品商业化、市场化收购。但拉大了城市粮食供给缺口，于是只好通过粮食进口来弥补征购不足。20 世纪 80 年代我国粮食进口量大多在高位运行，进口量年均达到 1 284 万吨，成为国际粮食市场上的重要需求方，此阶段粮食进口量明显高于粮食出口量。此后家庭承包经营制度释放出巨大的能量，刺激我国粮食产量超常规式增长，1984 年粮食产量达到 4.07 亿吨，首次突破 4 亿吨大关，为此 1985 年和 1986 年粮食进口出现短暂逆转局面。随着粮食越来越多，卖粮难降低了农民种粮积极性，这一时期粮食播种面积逐年减少，粮食总产量起伏不定。于是国家又恢复了大量进口粮食的传统，每年进口量在 1 000 万吨以上，并一直持续到 90 年代。

2. 20 世纪 90 年代粮食进口

20 世纪 90 年代我国粮食贸易在年际间波动很大，初期国内粮食连年丰收，产量稳定在 4.40 亿吨左右，大量进口粮食的局面得到短暂扭转，1993 年和 1994 年大幅减少粮食进口量，由粮食净进口国转变为净出口国。但这种转变并不稳固，1995 年粮食进口量又急剧增加，当年进口量高达 2 040 万吨，又从粮食净出口国转变为净进口国。由于 1994 年国内粮食价格上浮较大，通货膨胀严重，政府单方毁约，暂停了粮食出口，助推了国际粮价反弹。这次贸易中断严重影响了我国的国际形象，外媒甚至使用"国家信用破产"、"不可信赖的伙伴"等字眼，这对我国刚刚培育出的贸易伙伴关系和目标市场份额产生不利影响，这也说明我国尚未有效建立起按国际规则的粮食贸易体制，说明正确的粮食贸易政策对我国粮食安全非常重要。1997 年以后，粮食进口量有所减少，此后基本保持了十余年的粮食净出口局面。原因是国内粮食供大于求，粮食产量维持在 5 亿吨左右，库存压力下这个阶段出口量较大。为了推动出口，国家还实行了出口补贴措施。需说明的是，此时的粮食出口并不是完全尊重市场的企业自主决策行为，而是由国家计委根据当年粮食生产、供求情况判断出口数量，然后再分配给各省份，由省内遴选有粮食进出口经营权的企业对外签约并履行合同。这种计划思维式的出口管理体制时滞长，往往与国际粮价商机错过，效率效益非常低下。甚至经常做出南辕北辙的决策，即与国内粮食丰歉年份同进同出，进出口贸易没有吻合当年生产状况，反而加重了国内供需矛盾。这种粮食进出口与国内粮食丰歉的共振，没有起到调节国内粮食供求的作用。

3. 21 世纪后的粮食进口

在 21 世纪之交的前后几年中，我国粮食产量连续减产，从 1998 年的 5.12 亿吨下降到 2003 年的 4.31 亿吨，但没有出现预期的进口激增现象，而表现为出口量增加。2002 年是我国加入世界贸易组织后的第一年，当年出口粮食 1 482 万吨，进口 285 万吨，主要原因是 2001 年末和 2002 年我国加大陈粮轮换力度，使国内市场供给迅速增加，由此产生的惯性一直维持到 2003 年。2002 年 3 月下旬，财政部、国家粮食局、中国农业发展银行、中国储备粮管理公司通知各地要加快销售处理甲字、506 储备粮①，截至 2002 年底，中央储备粮轮换总量高达 1 000 亿斤（姚润丰，2003）。在加入 WTO 前后，我国已深刻意识到运用世界贸易组织规则来处理粮食贸易问题。所以不再实施出口补贴政策，而是以减免大宗粮食品种铁路建设基金、出口销项税、出口退税等政策替代，比照先前生硬粗暴停止出口的做法，明显前进一大步。

2004 年后，国内粮食产量实现连续多年增长，从供需平衡上看，供求缺口在不断缩小；从库存看，国家粮食库存从 2005 年开始平稳增加，供求形势变化对粮食进出口形成重大影响。2007 年爆发了全球性粮食价格危机，世界上许多国家和地区对粮食进出口政策做出重大调整，引发我国粮食进口步伐放缓。同期，我国也取消了粮食出口退税，甚至征收出口暂定关税，并实行临时性出口配额许可证管理，这些政策对接后的粮食进出口格局形成了新的影响。最近两年，国家连续多年提升粮食价格，使国内粮食价格显著高于国际市场价格②，进口有利可图，国储方和进口商均加大

---

① 《关于调整 2002 年度中央储备粮轮换计划的批复》。
② 国内大米价格从 2011 年 4 月开始向国际价格上涨靠拢，2013 年 7 月开始高于国际价格，国内晚籼米批发均价与泰国曼谷（25% 含碎率）大米到岸税后价差不断扩大，从 0.02 元/斤扩大到 2014 年 7 月的 0.7 元/斤。国内外小麦价格在 2009 年 9 月首次出现倒挂，自 2010 年 2 月开始，广州黄埔港优质麦到港价与美国墨西哥湾硬红冬麦（蛋白质含量 12%）到岸税后价差不断扩大，从 0.08 元/斤扩大到 2014 年 1 月的 0.2 元/斤。国内玉米价格从 2013 年 7 月开始明显高于国际价格，东北 2 号黄玉米运到广州黄埔港的平仓价与美国墨西哥湾 2 号黄玉米（蛋白质含量 12%）到黄埔港到岸税后价差逐步扩大，从 0.06 元/斤扩大到 2014 年 7 月的 0.45 元/斤。

了进口补库力度，导致粮食进口越来越多。

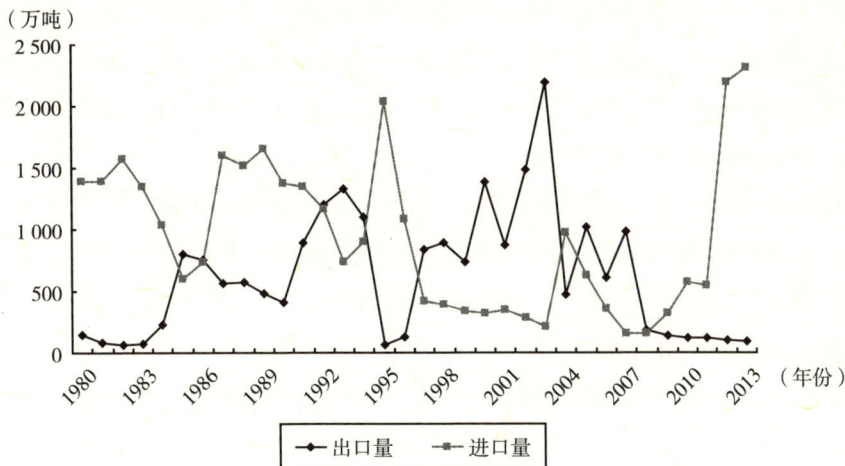

图 4 – 1　1980 ~ 2013 年我国粮食贸易情况

资料来源：海关总署、《2013 中国粮食发展报告》。

（二）不同粮食品种进口状况

粮食贸易的重要性不仅仅体现在规模大小，还在于粮食品种间的结构调剂。随着进出口规模变化，粮食进出口产品结构也在不断调整。我国粮食进口结构的突出特征是进口品种比较单一，1980 ~ 1996 年小麦累计进口量为 18 187 万吨，占同期粮食进口总量（21 475 万吨）的 84.7%。而 2010 ~ 2013 年玉米累计进口量（1 181 万吨）则超越小麦（1 172 万吨）。

1. 小麦

从表 4 – 3 中可以看出，过去三十多年来，我国小麦贸易呈现"进多出少"的特点，即是一个典型的小麦净进口国。在 20 世纪 90 年代后期，随着国内小麦生产数量不断增加和质量提高，国内小麦价格处于低价位，进口数量骤然下降，多数年份进口量只有几十万吨。1996 年，农业部大力推广专用优质小麦种植，改善了国内市场供应，替代了部分进口，从一定程度上使我国小麦由长期净进口转变为净进口量逐年减少。21 世纪初由于国内小麦连年产不足需，小麦供大于求的状况明显逆转。2004 年弥补国内小麦供应不足，国家决定减免由中粮集团代理进口的小麦增值税，使得进口成本大大降低，也大大激发了厂商进口积极性。更为重要的是，芝加哥商品交易所小麦期货价格曾创下 424 美分/蒲式耳的年内最高价之后，一路走低。国际市场小麦价格下跌，给我国小麦进口带来契机，这是推动进口小麦数量大幅增加的重要原因。

2006～2009 年，我国小麦产量继续较大幅度增加，国内小麦市场供求关系有所好转。进口作为调剂国内小麦市场供求的一个手段，继续大量进口已不符合现实要求。我国没有再签订大规模的小麦进口合同，以后进口数量一直维持在相对较低的水平。小麦进口量减少在一定程度上对国内小麦市场行情起到支撑作用。同期，小麦出口则相对较多，主要原因是国内小麦连年增产，国家要消化此前存储时间过长的陈麦，以较低价格出口到日韩等周边国家做饲料用麦，所以企业出口积极性十分高涨。2008 年受国家宏观调控政策所限，小麦产品出口量急剧回落，自 2007 年 12 月 20 日起，国家先是取消了小麦、稻谷、大米、玉米和大豆等 84 类原粮及制粉产品的出口退税；接着从 2008 年 1 月 1 日至 12 月 31 日，对小麦、玉米、稻谷、大米、大豆等原粮及其制粉共 57 个 8 位税目产品征收 5%～25% 不等的出口暂定关税。麦类和麦类制粉出口暂定税率最高，分别为 20%、25%。并从 1 月 1 日起对面粉实行配额制管理，同期国际上其他国家也纷纷限制小麦出口，这些政策使我国小麦进出口双低迷。

2010 年小麦贸易在一定程度上受到国内价格倒挂影响，国际小麦价格行情低迷，而国内小麦行情受多托市收购逐价走高，进口量比上年增加 30 万吨。由于国内小麦没有价格优势，所以出口量为 0。相比于国际低价小麦，2011 年国内小麦价格劣势进一步强化，当年进口了 126 万吨小麦。为了对非洲受旱地区进行粮食援助，如对肯尼亚、津巴布韦等贫穷国家，累计出口小麦 4 万吨；其中面粉出口也有部分属于援助性质，累计出口 28.8 万吨。2012 年尽管 CBOT 盘面小麦价格在 6 月份开始大幅攀升，但我国依据自身需求、小麦库存结构以及不同国家的小麦行情进口了近 370 万吨小麦，较 2011 年增加 244 万吨，增幅 194%。从主要的进口小麦国别来看，从澳大利亚进口 242.5 万吨软白麦，占总进口量的 65.5%；从美国进口小麦 64.5 万吨，占 17.4%；从加拿大进口 40.15 万吨，占 10.9%。2011～

2012 年度、2013～2014 年度全球小麦产量超过 7 亿吨，连续刷新历史纪录；期末库存量和库存消费比多止跌回升，全球小麦供需宽松格局日益显现，国际小麦价格下探的空间增大。此时，我国企业加大了国际小麦的进口采购力度，进口量达到 554 万吨，创近些年历史新高。进口这么多小麦更主要是为了品种调剂，而非绝对量短缺。国内小麦的专用品质性状没有根本改善，虽然自 1996 年优质专用小麦面积逐年上升，但实际种植的优质麦品种较少，且优质达标的品种更少。从农业部历年对各地生产小麦质量检测报告看，小麦主要品质性状指标测定值已明显下滑。2013 年冬小麦收获期间主产区普降暴雨，安徽、江苏、湖北、豫南等地部分地块出现小麦颖壳霉变、籽粒萌动甚至麦穗发芽现象，致使不完善粒超标小麦数量大幅增加。国内优质麦质量的不稳定导致多数加工企业，尤其是生产高档专用小麦粉的企业倾向于使用进口小麦。

2. 大米

总体上看，2011 年以前，我国大米出口大于进口，是大米的净出口国。相比于其他粮食品种，国际市场上大米可贸易量并不多（3 500 万～4 000 万吨）①，所以我国大米进口量较少，除个别年份外，基本在 50 万吨左右。2011 年后，我国大米国际贸易发生了根本性的转变，大米贸易呈现"出口下降、进口增长"状况，甚至 2012 年出现进口激增，进口量达到 237 万吨，几乎是上一年的 4 倍，引起社会各界广泛关注。这对国内整个

---

① 实际上，我们更应该用动态思维考虑"可贸易量"这个问题，从印度、巴基斯坦大米出口规模量逐年扩大可以看出，国际市场的大米供应量随着需求膨胀会被逐步培育起来。特定阶段的产品市场贸易量是由当时市场供需情况决定的，国际市场需求少，可供应量自然不多；反之，需求扩大，供给也会及时跟进。当年的中国大豆进口就是一个充分的案例，21 世纪初我国大豆进口量已达 1 000 万吨，当时国际大豆贸易量约为 5 000 万吨。很多机构、专家预测 10 年后我国大豆进口量将达到 5 000 万吨，国际市场供应量不能满足我们需求，必须立足国内生产。10 年之后，我国大豆进口量已远超过 5 000 万吨，国际市场依然能够有效满足我国需求。因此，我们作为国际粮食市场的需求方，不能静态地以当前的供需格局来判断未来，认为我们进口需求放大，国际市场满足不了我们。其实不然，我国粮食进口要避免突然间进口激增，应给予世界一个明确的信号或合理稳定的进口需求预期，让粮食出口国根据趋势提前扩大生产或增加出口供给，甚至加大对生产的投资和技术创新。如果能够提早释放加大需求的信息，供给会很快被培育起来，这样会有助于有效利用国际粮食市场。我们要明确粮食"适度进口"的内涵，转变粮食安全传统思维，粮食安全不仅包括国内可持续发展的生产能力，还要包括对国际资源的控制力和有效利用程度。

大米加工行业乃至水稻种植环节都产生了不小的影响，主要进口国为越南，约占总进口量的 2/3。如果加上走私和边境贸易，实际进口数量要远大于海关统计进口量。我国从国际市场获得大米供应量已经大于过去几年，从进口产品结构来看，2011 年以前，我国主要进口一定数量的泰国长粒香米调剂国内市场和满足高端消费需求；2012 年以来，由于国内大米价格持续高于越南、巴基斯坦等出口国价格，从越南、巴基斯坦进口低廉大米数量急剧增加。2012 年进口籼米 192 万吨，同比增加 2.9 倍，其中低品质的越南籼米占 68%，其价格还不到泰国大米的一半；进口籼米碎米 24.7 万吨，同比增加 3.6 倍，全年进口大米平均到岸均价为 3 074.8 元/吨，比上年下降 1 348 元/吨。

国际大米价格受到主产国库存高企的影响，价格一路下跌，而国内大米价格则在最低收购价政策提振下保持稳中有涨态势。如果我国仍然保持稻谷最低收购价，而不实施价格改革政策，那么在泰国等主要大米出口国库存压力释放完毕之前，国内外价格倒挂的情况将仍然存在。根据国家粮油信息中心监测，2012~2013 年越南大米进口到国内完税后价格，比国内普通籼米价格每吨低 500~600 元。同时，印度不断地对大米去库存化，取消了大米出口禁令，一跃成为世界第一大大米出口国，也促使国际大米市场价格保持较低水平。国内很多企业把进口的低价米用于米粉等制品加工，或者通过与国产米掺兑方式融入国内市场。2013 年我国进口大米 227 万吨，与上年基本持平。进口大米数量继续维持高位的原因与 2012 年相同，其中最主要的原因是国内外价差扩大，总体来看全年国内外价差超过 400 元/吨，进口仍有利可图。我国大米供应充足，进口主要是国内外价差导致。由于我国进口大米主要来自东南亚国家的长粒米，因此目前的 266 万吨配额将成为长粒大米进口最大容量。

3. 玉米

多年前我国曾是玉米出口大国，1999~2007 年累计出口玉米 7 912 万吨。随着玉米出口增加，我国在世界玉米贸易中的地位也日益重要，出口量占全世界比重由 20 世纪 80 年代的不足 1%，提高到 90 年代中期的 10%，然后进一步扩展到 2003 年的近 20%。2003 年达到历史最高出口量

1 639 万吨，当时仅次于美国。2004 年出口量大幅减少，主要原因是 2000 年后国内粮食总产量连续多年下降，库存减少，导致 2003 年下半年粮价大幅度上涨，国家从宏观经济发展和粮食安全的角度出发，调整了玉米出口政策，削减出口配额、取消出口补贴。继而，国内玉米需求增长比生产增长更为强劲，再加上 2007 年全球国际粮食价格危机，对玉米及其制品出口政策做出重大调整，即取消出口退税、征收出口暂定关税、出口配额许可证管理。玉米贸易格局发生了逆转，玉米出口出现连续大幅降低，大规模出口成为历史。相比于出口下降，国内玉米需求快速增长。受全国人口总数增加、居民收入水平提高、城镇化进程加快等因素驱动的消费结构升级，我国玉米需求逐步保持刚性增长，一定程度上需要增加进口玉米来调节国内供需关系，因此从 2010 年起我国开始成规模地进口玉米，进口量为 158 万吨，比上年大幅增加 17.6 倍，2011 年再增至 175 万吨。

2012 年我国玉米进口量进一步增加，达到 521 万吨，是 2011 年的近三倍。如此大规模地进口玉米，可追溯到 20 世纪——1995 年进口了 518 万吨[①]。从内外因素来看，玉米大量进口的主要原因有两个：一是玉米工业属性拓展带动消费快速增长，导致近年来其价格不断攀升到更高价格水平；二是国外玉米价格优势明显，国际玉米价格 2012 年 8 月份后逐步下跌，从 1.43 元/斤滑落到 1.06 元/斤。

2013 年进口量略有下降，主要与退运转基因玉米事件有关。2013 年 11 月 29 日至 2013 年 12 月 23 日，国家质检总局发布消息称，深圳、上海、福建、山东、广东、浙江、厦门等多个口岸检验检疫机构，相继从美国输华玉米和玉米酒糟粕中，检出未经我国农业部安全批准的 MIR162 转基因成分，对这些进口产品做出退运处理。同时，质检总局已将有关情况通报美国，要求其加强出口前检验，保证美国输华玉米和玉米酒糟粕符合我国法律法规要求和质量安全标准。在公布的 4 次退运中，被退的美国转基因玉米重量逐次增加，从 6 万吨增加到 54.6 万吨，涉及的口岸检验检疫机构也逐次增多，被退商品从玉米扩展到玉米酒糟粕（饲料），原因都是检出

---

① 1994 年国内粮食价格出现大幅上涨，国内通货膨胀较为突出，为缓解上述矛盾，我国连续降低玉米出口，增加玉米进口。随后数年我国再没有较大数量的玉米进口，1999～2008 年我国年均进口玉米仅 2.7 万吨，每年少量玉米进口转向来料加工或者用于食用消费。

含有未经我国农业部门批准的 MIR162 转基因成分。

表 4-1　　　　　　　　　　我国主要粮食进出口情况　　　　　　　单位：万吨

年份	出口量				进口量			
	小麦	大米	玉米	粮食	小麦	大米	玉米	粮食
1980	0	112	8	145	1 097	15	164	1 391
1981	0	58	14	84	1 305	9	68	1 387
1982	0	47	7	63	1 380	22	157	1 572
1983	0	58	6	75	1 111	8	211	1 349
1984	0	116	95	229	987	13	6	1 037
1985	0	101	634	804	541	21	9	596
1986	0	95	564	751	611	32	59	740
1987	0	102	392	568	1 320	54	154	1 597
1988	0	70	392	570	1 455	31	11	1 519
1989	0	32	350	484	1 488	93	7	1 654
1990	0	33	340	413	1 253	6	37	1 369
1991	0	69	778	895	1 237	14	0	1 343
1992	0	95	1 031	1 202	1 058	10	0	1 162
1993	0	143	1 110	1 327	642	10	0	732
1994	11	152	874	1 104	718	51	0	904
1995	2	5	11	64	1 159	164	518	2 040
1996	0	26	16	124	825	76	44	1 083
1997	0	94	661	833	186	33	0	417
1998	1	375	469	889	149	25	25	388
1999	0	270	431	738	45	17	7	339
2000	0	295	1 047	1 378	88	24	0	315
2001	46	186	600	876	69	27	0	344
2002	69	199	1 167	1 482	60	24	10	285
2003	224	262	1 639	2 194	43	26	0	208
2004	78	91	232	473	723	76	0	975
2005	26	69	864	1 014	351	52	0	627
2006	111	125	310	605	61	73	7	359
2007	307	134	492	986	10	49	4	155
2008	31	97	27	181	4	33	5	154
2009	1	77	13	132	90	34	9	315
2010	0	60	13	120	122	37	158	571
2011	4	51.6	13.6	116	126	60	175	545
2012	0	27.9	25.7	96	370	237	521	2 187
2013	0	48	8	95	554	227	327	2 307

资料来源：历年《中国农村统计年鉴》。

（三）进口粮食的主要来源国

由于世界粮食资源分布的不均衡性，我国粮食进口市场分布区域较为集中。整体来看，多年来我国小麦进口主要来源于美国、澳大利亚、加拿大和法国，这几个国家的进口量累计比重达到95%左右，表现出很强的市场集中程度。其中从澳大利亚进口的小麦所占年均市场份额相对最高，为47.9%；2008年这一比重曾高达80.7%。美国所占年均市场份额为28.2%，处于中等地位。但从历史数据来看，自2006年美国小麦进口始终保持上升趋势，在2012年曾一度达到242.61万吨，占同年我国总进口量的69.3%。加拿大小麦所占市场份额相对最低，且较为稳定，基本保持在20%左右。

2012年以前我国大米进口保持在低位，每年进口量基本不超过百万吨。2012年是我国大米进口市场出现诸多转折性变化的一年。我国大米年进口量骤增至236.8万吨，其后基本保持在200万吨以上，市场规模出现绝对增长。同时，进口市场结构发生转变。从进口来源情况看，泰国作为世界上的大米出口大国，是我国大米贸易的重要伙伴，其在我国进口市场所占份额长期保持在90%以上，个别年份甚至达到98%。但自2010年，其市场份额逐渐被另一大新兴大米出口国——越南所替代。2012年泰国所占市场份额一度跌落至8.4%，同期，越南则反向跃升至65.2%。英拉政府上台后，大幅度提高大米收购价格，希冀收购囤积农民手中的大米，再推高国际市场价格，以便顺价销售从中获益。这一政策失灵的情况与20世纪80年代美国对苏联实施粮食禁运类似，即主动让出了世界市场。泰国大米出口量减少后，国际大米出口量并没有受到明显影响，印度、越南立即替代了泰国的角色，国际大米价格随之滑落。泰国失去了保持近半个世纪的全球最大大米出口国地位，并因出口量急剧萎缩致使国内库存堆积如山，带来财政负担加重等问题（钟钰等，2014）。目前，越南已经成为我国大米进口市场的大国，2013年，我国自越南进口大米量为146.7万吨，占总进口量的65.2%；此外，我国大米进口的市场集中度有所下降，自2004年与主要国家（泰国、越南）的进口量占总进口量的比例大多高于

95%，而在 2012 年这一数字降至 73.64%。主要是由于我国加强了与周边其他东亚国家的大米贸易，如巴基斯坦、柬埔寨等，一定程度上实现了贸易伙伴多元化，降低了市场集中所带来的风险。

1996 年以来，我国玉米进口基本处于停滞状态，年进口量基不超过 10 万吨。2010 年我国玉米进口出现井喷式增长，进口量达到 157.32 万吨，实现自 1996 年以来的最大规模进口，其中从美国进口 150.3 万吨，占同期总进口量的 95.5%。接下来的两年中，从美国进口的玉米占总进口量的 90% 以上，这意味着美国成为我国玉米进口的主导性来源国家。相对小麦大米而言，我国玉米的进口市场结构尤为单一，需要密切关注。不过 2012 年后，我国开始谋求玉米进口渠道的多元化，以更安全地利用国际粮食市场。2012 年经中国、阿根廷两国政府共同签署了《关于阿根廷玉米输华植物检疫要求议定书》，阿根廷获得向中国出口玉米的检验检疫资格。随着协议的签署，为阿根廷玉米输入扫清了障碍。2014 年，又与巴西签署了《关于巴西玉米输华植物检疫要求议定书》，巴西获得了与阿根廷同样待遇，使玉米进口来源国分散化，有利于保障我们优化进口来源地布局。

表 4-2　　　　　　　　　我国主要粮食进口来源情况　　　　　　　　单位：万吨

年份	小麦			大米			玉米	
	美国	加拿大	比重（%）	泰国	越南	比重（%）	美国	比重（%）
1995	385	486	75.2	117	44	9.1	506	97.7
1996	217	362	70.2	62	12	3.3	35	79.5
1997	19	134	82.3	35	0	100.0	0	—
1998	34	96	87.2	26	0	100.0	19	76.0
1999	19	13	71.1	18	0	100.0	5	71.4
2000	16	63	89.8	25	0	100.0	0	—
2001	23	41	92.8	29	0	100.0	0	—
2002	16	38	90.0	23	0	0.0	0	0.0
2003	22	21	95.6	26	0	0.0	0	—
2004	281	254	73.7	74	3	100.0	0	—
2005	50	145	55.2	48	4	2.8	0	—
2006	19	9	46.4	69	4	42.2	6	84.4
2007	2	5	62.1	46	3	66.7	0	9.5

年份	小麦			大米			玉米	
	美国	加拿大	比重（%）	泰国	越南	比重（%）	美国	比重（%）
2008	0	0	2.1	32	0	650.0	1	11.4
2009	40	12	57.4	34	0	2.4	1	7.7
2010	13	28	33.6	32	6	100.0	150	95.1
2011	43	17	48.1	35	23	135.6	169	96.4
2012	64	40	28.2	20	154	384.4	510	97.9
2013	378	83	84.5	33	148	177.5	288	88.0

注：由于四舍五入原因，有的比重为100%或0，并不意味进口只来源于表4-4中的几个国家或者进口绝对量为0。

资料来源：联合国统计署 UN Comtrade 数据库。

二、粮食进口效率分析

我国是世界上主要的粮食生产和消费国，也是重要的粮食贸易国。随着国内对进口粮食需求数量的增加，我国市场已从单纯地排斥外部市场转为主动利用外部市场。但我国粮食贸易特点明显，而进出口数量年际波动很大，并且在净进口和净出口国之间频繁转换。那么，我国这种粮食贸易量的急剧变化是否是对国际粮食市场价格波动的反应？是否存在某种规律性联系？我国粮食贸易总体以进口为主，粮食进口在世界粮食进口贸易中所占比重大幅提高，且未来粮食进口将常态化。为此，本项研究将着眼点放在粮食进口上。"贱买贵买"是任何一个理性市场主体的追求目标（卢锋，2000；谭砚文、温思美、李崇光，2005），在国际粮食市场更是直接衡量着对市场价格走势把握能力的核心标准。对于我国这样的粮食进口大国，提高对世界粮食市场运行和国际粮价预判的能力非常迫切，这种能力最直接的表现就是粮食进口效率。

（一）粮食进口价格与世界粮食价格走势

世界粮食市场是一个竞争相对充分的市场，一般情况下大多把美国小麦、玉米和泰国大米现货价格作为世界粮食市场重要的基准交易价格。从图 4 - 2 看出，2010 年 1 月至 2013 年 12 月，世界粮食价格基本上是先跌（或基本稳定）后升，上涨程度比较明显，尤其是 2011 年世界粮食价格仍将居高不下，主要原因是快速增长经济体的消费者需求出现增加，人口持续增多，生物燃料的任何程度进一步增长都会对粮食系统提出更多要求。2012～2013 年，由于全球粮食产量有所增长，价格逐步回落。

（美元/吨）

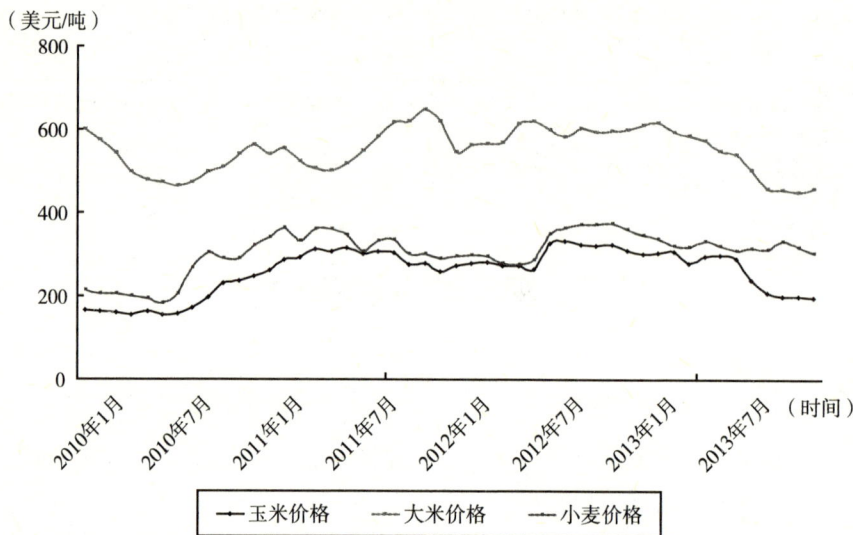

图 4 - 2　2010 年 1 月至 2013 年 12 月世界粮食市场价格

注：小麦价格是美国 2 号硬红冬小麦离岸价格；玉米价格是美国 2 号黄玉米离岸价格；大米价格是泰国曼谷 100% B 二级白大米离岸价格。

资料来源：FAO 农产品价格数据库。

我国粮食进口价格和世界价格基本呈逐月递减的同步趋势，但短期波动幅度却比较大，两者的变动特征也存在一定的差异，在一定期间出现了相反幅度涨跌。

加入 WTO 后，随着对外开放程度不断提高，我国进口粮食价格应该与世界粮食市场价格保持一定程度上的趋同性，但实际并非如此，反而有着很大变异性，这种变异性可通过上述两个价格在不同滞后期情况下的相关性程度来表达。从表 4 - 5 可见，我国进口小麦当期价格与滞后 2 个月的世界市场小麦价格相关性最强，相关性为 0.76，并在 1% 的水平上显著。

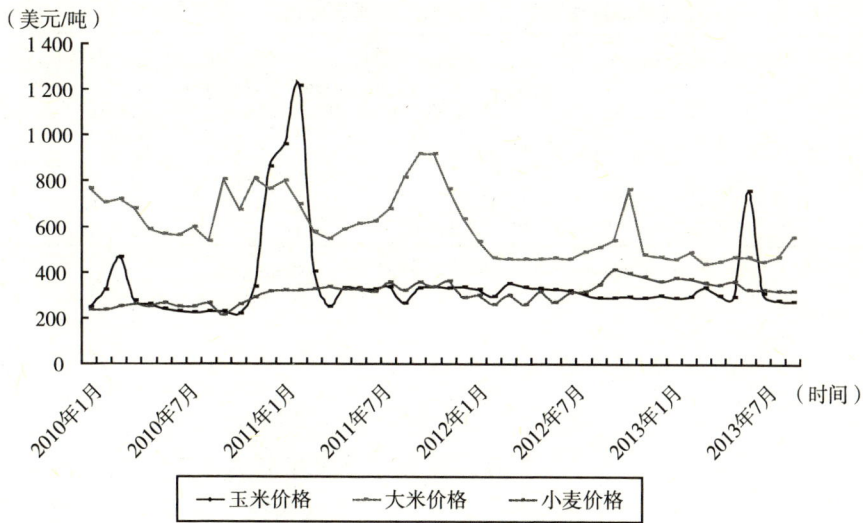

（美元/吨）

图 4 - 3　2010 年 1 月至 2013 年 12 月我国进口粮食价格

资料来源：UN Comtrade 数据库（粮食进口价格是根据粮食进口量与进口金额计算得到的），并参考了商务部发布的《中国农产品进出口月度统计报告》。

这说明我国进口小麦价格与世界小麦市场价格波动保持高度趋同性，中国粮食进口价格（CHNIMP）基本上随着国际粮食市场价格（INTMP）而做出相一致的调整。但滞后 2 个月的相关系数最高，主要与粮食海运特点和现行进口统计制度有关。小麦国际交易从购货谈判、装船交割、海上运输、到港报关等环节花费时间比较长，如从澳大利亚、美国和加拿大进口的整个过程大约需要 2 个月时间。因海关数据统计中显示的进口小麦价格是到岸已报关的完税后价格，所以小麦进口实际交易价格一般滞后 2 个月后才能在海关统计数据中反映出来。因此，在考虑我国进口小麦价格与世界市场价格的联动关系时，选择滞后 2 期的进口价格。玉米进口具有一定的预判性，预判期为 2 个月，这与从美国进口大约需要 2 个月的时间相关，但相关系数仅为 0.19，并不显著。我国进口大米价格与世界市场价格则不受滞后期影响，当期相关系数最高，这主要与大米进口来源地（越南、巴基斯坦、泰国、老挝）都是我国近邻有关，从货物交割到运输、报关等环节 1 个月左右就能完成。

表 4-3　　　　我国粮食进口价格与世界价格不同滞后期的相关系数

	INTMP$_{t-2}$ CHNIMP$_t$	INTMP$_{t-1}$ CHNIMP$_t$	INTMP CHNIMP$_t$	INTMP$_{t+1}$ CHNIMP$_t$	INTMP$_{t+2}$ CHNIMP$_t$
小麦	0.76 ***	0.69	0.65	0.53	0.42
玉米	0.05	0.07	0.12	0.17	0.19
大米	-0.01	0.14	0.17	0.06	-0.08

注：*、**、*** 分别表示在10%、5%、1%的水平上显著。

（二）我国粮食进口效率分析

由于我国进口玉米、大米的价格与世界价格相关系数不高，且不显著。为此，本研究以小麦作为例，利用统计方法测算我国粮食进口效率情况。在进口小麦效率上还存在更理想的状况，即在世界市场价格较低时国内停止或减少小麦生产，但要做到这一点需要极其严格的条件，即生成投入要素能够在产业间充分流动，并近乎无成本式的转换与调整投入模式，由于存在沉淀成本，这一点在现实中很难实现。退而求其次，价格低时多进口或价格高时少进口就是衡量我国进口效率最直观的有效指标。根据样本数据的时间频度，由相隔两个月的数据相比较，得出小麦进口数量"多或少"和价格"高或低"，即 $\Delta IMQ_t = IMQ_t - IMQ_{t-2}$（进口量变动），$\Delta IMP_{t-2} = IMP_{t-2} - IMP_{t-3}$（进口价变动）。进口小麦效率可通过 ΔIMQ 与 ΔIMP_{t-2} 的正负关系来表达。依据对进口效率的界定，将"低价多进或高价少进"（$\Delta IMQ \times \Delta IMP_{t-2} < 0$）的进口小麦行为看作是有效率进口，而将"高价多进或低价少进"（$\Delta IMQ \times \Delta IMP_{t-2} \geq 0$）的进口行为看作是低效率进口，以有效率进口行为发生频率大小作为衡量进口小麦效率高低的指标。

图 4-4 描述了进口小麦价格波动与进口量变动散点分布，落在第一象限、第三象限的点说明是低效率进口行为，分别表明价格增加时进口增加和价格减少时进口减少；落在第二象限、第四象限的点意味着有效率进口行为。从总体上考察我国进口小麦效率情况，受滞后期约束，样本自由度为45个，其中有进口效率行为的样本数为21个，占样本容量比重的46.7%，低效率进口行为的样本数为24个，占样本容量比重的53.3%，这表明近几年小麦进口行为超过一半是低效率的。

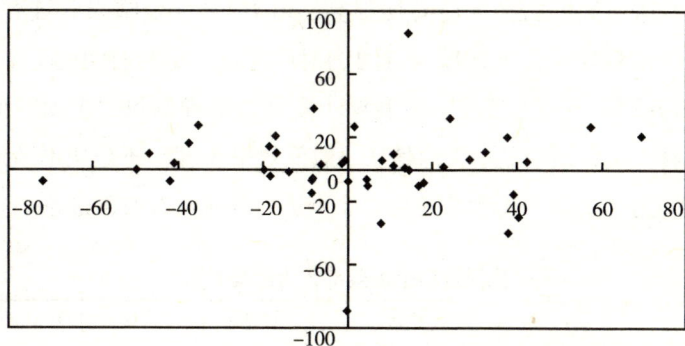

图 4 - 4　我国进口小麦量变动与价格波动散点图

2004 年以来，随着我国工业化、城镇化的快速推进，城乡居民收入水平的不断提高，加之人口持续增加，粮食需求总体上呈刚性增长趋势。考虑国内粮食需求快速增长以及要素资源矛盾越来越突出，不得不进口一定数量的小麦以补充国内需求，需求过大引发的被迫进口行为某种程度上是小麦进口效率低下的原因。国家粮油信息中心数据显示，全国小麦消费量从 2004 年的 1.05 亿吨上升到 2013 年的 1.30 亿吨，年均增长率为 2.65%，而同期世界小麦消费量年均增长 2.15%。不妨换一种思维角度衡量进口小麦效率标准，由于国内小麦需求结构多样和总量增长，在世界市场价格上涨时也难免要进口小麦，这是一种"被迫"的低效率进口行为，在一定程度上是无可奈何；如果世界小麦价格下跌而进口量也随之下跌，那么就违背了高效利用国际市场的目的和国内需求刚性增长的约束，属于"主动"的低效率进口行为。从表 4 - 4 可以看出，基于国家整体利益而非纯粹从企业商业角度的考量，我国"主动"低效率进口小麦行为数占整个样本的 22.2%。

表 4 - 4　　　　　　　　　我国进口小麦低效率行为分解

项目	数值
低效率进口行为（$\Delta IMQ \times \Delta IMP_{t-2} \geqslant 0$）	24 个
"被迫"低效率样本数（$\Delta IMQ \geqslant 0$，$\Delta IMP_{t-2} \geqslant 0$）	14 个
"主动"低效率样本数（$\Delta IMQ < 0$，$\Delta IMP_{t-2} < 0$）	10 个
"主动"低效率占样本总数量比重（10/45）	22.2%

2010 年我国重新成为粮食净进口国以来，小麦进口效率应该随着进口历

史的延伸和进口规模的扩大而有所提高，但 *Pobit* 计量结果验证并非如此。以时间 T 为解释变量，从 2010 年 4 月为时间起点，定为时间变量 $T=1$ 并顺延类推，2013 年 12 月为终点。以我国小麦低效率进口和"主动"低效率进口为被解释变量，结果显示无论是从一般低效率角度，还是从不断提高的小麦进口压力的"主动"低效率角度，小麦进口效率没有改善迹象。

表 4 - 5 　　　　　　　　我国进口小麦效率行为趋势分析

	变量	系数	标准差	Z 统计量	P
低效率进口	常数项	0.121 7	0.380 2	0.320 0	0.75
	T	- 0.001 7	0.014 3	- 0.114 9	0.91
"主动"低效率进口	常数项	- 0.210 4	0.530 4	- 0.396 8	0.69
	T	9.65E - 12	0.371	2.60E - 10	1.00

（三）典型国家粮食进口效率比较

依照前文研究思路和方法，在判断一国进口是否有效率之前，先对该国某一粮食品种的进口价格与世界价格进行基于不同滞后期的相关性测算，并参考置信区间的大小选择最优的滞后期数。随后由某期进口量变动（ΔIMQ_t）与进口价格变动（ΔIMP_{t-n}）之间的正负关系判断当期的粮食进口是否存在进口效率。

从大米进口情况来看，菲律宾进口大米价格与世界市场价格的相关性在直观上并不明显（选取样本为 2010 年 1 月至 2013 年 10 月间的月度数据）。但实际上，二者具有很大程度的相关性。通过数据分析，菲律宾进口大米价格与当期世界市场大米价格的相关系数仅为 0.05，而与其滞后 3 个月的相关系数为 0.54，并在 1% 的水平上显著。由此可见，菲律宾进口大米价格与世界价格的相关程度受到了滞后性影响。在所选的 42 个样本中（剔除滞后性影响后的样本数，下同），实现进口有效率的样本数为 19 个，发生率为 45.2%。进口低效率的样本数为 23 个，其中"主动"低效率占样本总数的比重为 56.5%。而通过图 4 - 5 可以看到，很多落点集中在第三象限，因此菲律宾的大米进口行为很多是"主动"低效率进口。菲律宾是灾害频发国家，不得不在国际高粮价时执行积极的大米进口政策，以保证台风季节到来后国家粮食储备充足。墨西哥进口大米价格与世界市场价格长期保持着同步稳定上涨的态势，数据分析显示，前者与后者滞后一个月的相关系数达到0.98，并在1%的水平上显著。就样本分析情况看，墨西哥大米有效率进口行为的发生比重为48.9%，略高于菲律宾。而通过图4-6可以看到，很多落点集中在第二象限，即有效率进口区域。而在低效率进口行为中，"主动"低效率进口行为占样本总数比重为47.8%，因此相对于菲律宾，墨西哥的低效率大米进口行为更多的是被迫选择的结果。

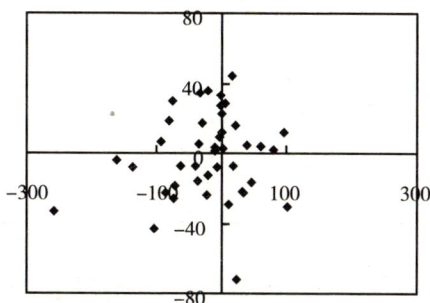

图4-5　菲律宾进口大米量变动与价格散点图

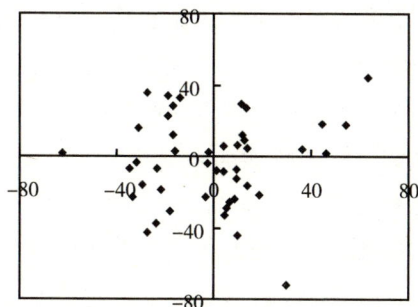

图4-6　墨西哥进口大米量变动与价格波动散点图

巴西是小麦进口大国，其进口效率也是相对较高的。在所选取的44个样本数据中（剔除滞后期影响前的样本区间为2010年1月至2013年11月，其中缺少2010年6月），有进口效率行为的发生数为24个，发生率为54.5%。这表明近几年一半以上的小麦进口都是有效率的。而从巴西小麦进口价格的分析情况看，其价格在保持与世界小麦进口价格同步的同时，具有一定的"前瞻性"。数据分析结果表明，巴西小麦进口不同于其他国家。其进口价格并没有体现滞后性，反而表现出超前期的正相关性（与世界粮食超前两个月的价格相关系数为 0.94）。由此可见，对世界粮食价格未来走势的准确预判对提高进口效率有重要的促进作用。此外，在巴西的低效率的小麦进口样本中，一半属于主动低效率进口。

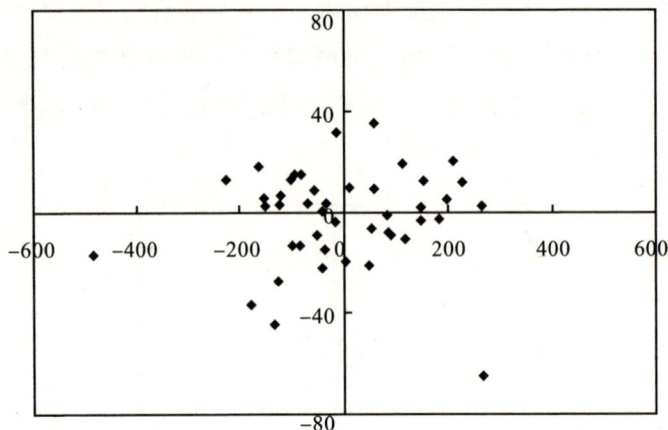

图 4 - 7　巴西进口小麦量变动与价格波动散点图

从玉米进口情况来看，日本和墨西哥都是世界玉米进口大国[①]。数据分析显示，日本进口玉米价格与世界玉米价格具有较大的相关性，当期相关系数为 0.88。而与世界滞后两个月的玉米价格的相关系数达到 0.96，且在 1% 的水平上显著。相对而言，墨西哥进口玉米价格与世界价格相关性较低，其与后者滞后两个月的价格的相关系数为 0.45（当期仅为 0.22）。就二者进口效率来看，从图 4 - 8 和图 4 - 9 可以看出，二者趋势线的轨迹较为相近。数据分析结果显示，在所选取日本的 35 个样本数中，有进口效率的样本数为 18 个，发生率为 51.4%；而墨西哥有进口效率行为发生率为 50%（所选取的样本数为 42 个）。由此可见，对于玉米进口大国来说，一半以上都是有效率的。同时，二者"主动"低效率进口数占各自低效率进口的比例相接近，分别为 47.1% 和 47.6%。由此看出，玉米进口大国在进口选择时具有类似的效率特征。

---

① 由于数据缺失，日本玉米进口月度数据选自 2010～2012 年，且部分选自日本农林水产省农产品贸易统计数据库。

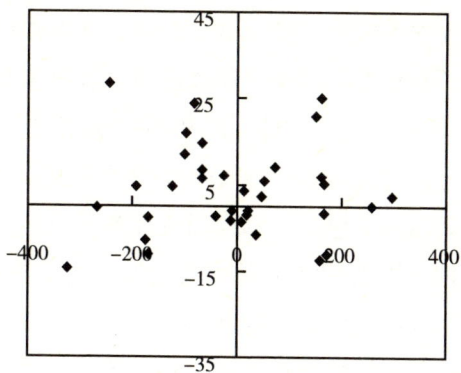

图 4 - 8 日本进口玉米量变动与价格散点图

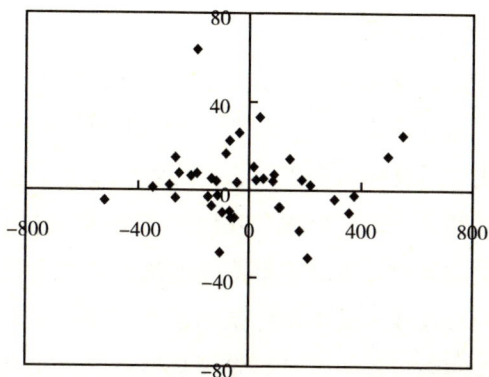

图 4 - 9 墨西哥进口玉米量变动与价格波动散点图

表 4 - 6　　　　　　　　　　典型国家进口效率行为分解

	菲律宾 （大米）	墨西哥 （大米）	巴西 （小麦）	日本 （玉米）	墨西哥 （玉米）
高效率进口行为（个）	19	22	24	18	21
低效率进口行为（个）	23	23	20	17	21
高效率进口行为比（%）	45.2	48.9	54.5	51.4	50
"被迫"低效率样本数（个）	10	12	10	9	11
"主动"低效率样本数（个）	13	11	10	8	10
"主动"低效率进口行为比（%）	56.5	47.8	50	47.1	47.6

在三大主要粮食品种出口贸易中，一些国家在不同原因促使下，其所占比例在一段时期内波动较大，成为出口大国，从而在世界粮食贸易格局中扮演着重要角色，有利于我国开展粮食进口。近两年我国粮食进口规模骤然猛增，2014 年"中央一号文件"明确将"适度进口"策略纳入粮食安全战略的组成部分。这意味着，未来我国将积极融入世界粮食贸易中，并扮演着粮食进口大国的角色。本章利用统计数量分析方法，将价格、进口量等时间序列数据，根据相关关联程度，然后做不同滞后的差分处理。在比较其他主要国家进口效率时，散点图显示我国进口粮食价格与国际价格波动并没有达到一个很好的互补关系，从而导致粮食进口效率偏低，且没有改善的趋势。这表明我国在粮食进口策略上，没有重视粮食进口效率，并且缺乏主动性措施以应对国际粮食价格波动。我国粮食产业正不断走向开放，粮食安全的内涵不仅包括国内可持续发展的生产能力，还包括对国际市场资源的控制力和利用程度。可以通过具体的举措来改善我国粮食进口工作，以提高进口效率：一是进一步增强对国内外粮食市场价格预警功能。如日本成立了农林水产省牵头，海关、商务、统计等相关机构密切合作的情报收集整理、加工分析、互换共享机制，及时向企业、贸易商发布国内外粮食供需动向。我国应借鉴此做法，着力建设市场信息服务体系，在关键时令和节点及时采集国际市场信息，跟踪国际市场变化，特别关注市场异动，监测舆情动态，及时发现趋势性、苗头性问题，做到早发现、早预警、早应对，提高决策效果和时效性。二是逐步建立长期稳定的粮食进口渠道。日本为保障粮食进口渠道畅通，同许多粮食出口国建立、保持着友好互惠合作关系和紧密的信息交换机制，彼此成为稳定的贸易伙伴关系。我国应全面深化和提升与东南亚、黑海地区、南美洲以及非洲等粮食主产国（区）或潜力主产国（区）的合作关系，打造战略性紧密贸易伙伴，签订粮食贸易长期合约和国家协定，保障粮食进口货源稳定。三是逐步赋予国内粮食主销区重点企业粮食贸易经营权，以增强对外采购的灵活性。这些企业可利用自身外贸、地域优势，克服垄断机制可能带来的缺陷。在对外采购过程中，准确掌握进入国际市场的时机和节奏，避免中粮集团等大型粮企突发采购，带给国际市场放大效应，推动国际粮食市场价格上涨；同时还要挖掘粮食期货交易市场功能，进行风险控制。

三、粮食市场调控效率检验

为稳定国内粮食生产、平抑粮食市场波动、保障国家粮食安全，我国逐渐建立起系统性粮食价格调控手段，实行了"托低平高"的双向调控粮食价格政策。大体包括三套政策体系：一是粮食生产价格支持政策，包括稻谷、小麦最低收购价和玉米临时收储政策；二是粮食市场流通与价格调控措施，如市场调控、贸易调控方面的预案；三是政府储备粮调控体系，以三级储备粮调控为核心的储备制度，已经成为调控余缺、平抑粮食价格波动的重要抓手。关于粮食调控问题的日趋紧迫，也使社会各界非常关注粮食市场调控效率。从已有粮食市场调控政策结果来看，粮食调控政策目标是稳定粮食价格，防止剧烈波动。若粮食市场调控有效，则粮食价格波动性缩小甚至收敛，对比分析稻谷、小麦和玉米市场价格波动的特性及差异，以此评价粮食调控效率。

（一）调控效率测算说明

1. 方法阐述

可以从两方面测度粮食市场调控效率：一是外部冲击对粮食价格波动的影响；二是粮食价格的跨期传递效应。采用 ARCH、GARCH 等模型实证分析粮食市场调控效率，检验外部冲击对粮食市场影响、粮食价格的跨期传递效应以及粮食价格波动收敛性。若粮食市场调控效率较高，则外部冲击对粮食价格波动的影响较弱，粮食价格波动的跨期传递效应较小，粮食价格波动存在较强的收敛性；反之，粮食市场调控效率较低。通过检验价格波动的滞后效应来验证传递效应，可以采用粮食价格波动自回归模型，若粮食价格波动方差具有异方差特征，则需要采用 ARCH 模型。

首先采用 ARCH 模型检验粮食价格波动特征。针对自回归模型中存在的异方差问题，恩格尔（Engle，1982）提出了自回归条件异方差模型（Autoregressive Conditional Heteroskedasticity，ARCH）。该模型由均值模型和方差模型构成，均值模型采用自回归模型，即：

$$y_t = \beta_0 + \sum_{p=1} \beta_p y_{t-p} + \varepsilon_t \tag{4.1}$$

其中，y_t 代表对数价格一阶差分即价格波动率，p 为滞后阶数，ε_t 为扰动项。方差模型为：

$$\sigma_t^2 = \alpha_0 + \sum_{p=1} \alpha_i \varepsilon_{t-i}^2 \tag{4.2}$$

其中，σ_t^2 为方差项，表示波动；ε_{t-i}^2 为均值方程中的扰动项，$\alpha_0 > 0$，$\alpha_i \geq 0$，以确保 $\sigma_t^2 \geq 0$。$\sum_{p=1} \alpha_i \varepsilon_{t-i}^2$ 为 ARCH 项，如果 ARCH 项显著，则说明粮食价格波动存在集簇性，即粮食价格波动具有相伴性，在一定程度上说明粮食价格稳定政策的调控效果可能较弱。

在 ARCH 分析基础上，采用 GARCH 模型分别检验外部冲击对粮食价格波动的影响以及粮食价格波动的跨期传递效应。博勒斯利维（Bollerslev，1986）在上式基础上加入方差项的滞后项，构建了广义自回归条件异方差（Generalized Autoregressive Conditional Heteroskedasticity，简称 GARCH 模型），具体如下：

$$\sigma_t^2 = \alpha_0 + \sum_{i=1}^{p} \alpha_i \varepsilon_{t-i}^2 + \sum_{j=1}^{q} \beta_i \varepsilon_{t-j}^2 \tag{4.3}$$

其中，p、q 为滞后阶数，$\sum_{i=1}^{p} \alpha_i \varepsilon_{t-i}^2$ 为 ARCH 项，代表外部冲击对本期影响，而 $\sum_{j=1}^{q} \beta_i \varepsilon_{t-j}^2$ 为 GARCH 项，代表过去波动对本期影响。$\sum_{i=1}^{p} \alpha_i + \sum_{j=1}^{q} \beta_i$ 代表波动的持续性，如果小于 1，代表波动传递会逐渐消失；如果大于 1，则波动会扩散。

为进一步分析粮食价格波动的来源，采用 TARCH 模型、EGARCH 模型分别检验不同信息对粮食价格波动的影响，以考察政府"托低平高"政策在稳定粮食价格方面的调控效率。格洛斯坦、贾甘纳森和朗科尔（Glosten、Jagannathan and Runkle，1993）提出了非对称的"门限 GARCH"模型（简称 TARCH 模型），该模型设定条件异方差方程为：

$$\sigma_t^2 = \alpha_0 + \alpha_1 \varepsilon_{t-1}^2 + \lambda_1 d_{t-1} \varepsilon_{t-1}^2 + \beta_1 \sigma_{t-1}^2 \tag{4.4}$$

其中，d_{t-1} 为虚拟变量，满足 $d_{t-1} = \begin{cases} 1, & if \varepsilon_{t-1} < 0 \\ 0, & if \varepsilon_{t-1} \geq 0 \end{cases}$。价格上涨即 $\varepsilon_{t-1} \geq$

0，对条件方差影响为 α_1；而价格下降即 $\varepsilon_t < 0$ 对条件方差的影响为 $\alpha_1 +$ λ_1。如果 $\lambda_1 \neq 0$ 表明波动的非对称性，当 $\lambda_1 > 0$，时，表明价格下降所产生的波动比价格上涨引发的波动剧烈，当 $\lambda_1 < 0$ 则相反。

纳尔逊（Nelson，1993）提出了 EGARCH 模型，具体设定如下：

$$\ln \sigma_t^2 = \alpha_0 + \alpha_1 \left(\frac{\varepsilon_{t-1}}{\sigma_{t-1}} \right) + \lambda_1 \left| \frac{\varepsilon_{t-1}}{\sigma_{t-1}} \right| + \beta_1 \ln \sigma_{t-1}^2 \tag{4.5}$$

其中 $\left(\dfrac{\varepsilon_{t-1}}{\sigma_{t-1}} \right)$ 为 ε_{t-1} 的标准化。无论 $\ln \sigma_t^2$ 取何值，都有 $\sigma_t^2 = \exp(\ln \sigma_t^2) >$

0，对上式中参数都没有任何限制。价格上涨即 $\varepsilon_t \geq 0$ 对 $\ln \sigma_t^2$ 的影响为 $\alpha_1 + \lambda_1$，而价格下降为 $\alpha_1 - \lambda_1$，这里的 λ_1 同样表明波动的非对称性。当其大于 0 时，价格上涨引起的波动更为剧烈；小于 0 则反之。

2. 变量和数据说明

选取国内外稻谷（大米）、小麦和玉米月度价格数据。需要说明的是，因为国内粮食市场调控对象主要是原粮，在此选取的是稻谷价格而非大米价格，稻谷价为晚籼稻市场价格，小麦价为零售市场价格，玉米价为零售市场价格。而国际粮食市场上交易的主要是贸易粮[①]，而非原粮，选取的是大米价格而非稻谷价格，泰国曼谷 100% B 二级白大米离岸价格代表国际大米价，美国 2 号硬红冬小麦离岸价格代表国际小麦价；美国 2 号黄玉米离岸价格代表国际小麦价。国内市场价格波动率的峰度均小于正态分布的峰度 3，表明不具有尖峰后尾特征，而 JB 正态性检验也证实了价格波动率接近正态分布。根据国内外价格趋势计算结果，国内外粮食价格波动的一致性逐渐增强，有很强的波动聚类（volatility clustering）效应，即波动（方差）大的年份聚集在一起，波动（方差）小的年份聚集在一起。而其

---

① 国家粮食部门在计算粮食收购、销售、调拨、库存时统一规定使用的粮食品类的统称。我国贸易粮包括五个品类：即小麦、大米、大豆、玉米和其他（除以上品种均属之）等。在计算中，稻谷、谷子应折合为大米和小米计算；各种面粉、玉米粉应折合成小麦和玉米计算，其他品种一般均按原粮计算。

中波动大的年份聚集在 2004 年前后和 2008 年前后，主要是因为 2004 年是我国粮食市场逐步放开，2008 年出现了全球范围内的粮食价格危机，这些外界因素有可能是造成粮食价格大幅波动的原因之一。

（二）不同粮食品种调控效率

1. 变量平稳性与模型适用性检验

为了防止时序数据伪回归，需要对各变量进行平稳性检验。ADF 检验结果表明国内与国际粮食价格都是非平稳时间序列，一阶差分后的 ADF 检验均在 1% 水平显著，一阶差分变量都为平稳时间序列，说明粮食价格都是一阶单整过程 I（1）。采用 ARCH － LM 检验对粮食价格的异方差性进行验证。原假设为不存在 ARCH 效应，ARCH － LM 检验以及信息准则等一系列检验表明，稻谷、玉米在滞后 5 阶的情况下仍然没有拒绝原假设，而小麦存在高阶 ARCH 效应。

2. 粮食价格稳定性检验

（1）粮食价格波动特征的 ARCH 模型分析。对稻谷、小麦和玉米价格进行 ARCH 模型分析，玉米能获得 ARCH 模型估计结果，而稻谷和小麦不能获得 ARCH 模型估计结果，说明稻谷与小麦价格波动不具有集簇性（见表 4 － 7）。根据 AIC 信息准则，确定 ARCH 模型滞后阶数，玉米价格波动率均值模型滞后阶数为 4 阶，ARCH 项为 1 阶。玉米 ARCH 模型适用于检验的沃尔德 χ^2 值均值 1% 水平显著，ARCH 项均在 1% 水平显著，说明玉米价格波动具有显著的波动集簇性，即玉米价格波动连续。玉米检验结果显示，价格波动还有显著的跨期传递效应，玉米价格滞后一期、二期、四期变量均对当期玉米价格波动产生显著影响，分别在 1%、1%、5% 水平显著，但影响方向存在明显的正负交替特征，说明玉米价格波动比较符合蛛网模型，这也反映玉米价格波动比较复杂。方差模型结果显示，玉米价格波动具有显著的条件异方差特性，滞后方差变量在 1% 水平显著，影响系数为 0.881，表明玉米价格波动大概有 88% 来自前一期波动。

表 4 - 7 　　　　　　　　　　　　ARCH 模型回归结果

指标	稻谷	小麦	玉米
均值模型	$P_{1,t}$	$P_{1,t}$	$P_{1,t}$
$P_{1,t-1}$	—	—	0.436^{***} (0.087)
$P_{1,t-2}$	—	—	-0.366^{***} (0.065)
$P_{1,t-3}$	—	—	0.083 (0.073)
$P_{1,t-4}$	—	—	-0.132^{**} (0.061)
ARCH 模型	σ_t^2	σ_t^2	σ_t^2
ε_{t-1}^2	—	—	0.881^{***} (0.259)
c	—	—	$3.01e-4^{***}$ (0.000)
沃尔德 χ^2 值	—	—	89.07

注: *、** 和 *** 分别表示在 10%、5% 和 1% 的水平上显著。

（2）粮食价格波动的 GARCH 类模型分析。采用 GARCH 类模型对粮食价格波动特性做进一步分析，可以获得小麦 GARCH 类模型估计结果（见表 4 - 8），而无法获得稻谷和玉米的 GARCH 类模型估计结果。小麦不能获得 ARCH 模型估计结果，所以采用 GARCH（1，1）模型分析小麦价格波动特征，使用均值方程模型为 $y_t = \mu_t + \varepsilon_t$。计量检验结果显示，$\alpha_1$ 为 ARCH 项系数，GARCH、MGARCH、EGARCH 模型检验均在 1% 水平显著；β_1 为 GARCH 项系数，均值 1% 水平显著；δ 为 GARCH - M 系数不显著，这说明小麦价格波动不具有高风险、高回报特征。λ_1 为 ETARCH 和 EGARCH 的系数，分别在 5%、1% 水平显著，表示小麦价格波动具有非对称性，且价格上涨引起的波动冲击更大。此外，$\alpha_1 + \beta_1 < 1$，结果表明波动不具有持续性，也验证了上述关于小麦价格调控效率较高的结论。

表4－8　　　　　　　　　　小麦 GARCH 类模型估计结果

指标	GARCH	GARCH－M	TGARCH	EGARCH
α_1	0. 231 ***	0. 238 ***	0. 162	0. 264 ***
	(2. 73)	(2. 75)	(1. 43)	(4. 53)
β_1	0. 515 ***	0. 503 ***	0. 498 ***	—
	(4. 81)	(4. 35)	(4. 02)	
δ	—	－ 2. 316	—	—
		(－0. 30)		
λ_1	—	—	－ 0. 121 **	0. 582 ***
			(－2. 25)	(7. 14)
α_0	0. 000 ***	0. 000 ***	0. 000 ***	－ 3. 355 ***
	(3. 39)	(3. 59)	(3. 57)	(－5. 17)

注：*、** 和 *** 分别表示在 10%、5% 和 1% 的水平上显著，括号中为 z 统计量。

　　利用稻谷、小麦、玉米的月度价格数据，采用 ARCH 类模型，分析粮食价格波动性，实证检验粮食市场调控效率，粮食市场调控政策在稳定不同粮食品种方面存在较大差异。ARCH 模型结果说明，玉米价格波动具有显著的波动集簇性，稻谷与小麦的价格波动不具有集簇性。ARCH 均值模型显示，玉米价格波动具有显著的跨期传递效应和条件异方差特性，玉米价格波动大概有 88% 是来自前一期波动。由结果可以得出，我国粮食市场调控政策在平抑稻谷和小麦波动方面具有较强的作用，但在平抑玉米价格波动的效率相对较低。GARCH 类模型结果说明，稻谷与玉米价格波动不具有显著的非对称性，而小麦价格波动具有显著的非对称性和极强的稳定性，未表现出显著的跨期传递效应。具体来看，小麦价格波动不具有高风险高回报特征，且价格上涨引起的波动冲击更大，但是小麦价格波动不具有持续性。若从调控目标——"托低平高"实现效果来看，小麦市场受到价格上涨的影响较大，由此可见，小麦市场调控中"平高"政策面临的压力较大，这可能反映了粮食市场调控政策在平抑粮食价格上涨的调控效率相对较低。

　　综合来看，在稳定粮食市场、化解粮食价格波动等方面，目前的粮食市场调控政策确实发挥了重要作用，粮食市场调控政策对粮食价格波动具有类似于稳定器的作用，但这种作用随着粮食开放程度的提高而减弱，其中粮食市场调控政策在平抑稻谷和小麦波动方面具有较强作用，但在平抑玉米价格波动的效率相对较低。究其原因可能有两个方面：一是我国粮食安全保障的核心是口粮安全战略，这使稻谷与小麦的价格稳定逐渐成为中央与地方政府关注的焦点；二是粮食市场开放程度不同所致，相比于大米和小麦玉米产业的开放程度更高①，能源化属性更强，由此使得玉米市场调控效率较低。未来阶段对于可自给的粮食品种——大米和小麦，因为调控效率较高，所以适度进口保障难度不大，高比例国营贸易调控下的配额管理，也可以起到防火墙作用，只少量进口用于品种结构调剂。玉米进口需要避免对国内形成冲击，尤其当前临时收储政策使大量玉米进入国库，一定程度上形成了"政策市"垄断，影响了市场机制正常发挥，导致价格扭曲，出现诸多反常现象。要在坚持市场定价原则的基础上，逐步理顺临储价格机制，让玉米生产在大部分情况下跟着市场走，保持合理的生产弹性，从而缓解库存压力。

---

① 根据研究测算，2008～2012 年期间玉米加工业外资进入程度超过 30%，而稻谷和小麦加工业外资进入程度仅约 2% 和 6%。

第五章　我国粮食进口效应分析

随着国内外粮食市场联动增强，粮食市场调控却面临着相互矛盾的艰难选择。一方面，从保障农民收入的角度考虑，提高粮食价格的呼声仍然很迫切。政府为了保证国内粮食安全和保障粮农收入水平，对玉米、小麦、稻谷等粮食作物施行一系列调控政策，由此提高了农民种粮积极性，保证了粮食连年增产，但也导致国内粮食价格持续走高，国内外价差逐步扩大，形成"倒挂"现象。另一方面，由于进口价差扩大而导致的进口激增，不仅引发人们对我国粮食安全的担忧，也严重冲击了对国内市场的调控效果。面对粮食等大宗农产品贸易逆差现象，众多学者从国内供需、比较优势变化、国际贸易环境、市场准入门槛等方面做出解释。但不可否认，粮食大量进口与我国当前采取的调控政策而导致国内价格持续走高有着密不可分的关系。

尤其2004年后我国粮食市场的市场化改革深入推进，以及粮食市场进一步对外开放，诱发国内外粮食价格陆续出现倒挂。又因2007年美国次贷危机和2009年欧洲主权债务危机影响，粮食等主要农产品国际价格下行，进一步加大了国内外价差，倒挂现象由部分品种转向全面。在粮食产量全面增加的同时，国内粮价开始全面高于国际价格，且内外价差呈现不断扩大趋势，导致粮食进口受价差驱动的特征显著，进口"天花板"效应增强，给国内产业发展和粮食安全带来巨大挑战。深入分析价差扩大的原因，准确把握可能带来的影响，提出切实有效的对策建议，对确保国内粮食产业持续健康发展至关重要。在粮食进口激增及国内外价格"倒挂"的背景下，合理调控粮食进口无疑成为本轮政策调整的重点。在新粮食安全战略下，进口一定数量的粮食不可避免。然而我国大米进口市场的内部结构开始出现不完全竞争性，具体来看，我国大米进口国主要分布在亚洲地区的越南、泰国和巴基斯坦，每年从上述三国进口的大米数量约占我国大米总进口量的95%左右。因而，我国大米进口市场呈现出典型的"寡头结构"特征。我国应密切注意这些国家的出口情况，防止出现个别寡头拥有较高的市场势力；并且防止出口大国间的合谋，预先分割市场，从而导致市场的非技术性垄断。我国是粮食消费大国，粮食供求紧平衡和品种结构余缺使得我国成为粮食进口大国。此外，存在"大国效应"会使贸易大国的进出口行为成为影响国际商品价格的重要因素。"大国效应"会约束贸易大国的贸易行为，进而对其经济利益造成负面影响。未来一段时期内，我国将面临粮食进口的常态化。那么，我国粮食进口规模是否与国际粮食市场价格存在直接联系？或者说，我国粮食进口是否成为影响国际粮食价格的因素？因此，分析我国粮食进口是否存在"大国效应"，关乎我国粮食进口过程中的经济利益得失；廓清我国粮食进口与国际价格及其他变量的关系，对我国制定国际化粮食进口策略具有现实的参考意义。

一、进口激增背景下的国内外粮食市场价格关系

近两年我国大量进口粮食，造成国产粮食严重入库积压，带来巨大的库存压力和沉重的财政负担，同时使得国内粮企加工、流通企业自主经营空间缩小，入市积极性下降，市场调控面临"两难"处境（启动托市收购，会给企业和财政带来负担；如不托市，则可能影响粮农增收和生产积极性），进口激增确有国内供需品种调剂的原因，更主要是受价差利益驱动。

（一）国内外粮食价格倒挂的现状与趋势

大米、小麦、玉米有进口配额，国内价格上涨的"天花板"是配额外进口产品到岸完税后价，国内价格预计6~8年后达到配额外进口成本价。预计未来一段时期内，全球粮食产量仍有很大增长潜力、供给充足，且世

界主要发达国家经济复苏曲折乏力，石油等能源产品价格大多在低价位徘徊，粮食需求增长收到抑制，国内外粮食价格还会持续倒挂，价差有进一步拉大的可能。

1. 大米

从国内外大米价格的变化情况看，国内大米价格从 2011 年 4 月开始向国际价格靠拢，2013 年 7 月份以前国际大米价格基本上是高于国内大米价格；国内大米价格在 2013 年 7 月份以来持续上涨，从 2013 年 7 月份的 1.97 元/斤上涨至 2014 年 5 月份的 2.07 元/斤，而国际大米价格在 2013 年 2 月以来则持续下跌，从 2013 年 2 月份的 2.22 元/斤跌至 2014 年 5 月份的 1.34 元/斤，两者差距不断扩大。国内晚籼米批发均价与泰国曼谷（25% 含碎率）大米到岸完税后价差不断扩大，从 0.02 元/斤扩大到 2014 年 5 月的 0.73 元/斤。按照目前全球大米供需形势和市场价格，距离配额外到岸完税后价有 0.17 元/斤的空间，如果单纯按照 2013 年以来国内外价格变化数据推算，预计 2 年后即将达到配额外进口成本价。但考虑到目前国内外大米价格倒挂，主要是由于国际价格总体下行和国内价格小幅微涨的双向变化导致，且世界上大米产区非常集中，常年国际贸易量只有 700 亿～800 亿斤左右，仅占我国大米年度消费量的 25% 左右，我国大米进口具有非常明显的大国效应，预计 6～7 年后大米国内价格将达到配额外进口成本价。

2. 小麦

从国内外小麦价格的变化情况看，2009 年 9 月份以前国际小麦价格一直高于国内小麦价格；国内外小麦价格在 2009 年 9 月首次出现倒挂。此后国内小麦价格总体上在进一步上涨，从 2009 年 9 月份的 1.09 元/斤上涨至 2014 年 5 月份的 1.47 元/斤，国际小麦价格则有涨有跌且 2012 年 9 月份后不断下跌。自此广州黄埔港优质麦到港价与美国墨西哥湾硬红冬麦（蛋白质含量 12%）到岸完税后价差不断扩大，每斤价差在 2014 年 1 月份达到最大且为 0.20 元，到 2014 年 5 月份为 0.02 元。目前全球小麦供需平衡有余，而国内小麦供需总体偏紧，国内价格距离配额外到岸完税后价有 0.7 元/斤的空间，按照倒挂期内国内价格上涨速度，预计 8 年后将达到配额外

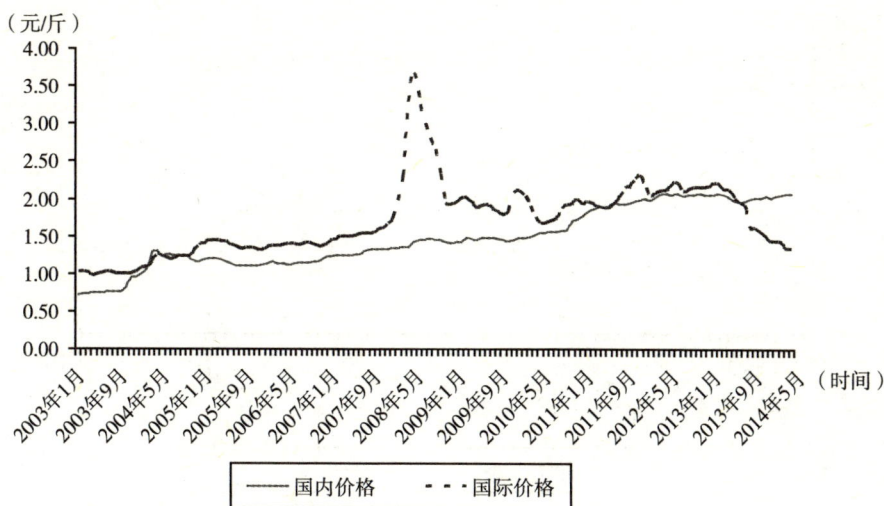

（元/斤）

图5-1　2003年1月至2014年5月国内外大米价格变化

注：国内价格为全国晚籼米（标一）批发价，国际价格为按人民币对美元汇率中间价换
算后的泰国曼谷（25%含碎率）大米的到岸完税后价。

资料来源：《农产品供需形势分析月报（大宗农产品）》，农业部市场司发布（下同）。

进口成本价。但综合考虑未来一段时期全球产量预期较高、库存高企和我
国进口的大国效应，预计7~8年后小麦国内价格将达到配额外进口成
本价。

3. 玉米

国内玉米价格在2003年1月份以来持续上涨的基础上较为平稳，基本
保持在1.11元/斤，国际玉米价格继续2012年7月份后跌势进一步下降。
从国内外玉米价格的变化情况来看，2013年7月份以前国际玉米价格基本
都要高于国内玉米价格。2013年7月后国内玉米价格开始明显高于国际价
格，东北2等黄玉米运到广州黄埔港的平仓价与美国墨西哥湾2号黄玉米
（蛋白质含量12%）到黄埔港到岸完税后价差逐步扩大，每斤价差在2013
年12月份达到最大且为0.17元，到2014年5月份为0.07元。依据目前
全球玉米供需形势和市场价格，国内玉米价格距离配额外到岸完税后价还
有0.36元/斤的空间，按照倒挂期内国内价格上涨速度；再综合考虑未来

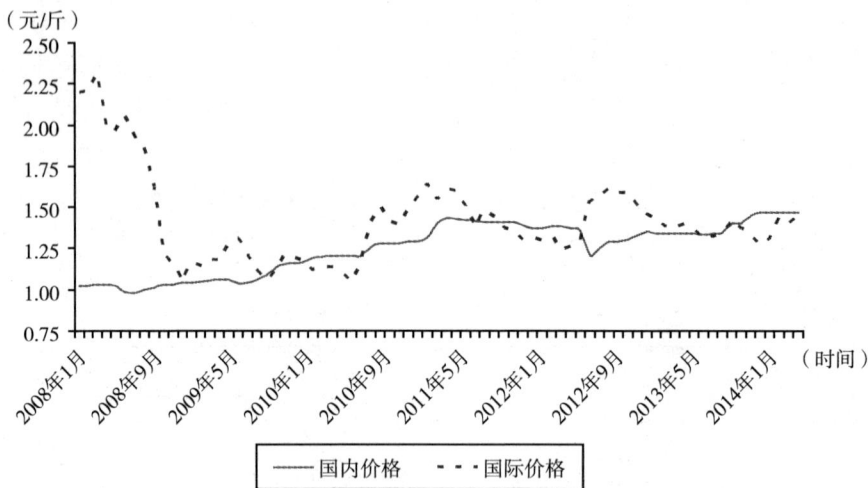

图 5 – 2　2008 年 1 月至 2014 年 1 月国内外小麦价格变化

注：国内价格为广州黄埔港优质麦到岸价，国际价格为按人民币对美元汇率中间价换算后的美国墨西哥湾硬红冬麦（蛋白质含量 12%）的到岸完税后价。

资料来源：《农产品供需形势分析月报（大宗农产品）》。

一段时期全球玉米产量和库存预期较高，库存消费比进一步提升，且近期国际玉米价格的掉头下行态势，预计 6 ~ 8 年后玉米国内价格将达到配额外进口成本价。

（二）国内外粮食价格倒挂的主要原因

我国与国际粮食价格较长时期、常态化倒挂，既与贸易保护承诺过低、农业投入不够、人民币汇率升值及国际粮食价格下跌密切相关，更因资源禀赋不足、农业生产率低、成本上涨过快直接导致。究其根源是我国过小的农业经营规模、低效的劳动生产率和刚性上涨的生产成本拖低粮食国际竞争力。

1. 较低的农业支持补贴水平对农业的保护程度有限

21 世纪以来，中央坚持把"三农"工作作为全党工作的重中之重，统筹推进城乡一体化发展，制定并施行"工业反哺农业、城市支持农村"和

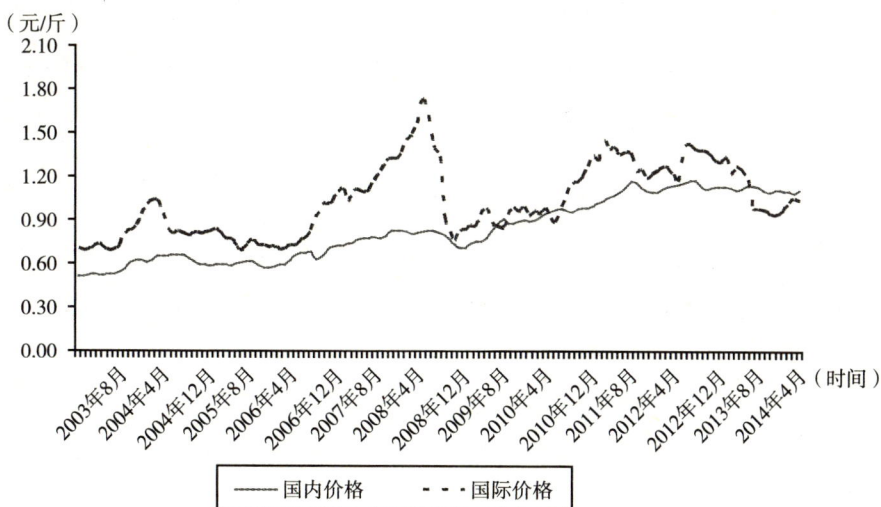

图 5 – 3　2003 年 8 月至 2014 年 4 月国内外玉米价格变化

注：国内价格为产区玉米平均批发价格，国际价格为按人民币对美元汇率中间价换算后的美国墨西哥湾 2 号黄玉米到广州黄埔港的到岸完税后价。

资料来源：《农产品供需形势分析月报（大宗农产品）》。

"多予、少取、放活"的方针，实行改革农村税费制度、取消农业四税、实施农业补贴等强农惠农富农政策。2013 年，中央财政用于农业生产的支出达到 13 799 亿元，其中对农民的补贴为 1 672.5 亿元，对农业的支持力度达到历史最高水平，农业农村发展进入历史最好时期之一。但与发达国家相比，我国农业支持补贴水平还有很大空间。按照我国入世承诺，对特定产品和非特定产品"黄箱"的支持，理论上可达到农业总产值的 17%，用足用好"黄箱"政策尚有 8 900 亿元空间；"绿箱"政策措施与发达国家差距更大。2014 年，美国众议院通过的农业法案，授权近 1 万亿美元的农业支出，综合支持农业发展。

2. 保护承诺低、开放度大的农业贸易政策难以有效防范国外粮食进口冲击

我国在加入 WTO 的谈判中，对农产品市场准入做出了诸多承诺，关税主要是简单、透明的从价税，实施税率和约束税率完全一致，还放弃了进口数量和价格自动触发的特殊保障机制。所承诺的平均关税只有 15.2%，是世界平均水平的 1/4。其中,粮食产品额内关税税率只有 1%,配额外税率为 65%。反观美国、日本、欧盟等发达国家(地区)和巴西、韩国、印度等发展中国家,不仅普遍采用非从价税,而且对重点产品设置非常高的关税标准,如日本总体关税税率虽然较低,但是对于大米和小麦等产品进行配额管理,对于超出配额的进口部分征收高关税,分别达到 341 日元/千克和 55 日元/千克;印度进口粮食关税为 150%;韩国进口粮食产品关税为 800%。农业保护程度过低,直接降低了国外粮食进入我国的价格门槛。需要特别指出的是,我国目前实际实施的粮食进口税率,就是入世承诺的进口关税税率,不存在任何的关税"水分"。在 WTO 贸易自由化规则的约束下,我国不仅不存在任何通过提高进口关税税率的调控空间,而且还会面临继续减让进口关税水平的国际压力。

3. 生产成本快速上涨大多超越价格上浮增量

近年来,随着劳动力、土地、资本、生态环境保护、质量安全等方面成本的逐渐显性化和不断提高,造成生产成本居高不下,我国粮食生产已全面步入高成本阶段。2008~2013 年,我国稻谷、小麦和玉米总成本年均增长率分别为 11.5%、12.9% 和 14.1%,同期平均出售价格分别上涨7.5%、7.3% 和 8.5%,成本涨幅比价格涨幅分别高 4 个、5.6 个和 5.6 个百分点。其中,人工成本涨幅最大,年均增长 18%、20.1% 和 20.1%。从国际上看,我国粮食生产成本及其增速均已显著高于美国等粮食出口大国,2008~2013 年美国稻谷、小麦和玉米总成本年均增长率分别仅有2.3%、0 和 2.6%,2013 年我国上述产品总成本已分别比美国高 8.7%、187.5% 和 46.6%。粮食生产成本快速上涨,直接推动其价格快速上涨,导致国内市场价格高于国际市场价格。

4. 人民币汇率持续升值直接削弱粮食国际竞争力

2005 年 7 月,我国改革了人民币汇率形成机制,不再紧盯美元走势挂钩,而是以市场供求为基础,参考"一篮子"货币进行调节,实行有管理的浮动汇率制度。这样有利于缓解对外贸易不平衡、扩大内需和提升国内企业竞争力,促进国内产业结构、区域经济结构、就业结构、对外贸易结构和外资利用结构的调整与优化，但同时也引起人民币对世界主要货币均出现持续升值。美元对人民币汇率年均价由 2005 年的 8.19 降到 2013 年的 6.14，人民币升值 33%，约推动国内外倒挂价差小麦扩大 0.44 元/斤、大米扩大 0.39 元/斤、玉米扩大 0.35 元/斤。如果人民币保持在 2005 年的水平，小麦、大米和玉米可能至今不会出现倒挂。人民币的持续大幅升值，使得按照汇率换算后以人民币计价的粮食国际市场价格显著降低，从而在一定程度上助推了粮食国内外价格倒挂的出现。

5. 全球大宗农产品增产及供求关系形势的好转推动国际粮食价格下行

近年来，全球主要大宗农产品大多持续增产，农产品价格普遍下行。2013/2014 年度全球粮食、油料作物、植物油脂和肉类产量比 2012/2013 年度分别增长 8.0%、5.7%、6.2% 和 1.1%；主要大宗农产品消费量虽然也都保持增长，但消费增速大多低于产量增速，导致多数农产品库存高企，库存消费比进一步提高，农产品价格存在明显下行压力。2011 年以来，除肉类外，粮食和棉油糖等农产品国际价格全线下跌。美国墨西哥湾硬红冬麦（蛋白质含量 12%）离岸价下降了 20%，泰国曼谷大米（25% 含碎）离岸价下降了 23%，美国墨西哥湾 2 号黄玉米离岸价下降了 30%；而同期国内小麦、大米和玉米价格分别上涨 12%、18% 和 19%。

6. 农业综合生产率低从根本上造成粮食竞争力弱

从粮食劳动生产率看，《全国农村社会经济典型调查资料汇编（2000 ~ 2009)》显示，2009 年我国农户平均生产粮食 2.63 吨（家庭农村劳动力 2.65 人/户），即人均粮食劳动生产率不及美国的 1%。从经营规模看，我国人均经营耕地面积只有 2 亩多，即使将现有一半农村人口和劳动力稳定地转移出去，也只能达到人均约 6 亩、户均约 1 公顷的状况，农业劳动生产率仅为世界平均水平的 47%、高收入国家平均水平的 2%、美国的 1%。从土地生产率看，我国农业基础设施薄弱，农业生产难以摆脱"靠天吃饭"的局面，农田有效灌溉面积仅占总耕地面积的 40% 左右，仍有 40% 的耕地处于不断退化状态。据 FAO 测算，2013 年我国每公顷谷物产量 5.9 吨，分别相当于法国、德国、美国的 83.9%、81.1%、80.9%。从农业科技进步贡献率看，尽管我国农业科技进步贡献率由新中国成立初期的 15%提高到 2013 年的 55.2%，但与发达国家 70%～80% 的平均水平相比还存在较大差距。农业生产率低下直接导致粮食缺乏价格竞争力。

（三）过度进口带来的主要问题

由于国际粮价"天花板封顶"效应和国内成本"地板触底"效应，国内外粮食价格倒挂，致使国内粮食市场空间受到严重挤压。粮食进口面临一定程度失控的巨大风险，特别是当三大主粮配额外到岸完税后价低于国内市场销售价格时，配额外关税"防火墙"将全线崩溃，进口粮食将对国内粮食产业发展造成严重冲击，粮农生计将难以保障，国内主要粮食产品供给将受制于人。如果未来我国经济社会发展的战略主动权假手于人，后果将不堪设想。

1. 粮食持续稳定发展的战略目标受到波及

我国从 2004 年、2006 年起在主产区分别对稻谷、小麦实行最低收购价政策，2007 年又对玉米实行临时收储政策，有效引导国内相关粮食价格保持在合理水平，调动了粮食生产者的积极性。但随着国内外价差不断扩大，一方面我国大量进口粮食，另一方面国产粮食大量入库积压，农业持续稳定发展受到严重挑战。当前，由于越南籼米价格低廉，在我国大米供求平衡、库存充裕的情况下，国内企业进口动力强劲，加重湖南、江西地区籼稻库存积压。由于玉米价高，为控制成本，作为玉米替代产品的玉米酒糟、高粱和大麦进口呈快速增长态势，严重挤压国内玉米消费市场空间。如果启动托市收购，将给企业和财政带来沉重负担，特别是随着国内价格高于配额外进口到岸税后，进口套利的空间就会增大，进口量将快速增长，收储的粮食难以顺价销售；如果不托市，则生产成本刚性快速上涨无法弥补，将影响粮农收入和生产积极性。价差利益驱动引起的大量进口甚至过度进口不仅挤压了国内粮食市场份额，还导致最低保护价政策、临时收储政策等价格支持政策的效果显著下降，不利于我国粮食安全。

2. 粮食"适度进口"的战略目标受到挑战

2010 年起,我国粮食呈现全面净进口。大米自 2012 年 2 月起开始转为净进口,2012 年 2 月至 2014 年 7 月累计净进口 521 万吨;小麦自 2009 年 1 月至 2014 年 7 月累计净进口 1 377 万吨;玉米自 2009 年 6 月起开始转为净进口,2010 年 1 月至 2014 年 7 月累计净进口 1 427 万吨。大米、小麦、玉米净进口增加,主要是受价差利益驱动。价差驱动型进口问题已非常突出,造成"国货入库、洋货入市"、"边进口、边积压"的怪圈(倪洪兴,2014),助长了走私、边贸等非正规贸易的蔓延,我国粮食"适度进口"目标受到严重挑战。值得注意的是,大米、小麦和玉米的进口量虽然还处在配额内,但近两年的平均进口增速分别达 151.12%、122.71% 和 79.90%。从近年的发展趋势看,粮食剩余配额快速下降,从配额上进行调控的空间也逐渐变小,未来失控的可能性很大。为此,在进口价差压力不断提高的情况下,现有进口保护措施的实际进口保护能力和效果正在下降,希望通过边境的进口保护措施来调控我国粮食进口的有效空间极为有限。农业部专家根据时间序列测算的结果显示,国内外价差每拉大 1%,大米进口增量就会增加约 18 万吨。因此,进口冲击将继续考验我国粮食市场。

3. 城乡收入差距缩小的战略目标受到影响

国内外价格倒挂,有利于我国在粮食供求关系总体偏紧的背景下,从国际市场适度进口物美价廉的粮食,增加国内有效供给、缓解资源环境压力、丰富国内市场。与此同时,国内外价格倒挂也使国内粮食价格低迷,农民增收的难度不断加大,最终导致经过多年持续努力有所缩小的城乡居民收入差距将进一步扩大。国内外价格倒挂导致低价国外粮食大量进口甚至过度进口,抢占了国内市场份额,如越南籼米价格低廉,在我国大米供求平衡、库存充裕的情况下,国内企业进口动力强劲,致使南方籼稻库存积压、加工停滞。尽管大米进口量相对于国内产量而言,所占比重不足 2%,但从特定区域、特定时间来看,进口大米造成湖南等地大米加工企业产能利用率低,如 2012 年和 2013 年湖南省大米企业开工率仅为 38.4%

和21.7%。进口激增抑制了国内粮食价格随着生产成本快速上升和需求刚性增长的合理上涨，改变了粮食短缺时代增产即增收的格局，使农民依靠国内价格适度上涨增收的难度加大，打压了粮食生产者的生产积极性，削弱了国内粮食产业发展的内在动力。种粮收入预期不断下降，依靠财政转移支付促进农民增收的责任越来越重。

二、国内外粮食价差与进口动态传导关系

关于粮食进口波动与中外粮价倒挂现象之间的联系，相关研究大致可分为两大类：一是分析粮食进口激增的成因；二是分析粮食进口对国际粮价的影响，或是考察二者间的相互关系。

第一类分析我国粮食进口量激增原因的研究成果相对较多，主要采用定性分析手段，例如基于宏观视角分析造成该现象的主要成因。孔凡玲、李彦民（2013）构建C–D函数，采用脉冲响应函数方法得出的结论是：人民币升值可以促进我国小麦进口，但具有一定的滞后性。林大燕、朱晶、吴国松（2014）在H–O模型中引入季节要素，实证检验了季节是影响我国大豆进口市场结构的重要变量。国外学者考察了汇率价格变动的不确定性对贸易的影响，如尼西塔（Nicita，2013）构建并运用面板模型发现，汇率价格的不确定性会直接影响实际进口价格，进而影响国内外粮食实际价差，但这类研究实际上更适用于汇率完全市场化的经济体。值得注意的是：国内外价差这一因素对于我国进口贸易的促进作用得到广泛关注。赵永红（2013）认为国内外价格倒挂是推动玉米进口的原因之一，并提出了应对策略；杨军等（2014）认为国内外玉米价差加大，将显著提高我国玉米进口压力；马建蕾等（2013）提出国内外价差仍是大宗农产品进口持续高位的主要原因之一，持类似观点的还有孙绪（2014）等。

第二类分析主要是以扩大我国粮食进口是否带来国际粮食定价权为对象的研究。库（Koo，1996）运用成本最小化模型分析得出中国粮食进口的持续增长会带动国际粮价上涨。李晓钟、张晓蒂（2004）结合斯皮尔曼相关系数检验和格兰杰因果关系检验分析了小麦、稻米进口量和国际市场

价格之间的关系，判断在一定条件下我国粮食进口可以影响国际粮价。杨燕、刘渝林（2006）运用类似的方法进行实证分析，发现中国粮食进口贸易对于国际粮价存在扭曲的影响。马述忠、王军（2012）基于市场势力角度，通过 PTM 模型测算得出结论：我国作为大豆进口方，其定价能力并不显著。刘林奇、曾福生（2014）构建了包含国际粮食价格、我国粮食进口量及除中国外世界粮食出口量在内三个变量的 Panel VAR 模型，格兰杰因果检验发现中国粮食进口量不是引起国际粮价变化的成因。可以看出，此类研究的结论不尽相同。

国内外粮食价差与我国粮食进口量之间存在着密切关系，但二者之间如何影响，又存在怎样的动态量化联系，仍有待进一步研究。尤其在近期，国际粮价走低引起国内外粮食价差扩大，不断提振国内粮食进口需求，弄清二者影响机理尤为迫切。鉴于此，本研究构建面板向量自回归模型，系统考察二者之间的动态量化关系。

（一）模型设定与估计方法

研究目的在于探索国内外粮食价差波动以及我国粮食进口量之间的量化关系[①]。由于需要对三个粮食品种进行考察，故采用面板向量自回归模型（Panel VAR）。其中，IMV（Import Volume）为进口量，PG（Price Gap）为国内外价格差。考虑到各粮食品种之间贸易关税、消费需求弹性等存在差异，国内外价格差可能对进口量产生不同的影响，即变量可能存在"品种之间的异质性"，因而在模型中加入个体效应；类似的，考虑到农产品贸易政策的逐渐市场化，进口量受到时间影响，模型中还应加入时间效应。因而得到如下结构的模型：

$$z_{it} = \alpha_0 + \sum_1^p \beta z_{i,t-p} + e_t + f_i + \varepsilon_{i,t}$$

其中，$z_{it} = (IV_{i,t}, PG_{i,t})'$是基于面板数据的 2×1 的变量向量，i 表示

---

① 潘苏、熊启泉（2011）针对主粮品种的实证分析表明：国际粮价对国内粮价的影响较小，因而模型不会出现多重共线性关系。

三个粮食品种，t 表示时间；$z_{i,t-p}$ 是 $z_{i,t}$ 的 p 阶滞后项；β 是 $2p \times 2$ 的系数矩阵；e_t 是二维的时间效应向量；f_i 是三维的粮食品种的个体效应向量；$\varepsilon_{i,t}$ 表示扰动项，该扰动项服从正态分布特征，且满足 $E(\varepsilon_{i,t} | f_i, e_t, z_{i,t}, z_{i,t-1}, \cdots, z_{i,t-p}) = 0$。

为对模型进行实证分析，主要采用由洛夫和齐克柴纳（Love and Zicchina，2006）提出的 Panel VAR 模型估计程序，完善后运用 STATA13.1 进行计量分析。考虑到样本数据的长面板特点，拟先对原始数据进行平稳性检验，在确定没有单位根的前提下利用广义矩估计（GMM）方法估计模型中各待估系数，随后画出脉冲响应函数图以观察内生变量之间的相互动态关系，进行方差分解分析。扰动项满足的条件意味着 $E(\varepsilon_{i,t} \otimes z_{i,t-p}) = 0$ 对于所有 $p \geq 1$ 都成立，存在固定效应使广义矩估计方法不能得到有效估计的系数，因而需要先消除模型包含的固定效应，然后有效估计去除固定效应的 Panel VAR 模型。

实证过程中主要利用我国粮食进口量以及国内外粮食价格差两大变量。为更加动态的观察二者间的动态量化关系，采用月度数据。我国粮食进口量资料来源于商务部 2010～2014 年间发布的《中国进出口月度统计报告》；国内外粮食价格差由国内粮食价格与国外粮食价格计算而来，公式为：国内外价格差 =（国内价格－国外价格）/国外价格。其中，国内价格资料来源于农业部市场司发布的《农产品供需形势分析月报（大宗农产品)》，国外价格数据根据《中国进出口月度统计报告》中的进口量与进口金额计算而来。由于进口金额是以美元作为货币标价的，因此运用月度平均汇率数据对价格进行换算；月度平均汇率资料来源于世界银行数据库。

（二）实证检验及结果

1. 平稳性检验

所选择样本数据具有较长的时间跨度，且横截面单位较少，仅为 3 个，因而属于长面板数据。为避免可能出现的伪回归问题，应检验时序数据单位根，因此选择 LTC 检验方法检验样本数据单位根。选择 LLC 检验方法检验样本数据单位根，在平稳性检验过程中，加入了个体固定效应，且将差分滞后项的最大滞后阶数设为 10，根据 AIC 信息准则选择最优滞后阶数，结果显示 IV 与 PG 两项样本数据的平均滞后阶数均为 1 阶，偏差校正 t 统计量分别为 -5.3611 与 -3.5804，均显著为负（p 值均为 0.0000），拒绝面板数据包含单位根的原假设。考虑各粮食品种之间的相互替代性且联系密切，故扰动项可能存在截面相关。因此对样本数据进行均值化处理，并做 LLC 单位根检验。检验结果显示，两项统计量的绝对值均略有上升，且在 1% 的水平下显著。结论是：模型中各变量均拒绝存在单位根的原假设，两变量均平稳。

2. 面板矩估计

借助于洛夫和齐克柴纳（Love and Zicchina，2006）提出的 Panel VAR 模型估计程序对模型参数进行面板矩估计。因而首先对数据进行 1~3 阶滞后的 Panel VAR 模型估计，然后依据 AIC 和 BIC 准则选择最优滞后阶数。1~3 阶滞后情况下各参数估计值如表 5-1 所示。

表 5-1　　　　　　　Panel VAR 模型 GMM 估计结果（一）

		IMV(-1)	PG(-1)	IMV(-2)	PG(-2)	IMV(-3)	PG(-3)
一阶滞后	IMV	0.6231 *** (0.1465)	7.5025 * (4.2924)				
	PG	-0.0004 (0.0012)	0.6685 *** (0.0768)				
二阶滞后	IMV	0.7445 *** (0.1288)	14.6565 ** (6.2174)	-0.2091 * (0.1155)	-13.3032 ** (6.4018)		
	PG	0.0003 (0.0010)	0.6909 *** (0.1049)	-0.0014 (0.0009)	-0.0377 (0.0889)		
三阶滞后	IMV	0.7466 *** (0.1441)	14.0762 * (7.3227)	-0.2438 ** (0.1040)	-10.3416 (8.4011)	0.0719 (0.1280)	-6.5493 (5.3004)
	PG	-0.0002 (0.0013)	0.6345 *** (0.1154)	-0.0005 (0.0009)	-0.0477 (0.1075)	-0.0009 (0.0012)	-0.0982 * (0.0586)

注：模型估计采用系统 GMM 估计方法，表格中上一行数据表示估计系数，括号中数据表示估计系数的标准误；*、**、*** 分别表示在 10%、5%、1% 的水平下显著。

模型估计过程中，采用组内均值差分法来消除时间固定效应的影响，随后采用前向均值差分法消除个体固定效应的影响。对于 Panel VAR 模型的最优滞后阶数的选择，包括使用信息准则，判断最后一阶滞后项的显著程度，检验残差是否是白噪声来确定最优滞后阶数有三种方法，各方法结果如表 5-2 所示。

表 5-2　　　　　　　　　　信息准则检验结果

滞后项	AIC 准则	BIC 准则	HQIC 准则
1	6.9490	7.1327	7.0236
2	6.8323 *	7.0926 *	6.9379 *
3	6.9066	7.2454	7.0442

注：*表示检验统计值的相对最优值。

由表 5-2 可知，应采用含二阶滞后项的 Panel VAR 模型，在以 IV 为因变量的方程中，PG(-2) 的系数为负，且系数绝对值较大，这并不符合经济规律。因为即便进口商认为先前时期的国内外价差已达高位，近期会缩小，也不会由此大幅降低进口量。一个可能的解释是，国内外价差的滞后项与我国进口量之间的计量关系并不是简单的线性关系。鉴于此，对模型假设进行修正，认为我国粮食进口规模的绝对变动受国内外价差相对波动的影响，即在某一时期 t，粮食进口商根据当期价差与上一期价差间的增减情况做出贸易决策。由此将 IV 与 ΔPG Panel VAR 模型进行量化分析。根据信息准则检验结果，选择含一阶滞后项的模型回归效果相对最优，回归结果如表 5-3 所示。

表 5-3　　　　　Panel VAR 模型 GMM 估计结果（二）

	IMV (-1)	ΔPG (-1)
IMV	0.6340 *** (0.1424)	15.1272 *** (5.8778)
ΔPG	-0.0011 (0.0013)	-0.0644 (0.1171)

注：模型估计采用系统 GMM 估计方法，表格中上一行数据表示估计系数，括号中数据表示估计系数的标准误；*、**、*** 分别表示在 10%、5%、1% 的水平下显著。

与估计结果（一）比较，修正后国内外价差滞后项对进口量的回归系数显著度有所提高。由此可见，相对于国内外价差的绝对水平而言，其相对波动幅度对我国粮食进口量的影响更为显著。当价差差额增大时，我国粮食进口量将显著大幅增加，说明国内外价差是当前我国粮食进口量激增的重要影响因素，尤其是价差水平相对扩大会刺激进口商的欲望，大幅提高粮食进口量。另外，两项回归方程的结果显示：对于国内外价差而言，我国粮食进口量变化并不是显著的影响因素，我国粮食进口尚不能影响国际粮价[1]。

3. 脉冲响应函数估计及误差项的方差分解

对 Panel VAR 模型中单个参数估计值的解释较为困难，而要深刻分析并得到结论需要观察系统的脉冲响应函数图（王楠、张晓峒，2011）。脉冲响应函数（IRF）主要刻画一个内生变量对误差变化的反应，即考察在控制其他变量时，对扰动项加一个标准差大小的冲击，内生变量当期值与未来值受到哪些影响。由此可以观测变量间的动态交互作用及影响，并判断变量间的时滞关系。图 5 - 4 为 5% 误差范围内由蒙特卡洛模拟方法得出的正交化脉冲响应函数，模拟次数为 500 次。图中上下两条线给出了两个标准误差置信区间用于评价冲击的统计显著性。横轴 S 表示冲击作用的追溯期数（将其设定为 10 期），纵轴表示因变量对自变量冲击的响应程度，上下两条曲线代表两倍标准差的置信区间，中间曲线表示响应函数曲线。

图 5 - 4 中图（a）和图（b）分别表示进口量对自身冲击及其对国内外价差波动的冲击影响。由图（a）可知，我国粮食进口量对自身一个标准差新信息立刻有较强烈的响应，进口量立即提升 10% 以上，随后该响应程度不断下滑，并在第 10 期收敛至 0。由图（b）可知，我国粮食进口量对来自国内外价差波动冲击同样有着较为迅速的响应。当价差波动面临 1 个标准差新信息的冲击，粮食进口量在第一期会增加 2.5% 的进口；随后

---

① 格兰杰因果关系检验结果显示：在 1% 的置信水平下，拒绝了 ΔPG 不是 IMV 的格兰杰原因这一原假设；且在 10% 的置信水平下，拒绝了 PG 不是 IMV 的格兰杰原因这一原假设。同时，在 10% 的置信水平下，不能拒绝 IMV 不是 ΔPG 和 PG 的格兰杰原因。

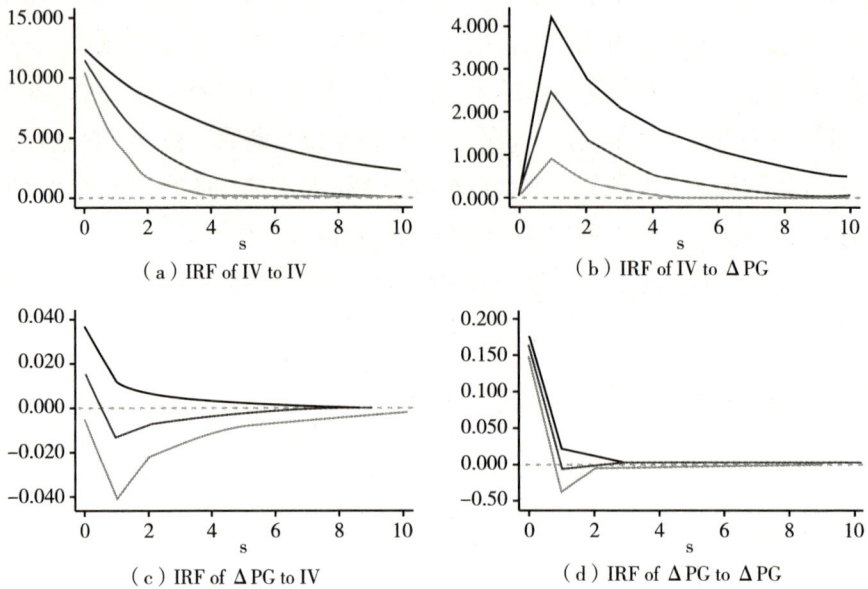

（a）IRF of IV to IV

（b）IRF of IV to △PG

（c）IRF of △PG to IV

（d）IRF of △PG to △PG

图5-4　进口量（IMV）与国内外价差波动（△PG）的脉冲响应

缓慢回落，并在第 10 期进口量对该冲击的正向响应幅度完全消减。图（c）和图（d）分别表示国内外价差波动对进口量的冲击影响以及对自身的冲击影响。由图（c）可知，国内外价差波动对进口量冲击有着较为微弱的响应。该微弱的响应程度在即期达到相对峰值，约为 0.02 个百分点，随后直线下降。至第一期时转为微弱程度的负向响应，随后逐渐收敛至 0。而由图（d）可知，国内外价差波动对自身的 1 个标准差新信息的影响在当期随即表现出来，为 0.16 个百分点左右，随后急速下降，并在第一期对该冲击响应收敛至 0。

接下来用方差分解法对进口量以及国内外价差波动不同期限误差的方差进行分解，以进一步确定上述模型预测所产生的误差和由各个新生所解释的部分，也就是将进口量预测误差的方差分解为由其自身新生和国内外价差波动新生所构成的贡献率，对于国内外价差同样如此。为便于观察，跳跃性地选择不同预测期，分析结果如表 5-4 所示。

表 5 – 4　　　　　　　　　　　不同预测期各变量的方差分解

	预测期	进口量	国内外价差
进口量	2	0.968	0.032
	6	0.959	0.041
	10	0.959	0.041
	20	0.959	0.041
	30	0.959	0.041
国内外价差波动	2	0.016	0.984
	6	0.019	0.981
	10	0.019	0.981
	20	0.019	0.981
	30	0.019	0.981

由方差分解结果来看，就进口量而言，由其自身解释的比重保持在较高水平。在第 2 个预测期，国内外价差波动对我国进口量的影响仅占 3.1%，在第 30 个预测期，这个影响程度小幅上升到 4.1%[①]。因此，国内外价差波动对预测我国粮食进口量误差有相当低的贡献率。这一结果与脉冲响应函数曲线存在一致性，因为通过后者可以看到，粮食进口量对价差波动有着积极的响应，但力度与对其自身波动的响应力度相比仍处于较低水平。其经济含义在于，国内外价差对我国粮食进口量攀升有一定程度的推动作用，但并不是决定性因素。

构建 Panel VAR 模型，采用三大主粮在 2010～2014 年的进口量以及国内外价差两项数据，运用系统 GMM 估计方法、脉冲响应函数及方差分解分析，研究国内外粮食价差与粮食进口量之间的动态关系。得到以下主要结论：一是国内外粮食价差是当前影响我国粮食进口需求的影响因素；尤其是价差扩大会刺激粮食进口需求的更大幅增长，且这种刺激遵从这样一种动态路径，即受到粮食价差扩大的正向冲击后，我国粮食进口量在近期内迅速大幅增长，随后缓慢回落，具有一定的持续性。但这一影响并不是决定性的。二是我国粮食进口量绝对增长并不能显著地影响国际粮食市场

---

① 进口量（IMV）与国内外价差（PG）的方差分解结果显示，在第 30 个预测期，后者对前者预测方差的贡献度仅为 0.7%。

价格，即不存在"大国效应"。面对粮食进口冲击，国际粮食价差呈现较弱程度的响应力度，这意味着我国在粮食进口贸易中拥有微乎其微的定价权；同时也说明，当前我国粮食进口增长不会推高国际粮食价格。

三、粮食进口的市场势力

从国内价格与配额内关税加国际价格的比较来看，国内粮食价格高于配额内的国际价格，说明配额的关税保护水平对粮食进口保护作用有限。2014 年中央"一号文件"提出的"适度进口"战略方针，意味着未来一段时期内，主动利用国际市场将成为弥补我国粮食缺口的重要途径。随着国内粮食需求数量的不断增长，不得不在努力提高国内粮食产量的同时，适度增加从国际市场购进所需的粮食，即从单纯排斥向主动利用外部市场转换。

依据古典经济理论，非完全竞争均衡下的市场结构是对市场效率的偏离，不能实现福利最大化，但这一判断随着新产业组织理论的兴起而逐渐被质疑。其中哈佛学派认为，市场结构会影响厂商行为，进而影响行业绩效。实际上，在真实的经济社会中，非完全市场竞争是常态。特别在寡头垄断的市场结构下，由于需要顾及竞争对手的市场反应，寡头企业不会轻易使用价格竞争策略，这种相对制衡使市场更具稳定性。

分析我国大米进口市场结构为接下来评定我国大米进口市场效率提供基础，而从新形势下粮食安全的角度出发，研究这种寡头市场结构又具有深层次的意义。比如我国一直对大米保持高度自给，避免了粮食进口波动为国内整个粮食市场带来的不稳定性。但如果出口大国之间能实现基于市场势力的结构性稳定，那么在市场不出现系统性风险的情况下，即便在非完全竞争市场结构下，我国不断扩大的大米进口规模不会对我国粮食市场稳定构成威胁，且寡头竞争也能够实现行业效率的提高。此外，在寡头竞争均衡的局面下，其彼此之间在商品服务、质量等技术方面的竞争有利于我国在承担相同成本下获取更多收益，进一步实现社会福利相对最大化。另外，还需要注意的是，市场势力并不等同于市场份额，其本身作为一种价格加成能力，代表着不同出口国在我国市场上的地位和利益分配权益，以及在我国未来长期贸易中的持续发展能力，更具对市场结构分析的参考性。

综上，我国应密切注意出口大国的出口情况，防止出现个别寡头拥有较高的市场势力；且防止出口大国间合谋，预先分割市场，从而导致市场的非技术性垄断。本章节拟从这个角度出发，测算当前我国大米市场上主要出口国家的市场势力，并进一步挖掘其核心竞争渠道，最终为保障我国粮食安全、提高进口收益提供思路。

粮食安全的核心是口粮，口粮的主体是大米，我国稻谷食用消费量约1.7亿吨，全国六成以上的人口以大米为主食，因此有必要以大米为例分析我国粮食进口的市场势力。多年来，我国一直致力于增强大米供给能力，提高大米自给率以保障粮食安全。1996~2011年，我国大米产量一直稳定在1.9亿吨左右，且价格低于国际市场，因而大米进口数量一直保持在低位，且进口市场的结构较为单一。但近年来，国内大米市场一直处于供需偏紧状态，加之内外价差不断扩大，导致进口数量激增。如在2012年，我国大米进口量猛增至234.5万吨，同比增长近三倍，一跃成为世界上第一大米进口国，占世界大米总进口量的9.3%。2013年，我国大米进口量虽略有下降（224.4万吨），但仍继续保持在200万吨以上的高位。

一般意义上，市场势力的研究属于非完全竞争的理论范畴，具体是指在一个非完全竞争市场上，某个企业将产品价格制定在其边际成本之上，从而获得超额利润的能力。而在国际贸易上，市场势力则被认为是一种产业的国际竞争力（占明珍，2011）。市场势力概念提出后[1]，诸多研究都试图解释市场势力及其他市场因素间的关系。虽然研究目的有所区分，但一项基础性工作在于，如何衡量和测度市场势力。目前，国内外学术界的相关研究成果主要可分为两类。一类是传统的结构主义模型方法，主要内容是通过直接将边际成本量化，从而得到价格与边际成本的差额。结构主义者认为市场结构和市场绩效之间存在着因果关系，其机制是市

---

① 布兰多（Brandow，1969）将市场势力定义为厂商直接影响其他市场参与者或者诸如价格、推广促销等市场变量的能力。这为市场势力的研究提供了概念性基础，虽然市场势力的定义在后继研究中多有变迁，但是其区分只是在于从何种角度进行理解或考察。

场结构影响市场行为，进而影响市场绩效。但因这项传递机制难以佐证，在认为市场势力可以直接观测的基础上，大量文献研究将包含厂商规模分布的市场集中度指数纳入市场势力的研究中。具有代表性和基础性的研究是莱纳（Lener，1934）提出运用勒纳指数（价格高出边际成本的程度）来衡量市场势力；贝恩（Bain，1956）认为市场集中度对利润率存在正面影响，因而通过考察市场集中度，就可以直接观察到对市场集中度的运用程度；考林和沃特森（Cowling and Waterson，1976）引入赫芬达尔指数测度市场集中度，并运用 C－W 变分模型分析了在市场绩效变动中市场结构变动对其造成的影响。波特（Poreter，1979）引入战略集团的概念，将产业内厂商战略相似的企业划分为战略集团，以共同采取垄断策略，并在此基础上分析市场集中度对价格与成本差额的影响。因此，结构主义模型从揭示市场势力的来源出发，利用市场的结构参数对其进行量化表述。

另一类测度方法起源于 20 世纪 80 年代初，可以概括为新经验产业组织模型方法。持该方法论者认为，市场势力不可直接观测，因而需要采取间接的测度模型。主要的经典模型有两个。一是霍尔（Hall，1988）在索洛余值的理论基础上提出价格－边际成本模型（PCM）模型，以测算市场势力；二是贝克和布雷斯纳汉（Baker and Bresnahan，1988）在勒纳指数的理论基础上，提出剩余需求弹性模型（RDE 模型），以衡量在不完全竞争市场上企业的市场势力；桑（Song，2006）在 RDE 模型的基础上，推导出反剩余需求函数和反剩余供给函数及均衡条件，并建立两国模型比较中、美两国在大豆贸易上的市场势力。国内学者（李晓忠、王斌，2010；马述忠、王军，2012）应用 RDE 模型方法测度不同产业的市场势力。

总的来说，由于结构主义的研究方法缺乏一定的微观理论基础，且目前关于市场势力的研究更为集中化，即对单个产业或组织的研究，跨部门的截面分析已经逐渐被理论界忽视，新经验产业组织模型方法得到广泛认同和应用。此外，由于 PCM 模型在数据获取上有较高要求，因而在国际贸易中，大多数关于市场势力研究所采取的主要方法是 RDE 模型方法。而就后者的应用情况来看，目前仍存在两个缺陷。一是大多数研究忽视了对贸易有不同作用的政策变量的影响。RDE 模型的理论假设之一是在样本期间没有重要贸易政策发生，因此在应用 RDE 模型分析市场势力时，需要验证样本期间内是否存在重大贸易政策冲击及其对市场势力的影响，这就需要对 RDE 模型进行必要性的拓展，以提升模型的适用能力，而不是片面通过逐步回归方法对自变量进行筛选，以增加模型的拟合程度。二是诸多研究在对市场势力进行量化计算以后，在对影响其高低的因素进行分析时往往独成体系，忽视了与模型的内在联系。事实上，经模型拟合后的变量参数大小自身不能在客观上体现其经济含义，但比较分析就可以很好地解决这一问题。

（一）市场势力模型构建

假设有一组出口商向一特定的外国市场出口某种商品。假设 P^{ex} 是出口国向外国市场出口的市场价格，Q^{ex} 是出口国向外国市场的商品出口数量，$p^1, \cdots, p^n$ 是由其他国家生产的竞争产品的价格，Z 是外国市场上影响该商品需求的需求转换矢量，则出口商与其竞争对手的需求函数可写为：

$$P^{ex} = D^{ex}(Q^{ex}, p^1, \cdots, p^n, Z) \tag{5.1}$$

$$P^k = D^k(Q^k, p^j, p^{ex}, Z) \text{ 其中}, j = 1, \cdots, n \text{ 且 } j \neq k \tag{5.2}$$

因此，在该外国市场上，对于 i 出口国来说，利润最大化的解为：

$$\text{Max} \pi_i = p^{ex} q_i^{ex} - e C_i^{ex} \tag{5.3}$$

其中，e 是出口国与进口国之间的汇率，C_i^{ex} 是出口国货币单位的成本。

式（5.3）的一阶条件为：

$$P^{ex} = e \cdot MC_i^{ex} - q_i^{ex} \cdot D_1^{ex} \cdot \left(1 + \sum_{j \neq i} \frac{\partial q_i^{ex}}{\partial q_i^{ex}}\right) \cdot \left(1 + \sum_{j \neq i} \frac{\partial D^{ex}}{\partial p^k} \cdot \frac{\partial D^k}{\partial p^{ex}}\right)$$

$$\tag{5.4}$$

其中，MC_i^{ex} 表示出口国的边际成本，D_1^{ex} 表示需求函数的一阶偏导数。进而，$\left(1 + \sum_{j \neq i} \frac{\partial q_i^{ex}}{\partial q_i^{ex}}\right)$ 表示的是该出口国内部出口商的竞争行为，或可理解为内部竞争，以 θ_i 代替。而 $\left(1 + \sum_{j \neq i} \frac{\partial D^{ex}}{\partial p^k} \cdot \frac{\partial D^k}{\partial p^{ex}}\right)$ 表示出口商与竞争国之间的竞争行为，或可理解为外部竞争，以 φ 代替；因此，式（5.4）

可写为：

$$P^{ex} = e \cdot MC_i^{ex} - q_i^{ex} \cdot D_1^{ex} \cdot \varphi \cdot \theta_i \qquad (5.5)$$

进一步，假设 s_i 表示出口商的出口市场份额，即 $\sum\limits_i s_i = 1$，则式 (5.5) 可改写为：

$$\sum\limits_i s_i \cdot p^{ex} = \sum\limits_i s_i \cdot e \cdot MC_i^{ex} - \sum\limits_i s_i \cdot q_i^{ex} \cdot D_1^{ex} \cdot \varphi \cdot \theta_i \qquad (5.6)$$

由于 $q_i^{ex} = s_i \cdot Q^{ex}$ 且 $MC^{ex} = \sum\limits_i s_i \cdot MC_i^{ex}$，所以式 (5.6) 可进一步改写为：

$$P^{ex} = e \cdot MC^{ex} - Q^{ex} \cdot D_1^{ex} \cdot \varphi \cdot \theta \qquad (5.7)$$

其中，$\theta = \sum s_i^2 \cdot \theta_i$

类似的，对于竞争者，其实现利润最大化的一阶条件为：

$$P^k = e^k \cdot MC^k - Q^k \cdot D_1^k \cdot \nu^k，其中 k = 1, \cdots, n \qquad (5.8)$$

联立式 (5.2) 和式 (5.8) 可得：

$$P^k = e^k \cdot MC^k(Q^k, W^k) - Q^k \cdot D_1^k(Q^k, p^j, p^{ex}, Z) \cdot \nu^k \qquad (5.9)$$

其中 W^k 表示成本转换矢量。进一步，假设 W^N 代表所有固定成本转换（排除出口利益国家集团）的集合，且 ν^k 表示所有参数的集合，则得到：

$$P^k = p^{k^*}(Q^{ex}, W^N, Z, \nu^k), k = 1, \cdots, n \qquad (5.10)$$

其中，p^{k^*} 表示偏减少的形式。为了获得出口国的剩余需求曲线，将式 (5.10) 代入到式 (5.1) 中，得到

$$P^{ex} = D^{ex}(Q^{ex}, p^{1^*}(\cdot), \cdots, p^{n^*}(\cdot), Z) = D^{res,ex}(Q^{ex}, W^N, Z, \nu^N)$$

$$(5.11)$$

由上式可知，剩余需求曲线的影响因子包括：出口量，需求转换矢量和其他竞争国的成本转换矢量。为了测算剩余需求弹性，在上述理论模型推导结果的基础上，假设出口国与出口市场之间的汇率波动是导致该国出口企业在出口市场上的供给曲线变化的最主要因素，且在样本期间并没有发生重大贸易政策的变化，上述模型可表述为：

$$\ln P_{mt}^i = \lambda_m + \eta_m \cdot \ln Q_{mt}^i + \alpha_m \cdot \ln Z_{mt} + \beta_m \cdot \ln W_{mt}^n + \varepsilon_{mt} \qquad (5.12)$$

其中，$i = 1, 2, \cdots$，表示一国的出口产品种类，$m = 1, 2, \cdots$，代表该国的主要出口市场，t 代表年份，P_{mt}^i 和 Q_{mt}^i 分别表示该国对出口市场 m 产品 i 出口价格和出口数量。Z_{mt} 表示出口市场影响市场需求的需求转换矢量；W_{mt}^m 表示该国在出口市场上面临的 n 个竞争者的影响成本的成本转换矢量；λ_m 表示常数，ε_{mt} 表示随机干扰项。而 η_m 表示出口价格对出口量的弹性，也即剩余需求弹性，其绝对值是市场势力大小的表征量。α_m 和 β_m 分别表示出口市场需求与竞争者成本对出口价格的影响程度。

在此，考虑研究的需要，进一步将上述的计量模型修正为：

$$\ln P_{CHN}^k = c + \eta \cdot \ln Q_{CHN}^k + \varphi_1 \cdot \ln MGDP_{CHN} + \varphi_2 \cdot \ln MCPI_{CHN} +$$
$$\sum \beta_i \cdot \ln e_i + \varphi_3 \cdot D + \varepsilon \tag{5.13}$$

其中，P_{CHN}^k 表示不同国家 k 对中国的大米出口市场价格（以中国货币单位计价）；Q_{CHN}^k 表示不同国家对中国大米出口数量；$MGDP_{CHN}$ 表示中国的月度 GDP，$MCPI_{CHN}$ 表示中国月度物价指数，这二者构成影响大米国内需求的需求转换系数矢量；e_i 表示竞争国对中国的汇率，也是影响竞争国生产成本的成本转换系数矢量；D 表示政策虚拟变量；c 为常数；η、φ_1、φ_2、φ_3、β_i 表示未知参数；ε 表示随机扰动项；$\ln$ 表示变量的对数形式。

采取月度数据分析泰国、越南、巴基斯坦在我国大米进口市场上的市场势力，鉴于数据的可获得性，越南大米出口样本数据时间段为 2011 年 1 月至 2013 年 12 月，有效样本数为 36 个。巴基斯坦样本区间为 2010 年 1 月至 2013 年 8 月，其中剔除个别缺失月份数据，有效样本数为 40 个。泰国样本区间均为 2010 年 1 月至 2013 年 12 月，有效样本数为 48 个。资料来源如下：

中国进口大米的月度价格（P_{CHN}^{THA}、P_{CHN}^{VIN}、P_{CHN}^{PAK}）：根据三个国家对中国大米出口的月度出口额（以美元计）和出口量（Q_{CHN}^{THA}）计算得到，并通过月度平均汇率转换为以人民币计价的出口价格，月度出口额和出口量来源于 UN Comtrade 月度数据库和中国海关信息网。中国月度国内生产总值（$MGDP_{CHN}$）：根据季度 GDP 与月度工业增加值计算而来，季度 GDP 与月度工业增加值数据均来源于中国统计局。中国月度物价指数（$MCPI_{CHN}$）：以食品类居民消费价格指数代表，来源于中国统计局。竞争国对中国的汇率（e_i）：其中，e_1、e_2、e_3 分别表示巴基斯坦、越南、泰国货币对中国货币的汇率，资料来源于 IMF 网站。政策虚拟变量（D）：表示双边国家对其贸易情况有重大影响的政策，在政策实施期间 $D=1$；否则 $D=0$[①]。如中国于 2013 年将"适度进口"纳入新的粮食安全战略中，泰国大米出口规模开始大幅增加。因此，2010 年 1 月至 2011 年 12 月间 $D=0$，2012 年 1 月至 2013 年 12 月 $D=1$[②]。

（二）市场势力结果测算

1. 单位根检验

从表 5-5 可以看出，经过检验，对数后的变量并不都平稳，$\ln MCPI_{CHN}$、$\ln e_1$、$\ln e_2$ 仍存在单位根。经过进一步检验，取一阶差分后再进行 ADF 单位根检验，以上所有变量的 ADF 统计值均小于 1% 显著性水平下的临界值，因此拒绝原假设。一般来说，对于多变量的协整检验，其前提是同阶单整。但多变量的协整检验前提也有如下宽限说法："如果变量个数多于 2 个，即解释变量多于 1 个，被解释变量的单整阶数不能高于任何一个解释变量的单整阶数"。根据这一说法对变量进行协整检验。

表 5-5 各变量 ADF 单位根检验结果

变量	检验类型	ADF 统计量	1% 临界值	5% 临界值	10% 临界值
$\ln P_{CHN}^{THA}$	(c, 0, 0)	-3.4303	-3.5777	-2.9252	-2.6007
$\ln Q_{CHN}^{THA}$	(c, 0, 1)	-3.8988	-3.5812	-2.9266	-2.6014
$\ln MGDP_{CHN}$	(c, 0, 0)	-3.0607	-3.5777	-2.9252	-2.6007
$\ln MCPI_{CHN}$	(c, t, 0)	-2.4464	-4.1658	-3.5085	-3.1842
$\ln e_1$	(c, t, 0)	-1.6618	-4.1658	-3.5085	-3.1842
$\ln e_2$	(c, 0, 0)	-1.8746	-3.5847	-2.9281	-2.6022

[①] 泰国于 2011 年 11 月采取大米典押政策，鉴于实施日期跨度的相似性，本章拟将泰国市场势力回归模型中的政策虚拟变量设置为中泰双边政策的总和作用。当 $\varphi_3>0$ 时，意味着我国"适度进口"政策的出口促进正作用大于典押政策限制出口负作用；反之，则 $\varphi_3<0$。

[②] 2013 年底的中央农村工作会议上，我国正式提出"适度进口"政策，但实际我国于 2012 年就开始不同于往期，大幅进口大米。因此我们选择 2012 年 1 月作为时间节点。

2. Johansen 协整检验

在平稳性检验的基础之上，利用 Johansen 协整检验判断变量间是否存在协整关系，以确定变量之间是否存在长期的稳定关系。对（5.13）式进行协整检验，协整检验关系如表 5−6 所示。可以看出，在 5% 的显著性水平上，出口价格、出口数量、月度 GDP、月度 CPI、巴基斯坦和越南对中国的汇率、政策虚拟变量之间存在一个协整方程。

表 5−6　　　　　　　　　Johansen 协整检验结果

零假设：协整方程数目	特征值	迹统计量	5% 临界值显著水平	概率
0	0.8484	183.9930	125.6154	0.0000
至多 1 个	0.5465	97.2027	95.7537	0.0396
至多 2 个	0.4263	60.8232	69.8189	0.2109
至多 3 个	0.3181	35.2635	47.8561	0.4341
至多 4 个	0.1941	7.7207	29.7970	0.5921

3. 回归模型

需要分别对三个国家的市场势力进行计量分析，鉴于分析过程的类似性，在此仅详述泰国市场势力分析过程。回归方程估计结果如表 5−7 所示[①]。可以看出，在 10% 的置信水平下，各变量的回归系数均通过了 t 值检验，且方程的拟合程度较高。经过查表，在 $k=7$，$n=48$ 时，在 5% 的显著水平下，$D.W.$ 临界值 d_L、d_U 分别约为 0.2911、0.8221，由此可判定方程没有序列相关性。因此方程可写为：

$$\ln P_{CHN}^{THA} = -2.7729 - 0.0230\ln Q_{CHN}^{THA} + 0.0322\ln MGDP_{CHN} + 4.2361\ln MCPI_{CHN} -$$
$$1.2083\ln e_1 - 0.6834\ln e_2 + 0.4084D \tag{5.14}$$

[①] 模型拟合过程中，利用 Park 和 Glejser 等多个检验方法发现初步拟合方程出现异方差性，本章采取加权最小二乘法（权重为残差值的绝对值的倒数，即 $1/|resid|$）进行修正，修正后的结果如上所示。

表 5 - 7   **线性回归模型估计结果**

变量	系数	标准差	t 统计值	概率
$\ln Q_{CHN}^{THA}$	-0.0230 ***	0.0075	-3.0550	0.0039
$\ln MGDP_{CHN}$	0.0322 ***	0.0098	3.2941	0.0003
$\ln MCPI_{CHN}$	4.2361 ***	1.0601	3.2941	0.0020
$\ln e_1$	-1.2083 ***	0.2387	-5.0623	0.0000
$\ln e_2$	-0.6834 *	0.3457	-1.9772	0.0548
D	0.4084 ***	0.0306	13.3479	0.0000
e	-2.7729	3.0029	-0.9234	0.3612
R^2、$Adj - R^2$	0.9311、0.9210			
F	92.3048（Prob：0.0000）			
$D. W.$	1.7196			

注：*、**、*** 分别表示在 10%、5%、1% 的水平下显著。

根据式（5.14）的回归结果，可以看出泰国出口大米在中国市场上的市场势力指数为 $|\eta| = 2.3\%$。通过类似的方法，可对越南和巴基斯坦的市场势力模型进行估计。值得注意的是，在测算过程中，泰国作为越南和巴基斯坦的大米出口竞争国，其汇率（即泰铢和人民币之间的兑换比率）与其大米出口量呈现出弱相关性（相关系数的绝对值为 0.1069），而其国内生产成本与其出口量呈现出相对较高的相关性（相关系数的绝对值为 0.4488），这是书中将生产者价格指数作为与越南和巴基斯坦竞争的成本转换矢量的重要原因[①]。模型估计结果如下：

其中，越南出口大米的市场势力模型估计结果为[②]：

$$\ln P_{CHN}^{VIN} = 4.6507 - 0.1130 \cdot \ln Q_{CHN}^{PAK} - 0.0257 \cdot \ln MGDP_{CHN} - 1.0402 \ln e_1 +$$
$$\quad (3.7404) \quad\quad (-64.7073) \quad\quad\quad (3.2148) \quad\quad\quad (-20.8533)$$
$$1.4295 \ln PPI^{THI} + 0.0788 D_1$$
$$\quad (5.1126) \quad\quad\quad (8.2325) \quad\quad\quad\quad\quad\quad\quad\quad (5.15)$$

$$R^2 = 0.9992, \quad \bar{R}^2 = 0.9991, \quad F = 7360.013 \quad D. W. = 1.9444$$

---

① 泰国大米生产成本以其国内生产价格指数作为变量指标，资料来源于 http://zh.tradingeconomics.com。

② 模型拟合过程中，发现变量 $MCPI_{CHN}$ 的 t 值检验不能通过，本章采用逐步回归方法进行修正，发现剔除该变量后方程的拟合程度较高，且各变量均通过 t 值检验。

巴基斯坦出口大米的市场势力模型估计结果为[1]:

$$\ln P_{CHN}^{PAK} = 16.6876 - 0.0922 \cdot \ln Q_{CHN}^{PAK} - 2.4677 \cdot \ln MCPI_{CHN} +$$

$$(7.1351) \qquad (-14.8704) \qquad (-2.9872)$$

$$9.6370 \ln PPI^{THI} - 5.4244 \ln e_2$$

$$(7.1882) \qquad (-18.6806) \qquad (5.16)$$

$$R^2 = 0.9975 , \quad \bar{R}^2 = 0.9972 , \quad F = 3516.827 , \quad D.W. = 1.9652$$

通过回归结果可知,模型构建的拟合程度较高,且各变量均在 1% 的显著水平上通过 t 值检验[2]。

(三) 模型输出结果比较

1. 市场势力指数及其原因分析

通过观察市场份额分布,可以看出我国大米进口市场呈现出三个寡头垄断的市场结构。尤其是在 2014 年初,越南、泰国、巴基斯坦三国的大米出口市场份额逐渐接近。然而,通过测算这三大出口国的市场势力,结果表明在我国大米进口市场上,泰国的市场势力最低,仅为 2.30%;而越南、巴基斯坦的市场势力较高且较为接近,分别为 11.30% 和 9.22%。因此我国大米进口市场是近似于双寡头型的市场结构。

泰国在我国大米市场的势力较低,主要原因在于其国内价格支持政策失效的负面冲击及其带来的出口竞争性策略的缺位。2011 年下半年英拉政府成立后,开始执行较为强势的大米典押政策,具体内容是通过近高于市场价 50% 的价格向农民收购大米,以增加稻农收入。然而由于收购价过高和腐败严重等原因,这项政策并没有取得积极影响,甚至在 2013 年引起国内政治动荡。事实上,这项政策极大地阻碍了其国内大米的市场化改革,并导致价格对市场供求状况的反应能力下降。大米出口策略上,在高库存

---

① 模型拟合过程中,发现变量 $MGDP_{CHN}$ 的 t 值检验不能通过,本章采用逐步回归方法进行修正,发现剔除该变量后方程的拟合程度较高,且各变量均通过 t 值检验。

② 越南和巴基斯坦市场势力估计模型拟合过程中,Park 和 Glejser 等多个检验方法发现初步拟合方程出现异方差性,本章采取加权最小二乘法(权重分别为 1/|resid|、1/resid²)进行修正,修正后的结果如上所示。

和财政成本压力下，泰国政府着重于降低库存量和成本回收，忽略了培育其市场竞争能力（钟钰、陈博文等，2014）。另外，在越南、巴基斯坦的市场势力估计模型中，泰国与中国的汇率这一变量的显著性并不明显，然而其国内生产价格指数的显著性却较为明显。自 2010 年初以来，泰国生产者价格指数逐月升高，从 126.4 稳步增加至 140.4（2012 年 4 月），其后基本稳定在 140 左右。由此可见，泰国国内生产成本的上涨是造成其市场势力相对低下的原因之一。

汇率竞争是越南、巴基斯坦取得较大市场势力的主要渠道。从近些年的汇率来看，越南盾、巴基斯坦卢比均保持着对人民币持续贬值的趋势。单位人民币兑换越南盾的数值从 2010 年初的 2 705.2 持续提高到 2013 年底的 3 479.6，增加 28.6%；同期单位人民币兑换巴基斯坦卢比的数值从 12.4 增加到 17.7，增加了 42.7%；而单位人民币兑泰铢的数值基本保持在 4.8 左右。事实上，近些年来，越南外汇储备水平不断降低，直至 2010 年底，已降至 154 亿美元。受此影响，越南开始不断增加越南盾的贬值力度，由此刺激出口、缩小贸易逆差，以增加外汇储备。2014 年 2 月 11 日，越南中央银行改革并重新制定了越南盾对美元官方汇率，越南盾兑换美元中间价由 18 932∶1 美元调整为 20 693∶1，这是越南盾有史以来最大幅度的贬值。作为大米生产大国，越南较为注重大米出口的创汇能力，而中国作为其亚洲邻国，同样是消费大国，成为其大米出口的主要目标，如 2012 年 4 月越南粮食协会在胡志明市成立了优质大米出口促进中心，并在中国有关省市设立了分支机构，旨在增加对中国市场的优质大米出口。同样对于巴基斯坦来说，经济危机的发生与持续性让其面临外部需求疲软的压力，国际收支情况逐渐恶化，货币贬值逐渐成为刺激出口的重要措施。

2. 双边政策影响分析

在泰国市场势力的模型分析中，结果表明政策虚拟变量 D 在 1% 置信水平下通过了 t 值检验[①]。为了进一步验证双边政策对泰国在中国大米市场

[①] 从现实看，我国提出的"适度进口"政策同样可能对其大米出口造成影响。但是，由于政策实施时间较为接近，为避免回归方程中出现的内生性，本章只设置了一个政策虚拟变量，着重于表征大米典押政策对泰国大米出口市场势力的影响。

上的市场势力造成影响，将虚拟变量剔除前后的回归结果进行比较分析。回归结果显示，在剔除政策虚拟变量后，即令 $\varphi_3 = 0$，$\ln Q_{CHN}^{THA}$、$\ln MGDP_{CHN}$ 在 10% 的置信水平下均不能通过 t 值检验，方程拟合程度也大幅下降。同样，估计我国"适度进口"政策对越南和巴基斯坦大米出口造成的影响，结果表明，这项政策对越南大米出口有显著影响，并且会在一定程度上增加其大米出口的市场势力，而对巴基斯坦的大米出口则没有显著影响。

通过协整检验发现，在泰国大米典押政策执行期间，其出场价、批发价、零售价和出口价格间的价格传递是不完全的，即在不同阶段的市场上，买卖双方受价格波动的影响有所差异。泰国政府在执行典押政策期间，从农民手中收购了大量大米，成为国内市场上具有垄断性的买方；而在出口市场上，泰国政府成为最大的出口商。经济学理论的共识是，政府不应该取代市场在价格决定上起主导作用。2012 年，泰国政府一直减少出口，试图通过囤积大米，促使国际价格回升从中获益。但国际大米出口量并没有受到明显影响，印度、越南等国大量出口，国际大米价格迅速下滑，导致泰国大米的出口量同比大幅下降[1]。总之，泰国政府高估了在国际大米市场上其作为卖方的市场竞争能力，且大米典押政策的失败使其大米出口对市场的及时反映能力进一步下降，对大米出口竞争力造成冲击。但模型估计结果显示，我国"适度进口"政策在很大程度上促进了泰国大米出口市场势力的提高，甚至大于其国内典押政策的负面影响。同样，这一政策也提高了越南大米出口的市场势力。但巴基斯坦的出口市场势力却没有受益。一个很重要的原因是由于大米出口价格偏低，巴基斯坦出口商为等待价格上浮而"惜售"，即增加大米囤积，使中国进口商偏向于选择进口越南大米，这使其在很大程度上丧失了议价能力。

本部分基于 2010 年 1 月至 2013 年 12 月的月度数据，应用剩余需求弹性模型及相关检验方法就主要大米出口国（越南、泰国、巴基斯坦）在中国市场上的市场势力进行了实证分析。结合定性分析结果，研究发现：越南大米在我国的市场势力最强，巴基斯坦紧随其后，而泰国的市场势力则

① 2013 年，泰国大米的出口量有所回升，但这是受到高库存和流动性紧张的叠加影响，不仅不能说明泰国大米出口竞争能力上升，反而是竞争能力下降导致被动出口的体现。

相对最低。越南和巴基斯坦主要借助于汇率工具获得在我国的大米出口市场上相对突出的议价能力，而泰国则受制于国内大米政策的负面影响和生产成本增加。主要出口商间市场势力的差异证明了我国大米进口市场缺乏主要竞争者间的相对制衡力。个别国家的大米出口很可能出现波动，市场难以实现稳定性，这不利于我国大米进口规模的稳步扩大。在特定环境下，双边重大贸易政策的调整可能对大米出口国的市场势力造成影响。我国"适度进口"政策的提出在不同程度上提升了泰国、越南在我国大米进口市场上的市场势力。特别是，该政策对泰国大米出口的市场势力正面促进程度要大于其国内典押政策的负面影响。基于此，在当前状况下，我国可以适当加强与泰国的大米贸易合作，提高泰国大米出口垄断力对越南、巴基斯坦的制衡作用；同时，密切注意泰国国内典押政策对其大米出口可能造成的后继影响。此外，通过采取分散化进口策略，即增加从其他周边国家大米进口空间，从而防止出现单一大米出口大国对我国市场的垄断集中。

四、粮食进口"大国效应"的验证

受 2007 年美国次贷危机和 2009 年欧洲主权债务危机的影响，国际市场上主要粮食价格不断下行，而国内粮价持续走高，由以往低于国际市场转为高于进口到岸完税后价格，直逼配额外到岸税后价，形成了国内外价格倒挂，且国内外价差持续扩大；加之国内粮食供给处于结构性失衡状态，推动我国粮食大量进口，形成"进口激增"①。从月度进口情况来看（见图 5-5），三大主粮（大米、小麦、玉米）进口量在 2011 年底至 2012 年初明显提高，之前我国在粮食进口方面，大多采取较为保守的政策。1996 年，中央政府发布的《中国的粮食问题》白皮书显示，"现阶段中国

---

① 关于进口激增或是评估和衡量进口激增的方法尚无一致认可的定义。各类定义尤其倾向于以不同的阈值为基础。如果实际进口量超过该阈值，则即认为发生进口激增。对于我国而言，如果从进口依存度看，2013 年我国大米、小麦和玉米的进口量只占国内产量很小比重，依次仅为 1.11%，3.05% 和 2.53%，如果从纵向进口增加量来看，比 2009 年增加 5.68 倍、5.15 倍和 35.33 倍。

已经实现了粮食基本自给，在未来的发展过程中，中国依靠自己的力量实现粮食基本自给"，并表示"中国将努力促进国内粮食增产，在正常情况下，粮食自给率不低于95%，净进口量不超过国内消费量的5%"。2008年发布的《国家粮食安全中长期规划纲要（2008~2020)》进一步强化了国内粮食生产建设，包含"到2010年粮食综合生产能力稳定在5000亿公斤以上"、"到2020年达到5400亿公斤以上"、"粮食自给率稳定在95%以上"等诸多粮食安全的目标。2010年以前，我国只进口一定数量的优质小麦来调剂品种结构，大米、玉米进口量很少。但2012年，这三种主粮进口量出现猛增，年进口量共达到1125万吨。国际社会对我国大量进口粮食的现象表示担忧，认为我国粮食进口激增的行为会引起国际粮食市场供不应求，从而导致国际粮价大幅上升。如2013年6月，联合国粮农组织（FAO）和经合组织（OECD）在联合发布的年度农业展望报告中用一章内容描述了我国粮食需求，指出："在经济快速增长和资源有限的制约下，中国的粮食供应是一项艰巨的任务"；同年10月，美国《外交政策》杂志刊文指出："中国粮食需求将推高全球粮价"。通过计算比较，三大主粮国际市场价格均有不同程度地提高，2012年1月至2014年6月，大米、小麦、玉米国际均价相比于2010年1月至2011年12月，分别上涨了8.7%、9.2%、11.3%。

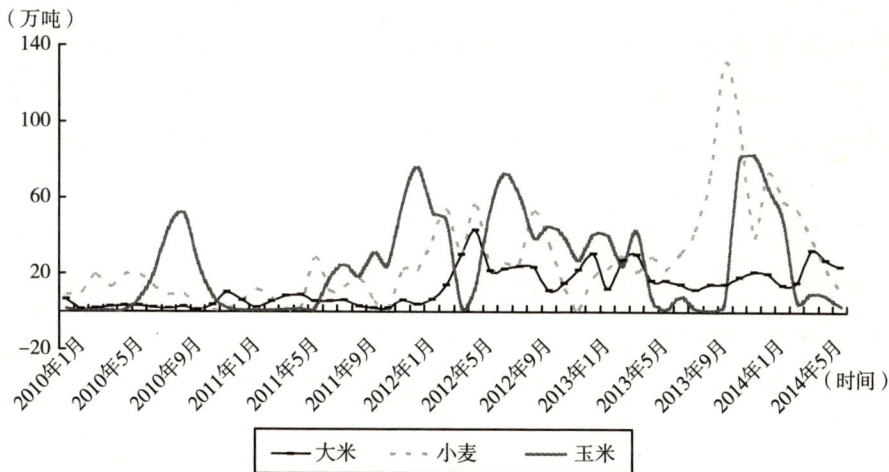

图 5-5 2010 年 1 月至 2014 年 5 月我国月度粮食进口量

从国际经济学角度来说，贸易小国在国际贸易中对某种商品的需求量（供给量）相对较少，因而其进（出）口行为对该商品国际价格的影响较小（Krugman and Obstfeld，2005）；反之，对于存在较大需求量（供给量）的贸易大国，其贸易行为则会在较大程度上影响相应商品的国际价格，形成"大国效应"①。"大国效应"的存在会使贸易大国的进出口行为成为影响国际商品价格的重要因素。我国是粮食消费大国，粮食供求紧平衡和品种结构余缺使我国成为粮食进口大国。"大国效应"会约束贸易大国的贸易行为，进而对其经济利益造成负面影响。尤其是某贸易大国进口量攀升会推动价格上涨，从而增加其进口成本。尽管2013年我国进口237万吨大米，仅占全球大米出口量的6.4%，比重并不大，但还是引发国际粮食市场的恐慌，担忧能否满足我国大米需求，并由此推断我国将导致国际市场大米价格上涨，进而推高小麦和玉米等其他粮食价格。那么，我国粮食进口规模是否与国际粮食市场价格存在直接联系？或者说，我国粮食进口是否成为影响国际粮食价格的因素？2014年中央"一号文件"提出"适度进口"的国家粮食安全战略，"适度进口"是弥补国内粮食缺口的现实需要，决定了当前要更好地利用国际粮食市场的紧迫性和政策创新的必要性。当前，我国处于粮食消费的快速增长期，消费结构加快转型升级，未来10~15年粮食等重要农产品消费需求仍处于较快增长时期，消费结构升级是主要拉动力。同时，我国正在加速推进新型城镇化，城镇化提高对消费饲料粮需求的增长将显著大于对口粮需求的减弱作用，助推粮食总体需求增长。分析我国粮食进口是否存在"大国效应"，关乎我国粮食进口过程中的经济利益得失；廓清我国粮食进口与国际价格及其他变量的关系，对我国制定国际化粮食进口策略具有现实的参考意义。

对于我国粮食进口是否存在"大国效应"，实际上可追溯至布朗（Brown，1995）的著作——《谁来养活中国》，认为中国巨大的粮食缺口及强大购买力将买断世界出口的粮食，从而威胁第三世界的粮食供给以及世界粮食安全。其后，学术界逐步关注我国粮食进口。库（Koo，1996）

---

① 李炳坤（2002）认为中国作为粮食生产和消费大国，即使少量进口，也能引起国际价格攀升，即引起"大国效应"。本章认为该结论的时代背景在于国内农产品市场较为封闭，且贸易政策不够透明，从而易使国际农产品市场形成盲目预期。

运用成本最小化模型分析得出，中国国内的粮食需求将拉动粮食进口的持续增长，并且带动价格上涨。还有学者利用以因果关系检验为核心的计量方法对"大国效应"的存在与否做出判断，如于爱芝（2004）通过格兰杰因果关系检验得出国内小麦进口与国际小麦市场价格存在因果关系，即前者是后者变动的原因，并进一步用线性回归分析方法确定出二者的数学关系；杨燕、刘渝林（2006）运用类似方法进行实证分析，发现我国在粮食进口贸易方面存在扭曲的"大国效应"；李晓钟、张晓蒂（2004）结合斯皮尔曼相关系数检验和格兰杰因果关系检验分析了小麦和大米进口量与国际市场价格之间的关系，判断"大国效应"在一定条件下才能显现。陈传兴、李静逸（2011）运用上述类似实证方法发现在特定时间段内我国大豆进口贸易和玉米出口贸易存在"大国效应"。进一步地，部分学者从"大国效应"产生的动因这一深层角度出发进行了分析，认为"大国效应"是因为一国在进出口贸易中议价能力较低，导致其在进口增加时被动接受价格升高的成本。马述忠、王军（2012）认为如果有市场势力，则可能存在"大国效应"；反之则一定不存在[①]。基于这一思路，其通过 PTM 模型测算我国作为买方的市场势力，判断出我国大豆进口不存在"大国效应"。从市场势力的角度，桑等（Song et al.，2009）构建两国局部均衡模型，发现我国在大豆进口贸易上作为买方具备相对较大的市场势力，能压低进口价格，故而不存在"大国效应"。范建刚（2007）归纳了粮食进出口"大国效应"四个层次的内涵，并得出该效应发生的充分条件。武拉平（2001）通过共聚合法、因果分析法和市场联系指数法，对主要农产品的国内与国际市场的内在联系进行了分析，从间接角度研究了"大国效应"。

可以看出，目前对于我国粮食进口中"大国效应"的研究，主要运用的是描述性分析和因果关系检验，且大部分研究对象针对某单一粮食品种。当前，我国粮食（尤其是三大主粮）进口规模出现转折性变化，"大国效应"研究范畴应有所扩大，研究方法也要有所突破。一是三大主粮是世界粮食安全的主要部分，且具有较高的相互替代性，应该注重以其为核

---

① 马述忠（2012）认为大国效应是指一国进口量足够大，以至于能对市场价格实行有效控制，这正与文中采用 Krugman，Obstfeld（2005）的定义相反。

心的综合研究；二是有相关关系只是"大国效应"存在的充分条件，应该进一步过渡到因果关系分析阶段，实证分析我国粮食进口是否成为影响国际粮价的因素之一；三是分析近段时期，也就是我国粮食进口市场大幅放开以后时期的"大国效应"。综上，遴选以三大主粮为截面的面板数据构建方程，并选择 2010 年以后时期作为样本区间（2010 年以前，我国几乎没有进口玉米），实证分析我国粮食进口多大程度影响国际粮食价格，从而判断我国粮食进口是否存在"大国效应"。

（一）模型、方法与数据

1. 模型构建

将我国粮食进口量当作一项影响因素引入国际粮食价格回归分析方程，构建实证分析国际粮食价格的基本模型：

$$P = f(Q, Z) \tag{5.17}$$

式中，P 为国际粮食价格，Q 为我国粮食进口量，Z 代表若干个影响国际粮食价格的其他重要因素。

使用时间序列数据进行实证分析，考虑国际粮食价格受到一定惯性的影响，将模型设定为：

$$\ln P = c + \alpha \ln Q + \sum \beta_t \ln P_t + \sum \theta_j \ln Z_j + \varepsilon \tag{5.18}$$

式中，ln 表示各变量的对数形式，c 表示常数项，a、β_t、θ_j 表示变量系数，ε 表示随机干扰项。

参考近期理论界对国际粮价波动潜在影响因素的研究成果，比较整理得出若干具有代表性变量并代入方程（5.18）。主要包括：生物质能源（乙醇）产量（Zilberman，2013）、石油价格（Baumeister and Kilian，2014）、化肥价格（Haile，2013）、美元指数（Rezitis，2013）和粮食库存量（Wright，2012）。并运用动态面板模型分析方法，进一步将模型设定为：

$$\ln P_{i,t} = \theta_1 \ln P_{i,t-1} + \theta_2 \ln P_{i,t-2} + \alpha \ln Q_{i,t} + \beta_1 \ln Bio_{i,t-1} + \beta_2 \ln Oil_{i,t-1} +$$
$$\beta_3 \ln Fer_{i,t} + \beta_4 \ln USD_{i,t} + \beta_5 \ln Stock_{i,t} + \beta_6 time + c + \chi_i +$$
$$\mu_t + \varepsilon_{i,t} \tag{5.19}$$

式中 i、t 分别表示主粮品种及时期，$P_{i,t}$ 表示某一主粮品种 i 在 t 时期的国际价格，$P_{i,t-1}$ 与 $P_{i,t-2}$ 分别表示国际粮食价格的一阶与二阶滞后项，$Q_{i,t}$ 代表我国在 t 时期对 i 粮食品种的进口量；$Bio_{i,t-1}$ 与 $Oil_{i,t-1}$ 分别代表生物质能源产量及石油价格的一阶滞后项[①]，$Fer_{i,t}$、$USD_{i,t}$ 与 $Stock_{i,t}$ 分别代表化肥价格指数、美元指数与粮食库存量；$time$ 是时间变量，以表征时间的特定效应；χ_i 为时间非观测效应，μ_t 为地区非观测效应；$\varepsilon_{i,t}$ 为随机误差项。a、β、θ 均为待估计参数。其中，a 是文中重点关注的待估参数，通过观测该参数的估计情况，可以判定我国粮食进口是否存在"大国效应"。具体来说，若其通过参数检验，则说明我国粮食进口量是影响国际粮价的因素之一，即我国粮食进口存在"大国效应"，参数值大小表示我国粮食进口量影响国际粮价的程度。若不能通过参数检验，则说明我国粮食进口并不存在"大国效应"。进一步的，在已知该变量通过参数检验的条件下，将该变量从回归方程中剔除，对比前后两个回归方程中各回归参数的相对变化。

2. 资料来源

选取月度数据，时间跨度为 2010 年 1 月至 2014 年 6 月，包含大米、小麦、玉米三大主粮的截面样本数据。国际粮食价格（P）来源 FAO 网站，其中大米价为泰国曼谷 5% 碎米率的出口价格，小麦价为美国 2 号软红冬小麦出口价格，玉米价为美国 2 号黄玉米出口价格[②]，并利用美国月度消费者价格指数平减得到真实价格。我国三大主粮进口量（Q）来源于商务部 2010～2014 年发布的《中国农产品进出口月度统计报告》；生物质能源产量（Bio）来自美国能源信息管理局（EIA）；原油价格（Oil）为欧洲布伦特原油现货离岸价，同样来自 EIA；化肥价格指数（Fer）来源于 Mundi Index 网站；美元指数（USD）为美元贸易加权指数，选自于圣路易

---

① 在方程（5.19）中，我们将生物质能源产量和石油价格的一阶滞后项引入回归方程。因为从现实经济情况来说，生物质能源产量的变化并不能对同期粮食价格造成影响，而石油价格作为生产资料成本，其价格变化也不能及时反映到国际粮食价格，都需经历一定的传导过程和周期。

② 考虑到本章设定模型中的自变量均为国际粮食市场影响因素，因此选择国际粮食市场价格而非我国粮食实际进口价格更为合理。

斯联邦储备银行（Federal Reserve Bank of St. Louis）数据库；粮食库存量（*Stock*）为期初全球各主粮品种的库存量，来源于美国农业部。由于数据的时间跨度较长，属于长面板数据，因此采用 LLC 检验方法判断各面板数据的平稳性，检验情况如表 5 - 8 所示。结果显示，各检验变量的统计量均较为显著地拒绝面板包含单位根的原假设[①]。

表 5 - 8　　　　　　　　　　　**变量数据平稳性检验**

变量名称	偏差校正 t 统计量	p 值
$\ln P_{i,t}$	− 1.72	0.04
$\ln Q_{i,t}$	− 4.61	0.00
$\ln Bio_{i,t}$	− 5.65	0.00
$\ln Oil_{i,t}$	− 2.23	0.01
$\ln Fer_{i,t}$	− 2.35	0.01
$\ln USD_{i,t}$	− 0.97	0.17
$\ln Stock_{i,t}$	− 0.42	0.34

（二）估计结果与分析

采用阿雷拉诺和邦德（Arellano and Bond, 1991）提出的系统 GMM 估计方法。系统 GMM 估计有一步估计法和两步估计法，由于两步估计法存在参数标准误低估的问题，影响统计推断的可靠性（Blundell and Bond, 1998），因此采用系统 GMM 的一步法。在估计过程中，考虑国际粮食价格可能反过来对我国粮食进口量及化肥价格指数产生影响（Wright, 2012），即二变量可能存在内生性，分别以其一期滞后值为工具变量，滞后一、二期石油价格变量为前定解释变量，并指定最多使用 2 个更高阶滞后值作为工具变量；另外，由于动态面板模型中可利用较多的工具变量，可能会存在过度识别的问题，因此需要对模型进行 Sargan 检验。且 Sargan 检验结果表明模型并不存在过度识别问题。表 5 - 9 是方程（5.19）的估计结果，模型（5.17）为包含我国进口量作为自变量的方程拟合结构，模型（5.18）

[①]　$\ln USD_{i,t}$、$\ln Stock_{i,t}$ 的检验统计量并不严格符合平稳性要求，后文的分析建立在一个宽限的假定上，即单个自变量的非平稳性并不影响面板数据的回归意义。

为不含我国进口量作为自变量的方程拟合结果。两方程回归结果均显示，国际粮食价格的各滞后项在 1% 水平上显著，这表明国际粮价波动是一个连续的过程，动态模型设定有效；且 Sargan 检验结果表明模型并不存在过度识别问题。

表 5－9　　　　　　**粮食进口"大国效应"动态面板模型估计结果**

解释变量	模型（1）		模型（2）	
	系数	标准误	系数	标准误
$\ln P_{i,t-1}$	1.1238 ***	0.0595	1.1560 ***	0.0592
$\ln P_{i,t-2}$	−0.1779 ***	0.0586	−0.2101 ***	0.0581
$\ln Oil_{i,t-1}$	−0.3252 ***	0.0799	−0.3406 ***	0.0803
$\ln Oil_{i,t-2}$	0.0998	0.0697	0.1316 *	0.0696
$\ln Bio_{i,t-1}$	0.2540 **	0.1111	0.2975 ***	0.1108
$\ln Fer_{i,t}$	0.0814 **	0.0403	0.0707 *	0.0406
$\ln USD_{i,t}$	−0.4448 **	0.2067	−0.3897 *	0.2071
$\ln Stock_{i,t}$	−0.0003 **	0.0001	−0.0003	0.0002
$time$	0.0013 **	0.0006	0.0014 **	0.0006
$\ln Q_{i,t}$	0.0074 ***	0.0026	—	—
c	−2.0126	1.7425	−2.8901 *	1.7319
Wald 检验	7665.90（0.0000）		5670.69（0.0000）	
Sargan 检验	286.4910（0.6737）		261.3403（0.2537）	

注：*、**、*** 分别表示在 10%、5%、1% 的水平上显著。

在模型（5.17）中，我国粮食进口量的回归参数在 1% 水平上显著为正，表征目前我国粮食进口已经成为影响国际粮食价格的因素之一，即我国粮食进口行为存在"大国效应"。但该系数的估计值为 0.0074，说明我国每增加 1% 的粮食进口量，国际粮食价格仅增加 0.0074%。由此可见，我国粮食进口量增加几乎不会影响国际粮食价格。因为我国粮食进口占世界粮食进口的份额并不高，导致影响力度甚为微弱，根据 UN Comtrade 数据统计，2011～2013 年，我国三大主粮累计进口 2 915 万吨，只占同期总出口量的 2.0%，其中大米、小麦和玉米进口量分别占全世界总贸易量的 3.84%、1.87% 和 1.74%。因此可以说我国粮食进口对国际粮价的传导作用并不明显，几乎可以忽略。

模型（5.17）的回归结果也显示，国际粮价仍主要受到国际性市场因素的影响。国际粮价走势在很大强度上受自身惯性的影响，尤其是上一期价格会显著同向影响即期价格的走势（弹性值大于1），这也是各影响因素中的首要因素。美元指数的回归弹性值为0.44，相对于其他国际市场因素来说处于较高水平，主要是因为国际粮价直接以美元计价，美元的走强或者升值将直接导致国际粮价的下跌。生物质能源是又一主要影响因素，其产量上升抬高了国际粮食市场上的需求，会刺激国际粮价的上涨。此外，还可以发现国际粮价对粮食库存量有着一定的负向弹性关系，全球库存量的上升会缓解粮食短缺的预期，从而抑制粮价上涨，但这种作用并不大。同时，自2010年以来，国际粮食价格止跌回调，开始逐渐上涨，具有微弱的正向时间趋势[①]。

把我国粮食进口量作为控制变量剔除后发现，模型（5.18）与模型（5.17）中各变量的弹性值会有变化。整体上来说，需求层面因素的影响程度有所降低，而供给层面因素的影响程度得以上升。以模型（5.18）中的回归系数值为基础，滞后1期生物质能源产量和滞后2期原油价格对国际粮价的弹性关系均有所弱化，分别下降14.6%和24.2%。近些年我国增加粮食进口量，这些新增粮食需求拓展了国际粮食市场的外延和销路，整体需求增长必然导致生物质能源和原油价格等单项因素对粮食需求的价格弹性下降。但化肥价格指数对国际粮价的弹性关系由弱变强（上涨了15.1%），我国的新增粮食需求一定程度上会加剧粮食主产国扩大生产能力，进而带来生产要素紧缺程度加大，随后化肥供给价格弹性更敏感，其价格升高通过生产资料市场与出口市场间的传导比以往更大程度推高粮食价格。由于月度间粮食库存几乎保持稳定，因此其对粮食库存量的弹性值并未发生明显变化。

---

① 值得注意的是，原油价格滞后一期的回归系数为负，滞后二期的回归系数为正。既有研究提出，一个新的现象是原油价格对粮食的重要影响是前者的上涨带动了对粮食作为生物质能源的替代性需求，而不是减少其供给（Wright，2012）。相关系数检验显示，发现原油价格滞后二期与生物质能源产量有着一定的正相关关系（相关系数为0.41），这里主要关注石油价格滞后二期的回归系数。

（三）结论及政策含义

基于动态面板模型，采用系统 GMM 估计一步法对近期我国的粮食进口是否存在"大国效应"进行验证分析，发现国际粮价走势在较大强度上受到自身惯性的影响，尤其是上一期价格会显著、同向影响即期价格的走势。我国粮食进口存在微弱的"大国效应"，尽管弹性值比较显著，但进口量与国际粮价的弹性估计值仅为 0.0074，意味着我国粮食进口不会影响国际粮食价格。鉴于我国已成为粮食进口大国，且进口量对国际粮价造成一定程度的影响，在未来我国粮食贸易政策的制定过程中（尤其是当粮食进口规模进一步扩大时），应具备全球化视野并充分考虑对国际粮食市场可能造成的影响，积极维护世界粮食安全。更为重要的是，我国粮食进口使化肥价格指数与国际粮价的弹性关系由弱变强，化肥供给价格弹性敏感度增强，意味着我国粮食进口给世界资源要素供给带来压力，尤其短期内的粮食进口要充分考虑世界供给能力。我国粮食进口应避免突然间大量进口的行为，要给予世界一个明确的信号或合理稳定的进口需求预期，让粮食出口国根据趋势提前扩大生产或增加出口供给，甚至加大对生产的投资和技术创新。同时，滞后一期生物质能源产量、滞后二期原油价格对国际粮价的弹性关系趋向式微，表征我国粮食进口即新增粮食需求会加大供需平衡压力，稀释了生物质能源和原油与粮食之间的价格需求弹性，意味着当世界生物质能源产量步入下滑时，可择机增加粮食进口数量。进而还要高瞻远瞩，重点开发非粮生物质能源，包括粮食作物秸秆、畜禽粪便、农产品加工剩余物和城市生活垃圾等。为此，要密切注意国际性因素对粮食价格波动造成的影响，选择适当的时机（如美元升值、生物质能源产量下降，化肥等生产资料价格走低）扩大粮食进口，增强合理利用国际市场和国际资源的能力，从而保障国内粮食安全。

第六章　粮食进口安全与贸易便利化

　　一边是粮食生产的"十一连增"，一边却是粮食大量进口，进口趋势越来越常态化，看似一对矛盾体，实质则是国内进口主体的理性选择。因此要摒弃传统的粮食安全战略，着力提升利用两个市场的能力。2013年底，党中央在中央经济工作会议上提出将"切实保障国家粮食安全"作为2014年经济工作的首要任务；在其后的中央农村工作会议上，则进一步提出了保障粮食安全的几大战略方针，即实施"以我为主、立足国内、确保产能、适度进口、科技支撑"的国家粮食安全战略。粮食安全是影响我国社会和经济稳定的重要因素，一直备受关注。然而，将"适度进口"纳入我国的粮食安全战略体系，则尚属首次，其淡化了原来对粮食自给率的绝对关注。我国粮食生产一直是耗竭式、透支式增产，"换挡"需要松"油门"，综合考虑国内资源环境条件、粮食供求格局和国际贸易环境变化，要变通原有的生产机制。"适度进口"强调了对两个市场的切换利用，为我国粮食生产调结构、转方式腾出空间余地。

　　但也不能忘记2008年国际粮食危机带来的教训，利用国际市场获取粮食还会面临进口受限的风险。2007下半年至2008年上半年，随着全球粮食价格快速上涨，许多粮食主产国采取大幅度提高出口征税、出口配额、出口许可证甚至禁止出口等限制粮食出口规模。粮价上涨过快造成一些低收入的粮食净进口国购买不起，甚至购买不到，继而引发生活陷入贫困、经济社会动荡等危机。从历史跨度看，小麦、大米、玉米等粮食仍有再次出现出口限制的可能。从短期效果来看，粮食出口限制政策貌似增加了实施出口限制政策国家的国内供应量，但瞬间减少了全球粮食即期供应和恶化了未来预期，使得本不严重的供不应求局面推波助澜至全球性粮食危机。提升我国和东盟区域贸易便利化水平，可以显著提高区域内粮食进口规模，增强区域粮食可获得性水平。中国—东盟区域范围内的粮食进口贸易具有较强的时间持续性，这说明一个长期稳固的区域贸易合作关系对保障中国—东盟区域粮食的可获得性具有积极作用。我国可结合正在实施的"自由贸易区战略"，如中国印度自贸区、中国巴基斯坦自贸协定第二阶段谈判，与这些粮食出口大国建立进一步紧密的区域合作安排，或嵌入粮食出口限制的约束性条款，以及建立区域内长期稳定的粮食贸易合作关系，这对保障中国—东盟双方粮食安全都具有重要作用。

一、我国粮食进口战略走向："适度进口"

尽管我国粮食生产取得连年增产佳绩，但粮食安全问题依然还受到高度重视。那么"适度进口"与保障粮食安全二者之间有着怎样的政策含义？胡鞍钢（1997）提出"适度进口"就是逐步地提高粮食净进口率，借助国际市场来调节国内供需缺口，并结合国情分析了"适度进口"粮食的有利及不利条件。马晓河（2004）认为，要在全球化和进一步对外开放的环境下看待新时期的粮食安全，进口粮食等同于进口土地和水资源，可以极大缓解我国农业资源不足和生态环境产品紧缺的矛盾。从国内现实情况讲，必须通过发展粮食贸易来有效利用国际市场和资源，缓解需求增长对资源环境的压力，国内快速增长的粮食需求又进一步强化着进口方针的制定。在此基础上，综合分析认为，"适度进口"方针是基于以下两大深层次的背景而提出的。

（一）政策背景

我国粮食生产能力已经稳定在 1 万亿斤以上，但粮食供给增长相对于需求增长是缓慢的，我国粮食供需仍呈现"紧平衡"状态。一方面，粮食供给总量增加难度越来越大。2004 年以来，我国粮食实现"十一连增"，粮食生产总量不断增加，产能不断提升，但这是以减少经济作物等其他农产品面积和生产能力为代价的。回顾近年来粮食增长规律，资源替代式增长的特点越来越明显。可以说我国粮食"十一连增"是在挤压棉、油、糖等产品基础上实现的。2003 年粮食播种面积为 9 941 万公顷，占总播种面积的比重为 65.2%，2012 年增至 1.12 亿公顷，占总播种面积的比重提高到 68% 以上。2012 年经济作物面积则大幅度减少，其中油料种植面积比 2003 年减少 106.02 万公顷，棉花减少 42.24 万公顷。当前，在工业化、城镇化加速推进情况下，耕地减少趋势不可逆转。据国土资源部 2013 年公布的《二次土地调查报告》，2009 年，我国的耕地总量为 1.354 亿公顷，全国人均耕地仅为 0.1 公顷，如果要通过增加耕地来替代大豆和油料进口，按照我国目前的大豆单产，需要使用 0.4 亿 ~ 0.47 亿公顷的境外播种面积才能维持当前的现状，播种面积缺口达 20%。由于我国耕地后备资源匮乏，进一步挖掘潜力的空间十分有限，靠增加粮食种植面积增加粮食总量供给、实现供需平衡变得越来越难。此外，粮食增产的环境成本越来越高，主要包括土壤污染、淡水资源缺乏和耕地资源的减少。2012 年粮食总产量同比增加 3.2%，单产增加 2.6%，面积增加 0.6%。在粮食产量增加中粮食单产提高贡献了 80% 以上的作用。而单产提高的背后主要依靠的是化肥和农药等投入量的大幅增加。2000 ~ 2013 年，我国农用化肥使用量从 4 146.4 万吨攀升至 5 911.9 万吨，年均增长率为 2.77%；同期，粮食产量年均增长率仅为 2.05%。大量使用化肥虽然在短期内刺激了粮食产量增长，但更多的会带来环境污染。此外，缺乏农业水资源也难以继续支撑粮食产量的继续增长。我国农业用水总量 2000 年为 3 587.7 亿立方米，占用水总量的 64.6%；2013 年增至 3 900 亿立方米，占用水总量下降至 63.2%。

另一方面，粮食消费需求持续快速增长。伴随着工业化、城镇化快速推进，我国粮食刚性需求呈持续快速增长。2001 ~ 2013 年，我国粮食消费量年均增速为 3.4%，而产量年均增长率是 2.82%。尤其是 2011 年我国粮食消费总量突破了 6 万亿斤，当年产需缺口近 2 800 亿斤，创 1978 年以来的最高纪录。粮食消费主要可分为口粮消费、饲料粮和工业用粮消费。就口粮来看，2001 ~ 2013 年我国总人口由 12.76 亿增加至 13.61 亿，年均增长率为 0.54%。其中城镇人口由 4.81 亿增加至 7.31 亿，年均增长率为 3.55%。城镇人口大幅增加会拉高口粮的消费需求，据国务院发展研究中心课题组调查，2013 年农民工年人均粮食需求比农村居民高 119.14 公斤，比城镇居民高 51.04 公斤；农民工从农村融入城市，粮食日消费量要增加 20%。随着《国家新型城镇化规划（2014—2020 年)》的发布实施，农业转移人口的市民化进程将稳步推进，人均粮食总消费会进一步释放。此外，由于不断提高城镇化水平和粮食消费结构逐步升级，我国饲料粮消费逐渐成为粮食消费增长的主要部分。据《中国统计年鉴（2013)》数据，2012 年城镇居民家庭平均每人全年购买的粮食、鲜菜、猪牛羊肉、禽类、鲜蛋、水产品数量，分别是农村居民家庭平均每人年消费量的 48%、133%、153%、240%、179%、283%。另据测算，仅由于膳食结构中肉蛋奶增加一项，我国每转移一个农村人口，就增加饲料用粮 150 斤。另据农业部统计，2010 年饲料用粮比 2005 年增加超过 700 亿斤，增长 20% 以上，约占国内粮食消费增加量的 2/3 以上。最后，工业用粮消费也增长迅速。2000～2011 年，玉米深加工消费从 256 亿斤增长到 1 120 亿斤，增加 3.38 倍。多年来工业用玉米消费约占玉米总需求的比重超过 30%，高于国家控制比例 26% 以内的目标。由于需求增长强劲，玉米从 2010 年起进口快速增加。总之，我国粮食供需面临着紧平衡的状态，未来随着人口（主要是城镇人口）的不断增加，我国粮食消费不断攀升，传统模式下我国高投入式的粮食产量增长模式难以为继，粮食供求关系仍将处于总量基本平衡、结构性短缺、长期偏紧的状况。据《中国的粮食问题》白皮书预测：到 2020 年，我国人口将达到 14.3 亿，粮食总需求量将达到 58 487 万～59 202 万吨，届时国内粮食（不含大豆）的供给缺口将在 4 000 万～5 000 万吨。为此，国家提出了根植国情农情、富有时代特征、着眼长治久安的粮食安全新战略。

（二）政策含义

随着城镇化程度的提高和经济水平的发展，我国粮食消费需求（尤其是饲料粮）会进一步增加，这也要求在相当一段时间内，我国粮食的供给能力需进一步提高。虽然在过去 10 年中，我国的粮食产量连年增长，在保持紧平衡的局面下缓解了供需矛盾。但同时，农业资源环境受到了相当程度的破坏，不具有可持续性，粮食生产要在各类要素紧绷的条件下"高位爬坡"，外延式、粗放式的方式将难以为继，内涵式、集约式的发展道路势在必行。党的十八大报告中提出要"大力推进生态文明建设"，因而环境保护已经成为政策制定的优先考虑。要实现农业生产的可持续性，就必须实现农业发展模式的合理转变，从资源浪费型和环境破坏型走向资源节约型和环境友好型。而在这种转变过程中，国内的粮食生产能力可能难以继续提升，甚至出现下降。这就需要放眼全球，统筹用好"两个市场、两种资源"，鲜明地把"适度进口"作为弥补国内粮食供求缺口、调剂品种余缺的重要调节手段，也是实现粮食生产可持续发展的客观要求。

近年来，国际粮食价格走低为我国增加进口规模提供了时间节点。国际粮食价格开始进入下行区间，逐渐增加粮食进口规模（尤其是主粮）适逢其时；而国内粮食价格的走高使国内外粮食价差逐渐扩大，粮食进口管制的有效性大幅下降。国际主粮品种之间具有替代性，因而在价格波动上具有一定的同步性。2007～2008 年国际粮食价格达到顶峰，其后开始逐渐下降（尤其 2013 年初，主粮价格进一步下挫）。应该说，我国在 2013 年将进口能力纳入粮食保障体系是非常合适的。国内外粮食价差的逐渐拉大使进口管制的有效性降低，对市场运行干预的负面影响逐渐显著。在这种情况下，通过政策措施继续强制性封闭我国的粮食市场，降低外部市场依存度很难再行得通。因此，提出"适度进口"方针是在合理时间点上，为实现可持续性农业发展方式转变而提出的，其最终目的在于借助国际粮食市场以保障我国粮食安全。

传统生产条件下高投入式的粮食产量增长具有不可持续性，以及要面对粮食消费的刚性增长约束，表明当前我国粮食紧平衡状态面临着潜在的威胁。通过进口利用海外的粮食生产能力，以缓解国内粮食的产需矛盾是政策的理性选择。此外，国际粮食价格的回落为我国提出"适度进口"策略提供了最佳时机。但要注意的是，我国作为粮食消费大国，粮食进口行为转变可能会对国内外粮食市场造成影响。因此，我国在进口策略上，一方面，应以保障国内粮食安全为基础，通过采用多种手段维护在粮食贸易中的经济利益，包括稳定粮食进口渠道，降低粮食进口成本等；另一方面，应以负责任的大国身份参与到世界粮食贸易中来，通过国际间积极合作来维护世界粮食市场的稳定。

（三）政策内容

1. 进口规模要适度

粮食进口要考虑不牺牲国内的粮食供给能力保障。从供给角度来说，粮食进口规模是在满足我国粮食消费的前提下，选择在国内粮食生产规模和进口规模之间的平衡点。粮食生产和进口具有替代性，而从粮食安全角度考虑，我国还是要优先选择国内的粮食生产来满足国内消费。这也意味着，粮食进口不能彻底放开，更不能使我国粮食消费对粮食进口形成依赖。

过去一段时间，我国粮食产量不断提高，但这是建立在付出环境成本之上的，具有不可持续性。在 2014 年的中央"一号文件"中，提出要深入推进农业发展方式转变，走出一条生态环境可持续的中国特色新型农业现代化道路。这也意味着，传统模式下以牺牲环境换取粮食生产产量需要调整和转变。在这种情况下，粮食产量是否还能进一步提高值得商榷。另外，随着经济水平的提高，我国国民的食品消费结构逐渐升级，粮食消费需求不断攀升，这可能威胁我国的粮食供需"紧平衡"状态，造成粮价走高。因此通过扩大粮食进口规模，并提高进口能力，以缓解粮食生产压力尤为必要。但同时需要注意的是，粮食进口只是对国内粮食生产的必要补充，而不是替代。也就是说，增加国内粮食的生产能力仍不能忽视，只不过要积极转变生产模式，从而实现粮食增产的可持续性。在农业生产发展方式转变过程中，国内粮食供给与消费需求会形成不同程度的余缺平衡，这应该成为我国粮食进口规模的重要考量。

另外，粮食进口规模的扩大意味着我国国内粮食市场与国际粮食市场的关系愈加密切。基于这个角度，我国应采取措施积极避免国际粮食价格波动对我国粮食市场的冲击，比如进口入储。目前，相当一部分学者（潘苏、熊启泉，2011；王锐，2012）分析得出：国际粮食价格未对我国粮食价格形成明显影响，主要是因为我国粮食进口的规模仍然较低。2013 年，我国三大主粮（大米、小麦、玉米）的进口量分别占生产总量的1.1%、4.5%、1.5%。未来时期，随着进口规模的扩大，国际粮食价格的波动不可避免的通过各种渠道影响到国内粮食市场。另一方面，在扩大进口规模的同时，还应该考虑对国际粮食市场的冲击，包括低收入国家的粮食供给。实际上，世界上存在着一种担忧，即我国的粮食需求和其巨额的外汇储备可能买空国际的粮食市场。实际上，国际粮食市场一直存在着较高的进口市场集中度。自2001年，大米、小麦、玉米的前五大进口国的进口量年平均所占比例为29.4%、28.4%和45%；而在2012年我国三大主粮的进口规模分别占世界粮食进口的9.34%、2.97%、5.38%。我国进口适度增加仍然是有空间的。尽管如此，在未来，为了防止出现可能的双向冲击，我国政府仍应该在全球视角下统筹兼顾，限制粮食的进口规模过快过大增长，循序渐进，让我国粮食进口逐渐成为世界粮食贸易上的常态；同时，加大与潜在世界粮食生产大国间的农业合作，进一步释放国际粮食产能。

2. 进口结构要合理

"适度进口"的另外一层重要含义是：口粮进口规模要严格控制，饲料粮进口规模适当增加。当前，随着我国经济发展水平的提高，国民的膳食结构开始有所转变，即从主要对植物类（如谷类及薯类）的消费转变至对动物类（如肉、蛋、奶等）。因此，口粮消费需求不会强劲增长，甚至会有所降低。而饲料粮（主要包括玉米和豆粕）需求则会随着国民对动物性蛋白追求的增加而有所提升。扩大粮食进口规模并不是一概而论的，而应该有着结构性的区分。从战略角度来说，广泛保证所有粮食品种的自我供给到有针对性地保证口粮安全，既能以相对较低的政策成本从根本上保证我国粮食安全，又能利用国外的农业禀赋资源，满足国内消费需求，是一项长远和理性的战略选择。

对于单个粮食品种，还应该对进口国家实现多元化分布。目前，我国饲料粮的主要进口来源国是美国、巴西和阿根廷。仅就大豆而言，其对我国的出口量占到我国总进口量的95%以上。从大米进口来看，我国主要的进口国家分别为越南、巴基斯坦和泰国，三国出口比例占95%左右。这种粮食进口集中在少数国家的分布会对我国粮食进口安全造成潜在威胁。从粮食生产和出口集中情况来看,小麦的生产广泛分布于各大洲,亚洲地区的产量相对较高,约占45%。世界小麦出口市场集中度比较高,美国、加拿大和澳大利亚等前五个出口大国每年合计出口额占世界总出口量的60%以上,甚至达到75%。大米的主产区主要分布在亚洲,主要出口国为泰国、印度、越南等;玉米则主要生产于中国和美国。值得注意的是,玉米的出口集中度较高,2000~2010年,前五大出口国的玉米出口量占比基本保持在80%以上,其中美国、巴西是主要的出口国。可以看出,世界粮食的生产和出口均体现出较高程度的集中性,从而对我国多元化粮食进口来源增加了一定的难度。

3. 进口渠道要多元

"适度进口"方针的第三层含义在于进口方式的选择。一方面,要注重粮食进口时机的选择。我国作为消费大国,在世界粮食贸易中总是备受瞩目,甚至出现"买则贵、卖则贱"的情况。随着粮食贸易量的增长,尤其是进口价格会对我国的国家利益有着重要影响。因此,可以通过选择国际粮食价格较低时增加粮食进口,而在国际粮食价格较高时通过国内粮食余缺情况出口粮食。这既能维护我国的国家利益,又能熨平国际粮食价格的波动,保障进口收益。另一方面,通过多个渠道实现粮食进口。目前,国际贸易情况经常受到双边政治的影响。为了拓宽进口渠道,稳定进口来源,首先,我国可以通过与主要粮食生产及出口国签订"双边合作协议";其次,还可以通过政府间合作,如通过向他国进口农业基础设施投资等,换取其粮食出口;最后,通过对国内的进口资源进行整合,协调国营及非国营范围内的粮食进口,统一采购。

把农业"走出去"与推进大宗农产品进口市场多元化相结合,不断提升"走出去"对象国的生产能力,逐步建立多元化稳定可靠的进口渠道;并在巩固现有进口渠道的基础上,积极开辟新的进口来源,合理分散进口风险。在坚持发挥市场决定性作用和企业独立决策的原则下,巩固周边国家,主攻非洲拉美地区,务实稳步推动农业"走出去"。考虑到当前我国供需面临着紧平衡,在东南亚地区,建立杂交水稻生产基地,利用我国的技术优势，培育育种加工研发中心和农业技术推广示范中心，大力推广杂交水稻种植。选择非洲一些自然资源条件好、水利灌溉基础设施良好、政局相对稳定、优惠政策较多的国家和地区，如赞比亚、莫桑比克、津巴布韦、坦桑尼亚、苏丹等，建立玉米生产示范中心。

二、国际粮食市场的出口限制

除了进口激增，我国还可能面临另一个粮食进口风险——出口限制。2007~2008年全球粮食价格危机时，许多粮食出口大国纷纷采取粮食出口限制措施，以期保障国内充足供应来应对国际粮食高粮价传导于对国内市场。粮价上涨促使粮食生产国和出口国宣布实行出口最高限量甚至禁令，2008年3月印度开始实施非巴斯马蒂米出口禁令，巴斯马蒂米的最低出口价价格不低于为1 200美元/吨，并进口大米免征进口税费；同期，越南也实施大米出口禁令，并削减2008年100万吨大米出口量，从2007年的450万吨降至350万吨；柬埔寨政府宣布实行为期两个月的大米出口，并增加大米储备，以此平抑国内价格；巴基斯坦提高了小麦出口关税和政府收购价近25%的幅度，以刺激生产保障库存储备。俄罗斯、乌克兰等国对小麦实施出口限制，包括我国也对粮食出口采取了相关限制措施[①]。现有研究粮食出口限制的文献并不多见，仅拉梅什·夏尔马（Ramesh Sharma, 2011）、马丁（Martin, 2012）专门分析了近年国际粮食贸易的出口限制政策。余武胜等（Yu, Wusheng et al., 2014）立足于特定国际，分析了2007~2008年全球粮食价格危机中的出口限制措施对我国的启示，费尔曼等（Fellmann et al., 2014）分析了俄罗斯、乌克兰和哈斯克斯坦粮食歉收后临时采取的出口限制措施对国际市场价格和供应的负面影响，强调了国

---

① 2007~2008年全球粮食价格危机期间，我国政府通过税收杠杆抑制近期增长过快的粮食出口，引导粮食向国内供给，以期平抑其价格上涨。2007年12月20日起取消了小麦、稻谷、大米、玉米、大豆等84类原粮及制粉产品的出口退税；2008年1月1日至12月31日，对小麦、玉米、稻谷、大米、大豆等原粮及其制粉共57个税则号列为8位数的产品征收5%~25%不等的出口暂定关税，其中麦类和麦类制粉出口暂定税率分别为20%、25%，玉米、稻谷、大米、大豆出口暂定税率为5%，玉米制粉、大米制粉、大豆制粉出口暂定税率为10%。

际合作的必要。未来阶段，国际粮食市场以及粮食贸易政策与我国联系日益增强，因此关注粮食危机之后国际粮食贸易政策的调整与变化，对于准确把握国际粮食市场发展趋势具有很强的现实意义。

（一）规则缺失下的粮食出口限制

出口限制（Export Restriction）是粮食出口国利用出口关税、出口配额、出口许可证等方式，减少或限制国内粮食出口至国外，其中最极端的限制措施是禁止出口（Ban）。粮食主产国实施粮食出口限制是为了在粮食危机时期防止国际高粮价传导到本国，通过保障国内粮食供给，来平抑国内粮食价格大幅波动。

1. WTO 规则中的粮食出口限制

WTO 诞生以来，《农业协定》对农业贸易自由化具有不可估量的积极影响，但在 2007～2008 年国际粮食价格危机时也充分暴露出其局限性。在国际高粮价冲击下，许多国家实施粮食出口限制政策，而现有世贸组织的协议、规则又无法约束粮食出口国自由、随意实施的限制政策。《农业协定》达成前，发达国家采取巨额出口补贴、国内支持向国际市场倾售过剩农产品来缓解库存压力，农产品贸易冲突不断升级，人们非常希望通过多边贸易规则建立一个公平有效的国际农产品贸易环境，所以其关注聚焦在市场准入、市场开放、非关税壁垒和进口配额等方面的内容，而没有过多关注出口限制方面详细、透明、可操作性规则的制定，所以造成当今粮食出口限制政策的无序滥用。

《农业协定》只是要求"设立出口禁止或限制的成员应适当考虑此类出口禁止或限制对进口成员粮食安全的影响"，许多关键要素都是含糊的、原则性的要求，甚至是道义性规劝。操作性弱的缺陷导致不能有效规范粮食主产国有关粮食出口的政策、行为，如"出口禁止和限制的纪律"中阐述了成员国实施农产品出口禁止和限制措施的具体做法及应当遵守的纪律。第 12 条对第 1 款规定，粮食出口国在实施粮食出口禁止和限制措施前，应尽可能提前书面通知农业委员会，并应与进口者或具有实质利益的任何其他成员进行磋商。实际上，对于粮食出口国来说很容易做到并符合这些要求（唐锋、孙林，2012）；而且文中的"应"意味着该要求虽有一定的强制性，但在特殊的情况下，也可以不这么做。第 2 款规定"任何发展中成员国可以不受该纪律的约束，除非该国属于'特定粮食净出口国'"。至今 WTO 并没有特别提及什么类型、属性的国家是"特定粮食净出口国"。所有发展中国家都能豁免于出口型限制条款，使规定的纪律约束力作用进一步打折扣。法律概念上的含糊和不确定性易造成操作上的困难和理解偏差，导致的结果就是粮食主产国可依据国内市场情况，随时、随意出台并实施粮食出口禁止和限制的措施。此外，出口关税约束在以关税减让表中也没有涉及。总体来看，WTO 并没有形成一套严格管制和约束成员国出口限制的规则、机制，否则相关国家就不会那么随意、随时采取粮食出口限制措施。之所以反对粮食出口限制政策，是因为该政策无益于化解矛盾，还会进一步加剧粮食短缺的严重性。

2. 多哈回合下的粮食出口限制

多哈回合中达成广泛共识的《农业模式草案》（2008 年 12 月 6 日第 4 版）对出口限制措施的实施规定依然语焉不详[①]，只是要求"生效后 90 天内通知农业委员会"、"实施时限一般不超过 12 个月"的内容比较具体和可操作，其他如"应与进口者就与有关措施进行磋商"、"向有实质利益的成员提供必要的经济指标"、"报告政策实施进展"、"不适用于最不发达国家和粮食净进口发展中国家"等要求同《农业协定》类似，没有实质性改进。对约束粮食主产国实施出口限制政策的效果仍然不具有可操作性。2007 ~ 2008 年国际粮食价格危机期间，很多国家都出台了贸易保护措施，这些措施被广泛认为是国际粮食价格上涨的重要推手。学者们采取了实证的方法评估了粮食出口限制对粮价的影响，结论是这些政策不仅推高了国际粮食价格，同时也没有降低国内价格（孙林，2012；Will Martin and Kym Anderson，2015）。如越南在 2008 年初对大米实施出口限制，尽管国内供应量除了满足人口需求外尚有剩余，但几周内国内零售价格在 2008 年 5 月

---

① WTO，Revised draft modalities for agriculture（TN/AG/W/4/Rev. 4），6 December 2008.

飞涨了 50%。政府的出口税等政策也频繁出现变化，使得贸易商在国际市场价格回落后的后几个月中面临更大的不确定性和风险（P. Hoang Ngan，2010）。

2011 年 6 月 22 日在巴黎 G20 农业部长会议上，农业部长们接受了"粮食价格波动与农业的行动计划"（Action Plan on Food Price Volatility and Agriculture），粮食出口限制政策制约了人道主义援助，损害了最急需的群体，支持世界粮食计划署（World Food Programme，WFP）提出的人道主义购买粮食时取消出口限制或征收特别税[①]。部长们承诺取消对人道主义目的购买粮食的出口限制或征收特别税，未来也不会强加实施；并在 12 月的 WTO 部长会议上寻求支持。在 12 月第八次 WTO 部长级会议（日内瓦），欧盟代表介绍了由澳大利亚、加拿大、日本和新加坡等国家提议的人道主义粮食援助计划。可喜的是，在 2011 年粮食价格再次飙升时，贸易政策逐步趋于克制和理性。2011 年粮食价格再次飙升后，实施粮食贸易保护措施的国家范围减少，许多粮食出口大国不再采取出口限制性政策[②]。

面对未来粮食进口的常态化、趋势化，我国应在世贸组织和联合国粮农组织框架下推动粮食出口限制措施的规范化、透明化、程序化，促进完善出口限制措施的纪律安排。通过多边会议等方式推动世贸组织成员方就此达成共识，着力推动农业谈判中粮食出口限制政策的透明化和确定性，联合日本、韩国、巴西、西班牙和埃及等主要粮食进口国寻求在 WTO 框架下建立粮食出口限制政策的约束机制，从而为落实和发展国际经贸规则做出贡献。在乌拉圭回合谈判过程中，农产品进口大国日本曾提议，所有进出口措施的关税化，尤其是一些出口限制措施也要转化为关税，如同市场准入那样进行谈判减让。发展中国家对发达国家主导制定实施《农业协

---

① WTO, Food Export Barriers and Humanitarian Food Aid by the WFP（WT/GC/138），18 November 2011.

② 2012 年 3 月，俄罗斯第一副总理维克托·祖布科夫向总理普京表示，他认为没有必要对今年粮食的出口进行限制。5 月，乌克兰农业部长接受采访时表示，之前的出口关税设置令乌克兰 2012/2013 年度初的谷物库存达到约 1 100 万吨，包括 750 万吨小麦、220 万吨玉米以及 140 万吨大麦，而乌克兰谷物库存通常在 300 万~500 万吨之间，因此 2012~2013 年度没有实行粮食出口限制措施。

定》的不公正性感受日益深切，在 2008 年较为严重的粮食危机背景下，一些发展中国家因为无力购买粮食而引发通货膨胀和社会动荡，如埃及、科特迪瓦等出现了抗议食品价格上涨的示威活动，海地政府因应对粮食危机不力，总理被议会投票解职。我国是世界有影响力和负责任的大国，要着力推动国际经贸规则向更符合发展中成员期望的方向演化，所有对外往来合作将逐渐从"与国际惯例接轨"向"推动规则演化"转变、由"学习适应国际规则"向"积极参与制定国际规则"转变，由"被动接受市场要素流动"向"主动参与全球资源配置"转变。要主动参与国际标准和规则的制定，充分利用新兴经济体和发展中国家经济实力及话语权逐步提升的有利条件，积极加强与发展中国家的沟通协作，在二十国集团、金砖国家、FAO、WTO 谈判等涉农事务中争取主导地位，逐步提高在议题议程设计上的话语权，引导和主导规则制定，努力形成符合我国利益的国际粮农治理体系。要大力宣传我国农业发展成就和经验，主动回应国际社会对我国粮农领域相关活动的质疑和指责，有效引导和应对国际舆论，使中国农业改革开放的成就、对世界粮食安全问题的立场、推动解决世界粮食安全问题的举措得到国际社会的广泛认同，强化我国负责任大国形象。

（二）粮食出口国的出口限制政策

1. 出口限制政策实施区域广

粮食价格上涨给发展中国家和粮食进口国的粮食安全及经济稳定带来威胁，一些自身粮食安全状况不佳或者粮食自给水平较低的国家纷纷采取措施以消除粮价上涨对本国粮食安全造成的负面影响。根据拉梅什·夏尔马（Ramesh Sharma，2011）的统计显示，从 2007 年至 2011 年 3 月，在其统计的 105 个非洲、亚洲和拉丁美洲等国家中，有 33 个国家采取了出口限制政策，其中 9 个非洲国家、15 个亚洲国家和 5 个拉美和加勒比海国家实施了出口限制措施，在 528 项政策措施中，有 87 项是关于出口限制的（见表 6 - 1）。

表 6-1　　　　2007 年至 2011 年 3 月粮食出口限制国家及其限制措施

地域	国家			限制措施		
	相应所有国家	出口限制国家	出口限制国家占比（%）	所有政策措施（项）	出口限制措施（项）	出口限制措施比（%）
非洲	42	9	21	142	15	11
亚洲	30	15	50	210	49	23
拉美及加勒比	28	5	18	148	15	10
其他	5	4	80	28	8	29
总计	105	33	31	528	87	16

资料来源：Ramesh Sharma（2011）。

2. 出口限制政策实施形式多

粮食出口限制政策几乎涉及所有的粮食品种，从小麦、稻谷、玉米到粮食制成品，措施形式基本上是从价格或数量着手。价格控制的主要措施有特定关税、从价税、混合税、滑准税、差价税等以及最低出口价格；出口数量控制手段主要有出口配额、禁止出口、出口许可证、取消出口退税[①]等。在国内粮食供给无法增加的状况下，政府通过人为干预缩减外部需求，短期内确实能缓解粮食短缺导致的市场混乱及社会动荡，但是所有相关政策包括降低进口关税和其他附加在食品上的税收最终都会加大物价上涨压力，在损害进口国利益的同时也会减低本国福利。我国对粮食产品开征出口暂定关税，该政策能够较快地对市场形势做出反应，属于具有一定弹性的手段。

3. 出口限制政策持续时间长

2007~2008 年，全球粮食价格危机主要体现在主要粮食价格大体上翻了一番。正如世界粮食计划署执行干事希兰所言，自 2007 年 6 月以来，粮食价格上涨近 40%，全球食品储备仅够 53 天应急供应。这样大幅度的价格波动，导致一些国家的严重社会动荡。可以说，主要粮食出口国采取的

---

① 出口退税是一种财政激励机制，从严格意义上说，取消或暂停出口退税不属于出口限制范畴，应该是降低了出口激励。

表 6 - 2   **2007～2010 年部分国家所采用的出口限制措施**

国家	粮食产品	采用限制政策工具
阿根廷	小麦、玉米、大豆	从价关税、差价关税、出口配额、禁止出口
中国	大米、小麦、玉米、面粉	从价关税、出口配额/许可证
	香米	最低出口价、从量关税、国营贸易
印度	普通大米、小麦	禁止出口、最低出口价、国营贸易
		禁止出口、出口配额、国营贸易
埃及	大米	关税（从量），配额，禁运
		最低出口价
巴基斯坦	香米、普通大米、小麦	从价关税、出口配额、禁止出口
俄罗斯	小麦、玉米、大麦、面粉	从价关税、禁止出口
乌克兰	小麦、玉米、大麦	出口配额
越南	大米	最低出口价、出口配额、禁止出口、差价关税、国营贸易
其他 20 国	35 项产品中大部分是粮食	最低出口价、从价关税和国营贸易各一个，32 个禁止出口

资料来源：Ramesh Sharma（2011）。

粮食出口限制政策贯穿于整个2007～2008 年全球粮食价格危机过程。乌克兰早在2006 年就对粮食出口实行出口许可制度①，这些国家的限制措施基本上持续到2011 年世界粮食危机。

表 6 - 3   **部分国家出口限制措施时间表（2007～2011 年）**

国家	主要时点	内容
阿根廷（小麦、玉米）	2008 年 3 月	征收出口税（小麦28%、玉米25%）
	2009 年 9 月	禁止出口
	2010 年	出口配额
印度（普通大米）	2007 年 10 月 9 日	禁止出口
	2007 年 10 月 31 日后	用最低出口价格替代出口禁止
	2010 年 7 月	继续禁止出口

154

---

① 自2002 年以来，阿根廷就对小麦和玉米实施出口税，出口限制政策以常态化形势存在于该国，不同于其他国家的政策具有临时性。

国家	主要时点	内容
印度 (小麦)	2007 年 2 月	禁止出口
	2009 年 7 月	通过国营企业出口配额 300 万吨
	2010 年 5 月	65 万吨/年出口配额
埃及 (大米)	2007 年	征收出口税
	2008 年 3 月	禁止出口
	2009 年 10 月	招投标出口配额 40 万~60 万吨/月
	2010 年 1 月	宣布继续实施上述政策
巴基斯坦 (大米)	2008 年 4 月	对 4 个等级大米实施最低出口价
	2008 年 10 月	仅取消印度香米的最低出口价
俄罗斯 (小麦、大麦)	2007 年 11 月	征收 10% 出口税
	2008 年 4 月	出口税提高到 30%~40%
	2010 年 8 月	禁止出口粮食及制品
乌克兰 (小麦)	2006 年 9 月	实行出口许可
	2006 年 10 月	出口配额
	……	多次调整出口配额额度
	2011 年 3 月	征收出口税
越南 (大米)	2007 年 7 月	禁止出口
	2008 年 1 月	限量出口和最低出口价控制
	2008 年 7 月	累进出口税（$30/吨~$175/吨）
	2009 年 4 月后	多次调整最低出口价格（$350/吨~$540/吨）

资料来源：Ramesh Sharma（2011）。

（三）区域一体化下的粮食贸易合作

事实上，出口限制措施进一步加剧了国际粮食价格波动[①]。虽然一些国家通过贸易限制来防止国际市场价格上涨影响到国内价格，但稳定国内

① 2007~2008 年度的世界粮食价格危机就是一个很好的例证，如大米主产国为了防止出现本国供应短缺，纷纷限制出口大米，有的采取完全禁止出口的做法，有的不断提高最低出口限价。大米进口国政府为了稳定国内市场，纷纷争抢大米，往往超量购买，且出价高于市场价。还有一些国家则在危机期间宣布建立储备库的计划，导致进一步推高需求。由于这些政策的出台，在 2007 年 10 月和 2008 年 4 月间国际市场价格上涨至原价格的 3 倍。

市场的代价则是导致国际市场不稳定。WTO 如果没有有效的应对措施，粮食危机就很可能再现。因此，粮食价格危机的教训就是要加强世界贸易组织的纪律，降低出口限制措施的使用频率。然而在粮食危机期间，要想让各国同意禁止采取出口限制是不太可能的，即便同意了也不太可能得到彻底执行。从全球范围来看，利用区域合作框架机制约束成员方出口限制、促进区域内粮食成果共享不失为有效途径。

2007～2008 年的大米价格上涨导致东盟成员国之间关于粮食的冲突凸显。在价格上涨背景下，菲律宾国内大米供应紧张，而越南、缅甸和柬埔寨等国却实行出口限制。东盟试图通过出口限制、价格管制、价格补贴以及进口促进减轻影响，特别是对最脆弱群体的冲击。但无论采取什么办法，存在国家干预的市场中总有受益方和受损方，无论是在更有效地实现其保护消费者的目标上，还是帮助农业生产者在价格上涨中受益。这使东盟领导人认识到需要制定一个政策框架加强所有成员国之间的承诺，以确保东盟地区长期的粮食安全。2008 年 8 月，第 29 次东盟农业和林业部长特别高官会议（Special SOM-29th AMAF）召开，会议强调解决粮食安全问题特别需要各成员国间的共同理解，决策所需的及时且可靠的数据和信息，以及一个以可持粮食生产和贸易为重点的长期农业发展计划。在这次会议上，与会代表讨论了东盟一体化粮食安全（AIFS）框架的概念。"东盟一体化粮食安全（AIFS）框架"旨在为东盟成员国之间的合作提供规范合作的实际操作方法，而"东盟地区粮食安全战略行动（SPA-FS）计划"则是保障其得以实施的具体方式。AIFS 和 SPA-FS 是在东盟一体化进程加快和国际粮食不安全因素增多的背景下出现的，其目的是为东盟成员国之间协调政策，统一行动，从而实现区域粮食安全提供指导思想、战略性框架和行动方案（见图 6－1）。

"东盟地区粮食安全战略行动（SPA-FS）计划"内容

战略目标 I　加强粮食安全措施

行动方案 A　加强促进国家粮食安全的方案和活动

行动方案 B　建立区域粮食安全储备的倡议和运行机制

战略目标 II　促进粮食市场和粮食贸易的发展

内容一
粮食安全和应急/储备
战略目标1： 加强粮食安全措施

内容二
可持续粮食贸易发展
战略目标2： 促进粮食市场和贸易的发展

东盟综合粮食安全
（AIFS）

内容三
统一粮食信息安全系统
战略目标3： 加强粮食安全信息一体化系统，以便有效预测、规划、监督供给和基本粮食商品

内容四
农业创新
战略目标4： 促进可持续的粮食生产
战略目标5： 鼓励更多投资投入粮食和农业以加强粮食安全
战略目标6： 确定和解决与粮食安全相关的问题

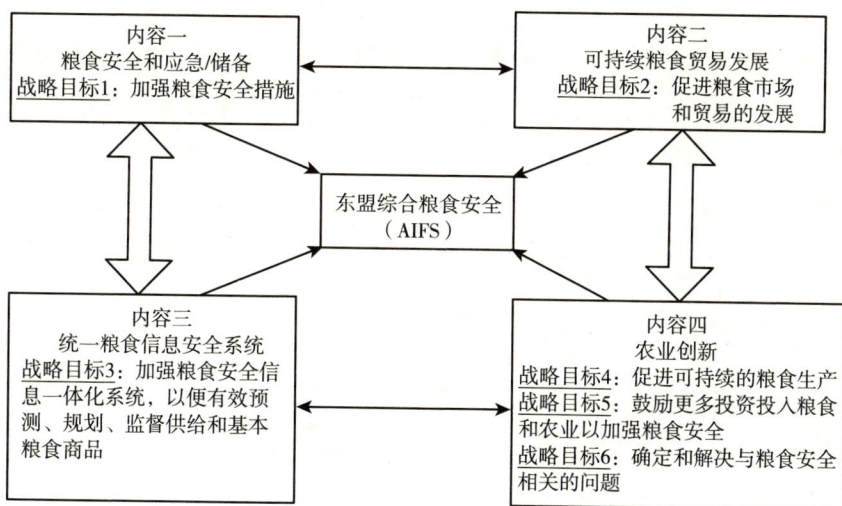

图 6-1　东盟综合粮食安全（AIFS）框架内容和战略目标

行动方案 A　推动支持可持续粮食贸易的倡议

战略目标Ⅲ　完善一体化粮食安全信息系统

行动方案 A　建立东盟粮食安全信息系统（AFSIS）方案长效机制

战略目标Ⅳ　促进可持续的粮食生产

行动方案 A　加强农业基础设施建设，以稳定生产系统；尽量减少收获后损失，降低交易成本

行动方案 B　充分利用农业发展的潜在资源

行动方案 C　促进包括提高农业生产率和粮食产量在内的农业创新

行动方案 D　加强合作加快新技术的转让和采用

战略目标 V　鼓励投资粮食和农业工业以确保粮食安全

行动方案 A　促进农业和粮食工业的发展

战略目标Ⅵ　确定和解决出现的与粮食安全相关的其他问题

行动方案 A　从粮食安全的角度应对生物燃料的发展问题

行动方案 B　应对气候变化的粮食安全的影响

在区域合作框架下，如果区域内国家能达成共识，那么在区域或者双边合作框架协议中加强粮食贸易协议，将对相关国家减少出口限制政策使用起到积极作用，增强区域合作成员国的合作效率，降低不确定性。乌尔

里克·凯斯特（Ulrich Koester, 1986）关于区域合作实现区域粮食市场整合的研究结果表明，东南亚区域性粮食储备比单个国家储备总量少41%。钟甫宁等（2004）的研究也有类似结果，认为如果要求各省份都建立起旨在抹平自身产量波动的储备，所需储备粮食数量要比以全国为统一单位高得多，如果国内市场分割，各地都要建立自己的粮食储备，其汇总规模将高达3.5亿吨，是统一市场下的4倍。这些都表征建立区域性的粮食合作，对成员国非常必要。区域框架下的合作机制，相比于WTO的多边谈判，更灵活、可操作，易达成一致意见。成员国即使在出口限制上存在不同看法，也可尝试通过其他合作方式予以弥补，实现利益互换，从而有可能在较短时间内建立起约束出口限制的机制[①]，故而这样的机制相对于WTO对出口限制的约束更具现实性。

三、贸易便利化与粮食区域合作

贸易自由化有利于实现世界范围的资源合理配置，从而实现全球经济福利最大化，这是国际粮食贸易发展的大趋势。但各国经济增长的地区差异明显扩大，特别是发达国家与部分发展中国家在粮食经济增长中的不同表现，并没有完全改变贸易保护主义赖以存在的环境，所以粮食领域的贸易保护主义不会消失，在特定的背景下仍然会卷土重来。在目前世界经济尤其欧美经济还未从金融危机以及欧债危机中复苏，影响粮食市场稳定的深层矛盾和问题并没有解决，粮食保护主义显然有继续抬头的空间和趋势。在现有的国际粮食权力分配体系中，欧美等粮食主产国和出口国的粮食贸易政策直接决定了多边贸易谈判走向，同时也在很大程度上决定了国际粮食市场和贸易政策的趋势。我国须提早谋划，构建稳定合作机制抵御

---

① 2010年10月，第10次10+3农林部长会议同意将EAERR项目成为正式永久性计划，并更名为APTERR（Asean Plus Three Emergency Rice Reserve，东盟10+3大米紧急储备），时任总理温家宝承诺中国政府为东盟与中日韩大米紧急储备（APTERR）项目专储30万吨大米。APTERR为东盟与中日韩各国在粮食供应领域提供了互相讨论、彼此合作、分享经验的机会，以及共同寻求加强区域粮食安全的有效途径。APTERR是全球首个、也是迄今唯一正式生效的区域性粮食紧急储备合作机制，具有很大的国际影响。

国际市场的政策风险。在国际化和市场化背景下，利用粮食国际贸易是稳定粮食价格、保障粮食安全的有效途径之一（朱晶、钟甫宁，2004）；贸易对调节国内粮食供求也有重要意义（卢锋、谢亚，2008；程国强，2012）。然而，2007~2008 年的国际粮食价格危机让许多学者开始重新审视利用国际市场保障国家粮食安全的可靠性，通过区域合作保障粮食安全可能是国际化背景下更有效保障我国粮食安全的一种现实选择（孙林、唐锋，2012）。通过提高区域内贸易便利化水平促进粮食贸易、保障区域范围内粮食可获得性将是可以考虑的路径之一。

　　东盟区域是世界最重要的大米出口地区，大米出口量约占世界出口总量的一半左右。从区域进口视角来看，中国—东盟区域的粮食贸易在 2005~2012 年经历了较大波动。双边粮食进口呈现的两个特点：一是区域内粮食进口量容易受到外部贸易环境干扰；二是 2009 年之后，我国取代东盟成为区域内粮食进口的主体。在贸易便利化方面，我国和东盟国家在 2005~2012 年期间也经历了较大变化，总体上中国—东盟区域的贸易便利化程度趋于改善，有利于贸易进行。一个值得关注的问题是：我国与东盟贸易便利化的改变对区域粮食可获得性是否有实质影响？这个问题对于论证在国际化背景下利用区域合作机制保障粮食安全具有重要的现实意义。本章使用引力模型、以区域内粮食进口贸易的视角实证分析我国与东盟贸易便利化对区域粮食可获得性的影响，以期通过为我国在国际化背景下利用区域合作保障粮食安全提供现实依据。研究贸易便利化对贸易流量影响的方法有基于可计算一般均衡（CGE）模型的事前估计法和基于引力模型的事后估计法。其中，运用引力模型估计贸易便利化对贸易流量影响的研究居多。从以上文献可以看出，以往研究成果不仅数量较多、角度独特，且模型设定也颇有效果。但从总体上看，还有改进之处：第一，以往研究更多考虑贸易便利指标对整体贸易流量的影响，而在粮食贸易领域的实证分析不多，这与当前努力从粮食可获得性入手解决国际粮食危机的迫切需求是不相符的，本研究将以区域粮食进口的视角实证分析贸易便利化对我国与东盟区域粮食可获得性的影响；第二，以往研究基本上忽略了贸易的滞后效应，前一期贸易往往对当期贸易有带动作用，如果不考虑这种滞后效应，对贸易便利指标的估计则会产生偏差；第三，国内外实证研究在模型估计方法选择上对引力模型的内生性这一关键问题考虑不全,以往的研究大多将贸易便利指标视为外生变量,认为贸易便利指标和扰动项无关,由此可能忽略贸易便利指标的内生性,从而估计产生偏误,而文中的动态面板引力模型考虑了贸易便利指标的内生性问题,得到更加准确的估计。

(一) 研究方法与资料来源

1. 引力模型设定

引力模型是实证分析国际贸易最有效的工具 (Anderson et al., 1979; Bayoumi and Eichengreen, 1995; 余森杰, 2008)。丁伯根 (Tinbergen, 1962) 是分析双边贸易流量中最早使用引力模型的学者,安德森 (Anderson, 1979)、伯格斯特兰 (Bergstrand, 1985, 1989) 和赫尔普曼 (Helpman, 1987) 的研究为引力模型奠定了理论基础。最具代表性的是安德森和温科普 (Anderson and Wincoop, 2001),他们基于不变替代弹性支出系统,推导出具有一定操作性的引力模型。这些理论不仅为贸易引力模型提供了理论支持,还有助于解释各项实证应用结果中出现的问题和差异。

常见的引力模型一般包括以下两种解释变量:一是衡量市场规模的解释变量,如 GDP 等;二是衡量贸易成本的解释变量,如两国之间的绝对距离,两国是否接壤等。贝尔和伯格斯特兰 (Baier and Bergstrand, 2005) 改进了贸易引力模型,认为使用面板数据对引力模型进行估计能够得到更加准确的估计,如模型 (6.1)。

$$\ln X_{ijt} = U_{ij} + \beta_1 \times \ln GDP_{it} + \beta_2 \times \ln GDP_{jt} + \beta_3 \times \ln Dist_{ij} + \beta_4 \times Comloff_{ij} + \beta_5 \times Border_{ij} + \beta_6 \times Colony_{ij} + V_{ijt} \tag{6.1}$$

在模型 (6.1) 中,被解释变量 X_{ijt} 表示各国贸易额[①],U_{ij} 表示面板数据中一个截面的个体效应,GDP_{it}、GDP_{jt} 为双边国内生产总值,$Dist_{ij}$ 为双边的绝对距离,$Comloff_{ij}$ 表示是否有共同官方语言,$Border_{ij}$ 表示是否有共同

[①] 在查询中国与东盟各国之间双边粮食贸易量时,发现部分国家、部分年份没有这些相关数据,可能会影响面板数据分析效果,而贸易额 (trade value) 数据则比较齐全,易统计汇总。因此,本研究的自变量采取的是粮食贸易额,而不同于前文更多关注贸易量。

边界，$Colony_{ij}$ 表示是否有历史上的殖民关系。

在引力模型中引入贸易便利指标变量是国内外学者的长期研究的结果，本章结合中国—东盟区域的贸易现状和佩雷斯和威尔逊（Perez and Wilson, 2012）的做法，将贸易便利指标划分为"硬指标"和"软指标"[①]："硬指标"包括港口基础设施建设质量等级指标和铁路基础设施建设等级指标；"软指标"包括海关程序负担等级[②]。在模型（6.1）中加入上述贸易便利指标，得到模型（6.2）[③]。

$$\ln X_{ijt} = U_{ij} + \beta_1 \times \ln GDP_{it} + \beta_2 \times \ln GDP_{jt} + \beta_3 \times \ln Dist_{ij} + \beta_4 \times Comloff_{ij} +$$
$$\beta_5 \times Border_{ij} + \beta_6 \times Colony_{ij} + \beta_7 \times Qpf_{jt} + \beta_8 \times Qrri_{jt} +$$
$$\beta_9 \times Bcp_{jt} + V_{ijt} \tag{6.2}$$

Qpf_{jt}、$Qrri_{jt}$ 和 Bcp_{jt} 为出口国贸易便利化指标，Qpf（Quality of Port Infrastructure）为选取的港口基础设施建设质量等级指标，$Qrri$（Quality of Railroad Infrastructure）为铁路基础设施建设等级指标，Bcp（Burden of Customs Procedures）为海关程序负担等级。基于双边贸易流量具有高度持续性的事实[④]，本章使用动态面板，在模型（6.2）的基础上构建模型（6.3），差别在于模型（6.3）加入了 X_{ijt} 的一阶滞后项，即：

---

① 佩雷斯和威尔逊（2012）认为，"硬指标"包括物理基础设施和信息通信技术，"软指标"包括边境及海关效率和经商及监管环境，并分别下设了二级指标。本章中的港口基础设施建设质量等级指标，铁路基础设施建设等级指标和海关程序负担等级指标为其中的二级指标。

② 文中选择上述三个贸易便利指标做回归是基于方法选择和现实制约两个方面的考虑：方法选择方面，在衡量一国贸易便利化的影响时，需要从"硬指标"和"软指标"两个方面综合考虑；现实制约方面，本章综合考虑了粮食产品运输的特殊性、东盟国家地理位置和贸易现状以及 2010 年以来中国—东盟自由贸易区的全面启动，由此本章选取上述三个贸易便利指标作为研究变量。

③ 估算贸易便利指标对双边贸易的影响有两种方法：一种是威尔逊等（Wilson et al., 2003）的做法，先指数化各类二级指标，再做平均得到一级指标，其并没有考虑到各项二级指标对贸易的贡献是存在差异的；另一种做法来自尤多西娅等（Evdokia et al., 2013）的研究，直接使用贸易便利指标做估计，优点在于可以分析各项具体指标的影响。若采用威尔逊等的做法，会面临权重确定数据或信息难以获得和权重设定的主观性难以控制两个方面的问题，综合考虑，本章采用埃维多加等（Evdokia et al., 2013）的方法，直接对上述三个指标做回归。

④ 双边贸易会有较高持续性基于两点理由：（1）经济体在贸易伙伴建立分销和服务网络所投入的"固定成本"实际上已成为市场进入和退出壁垒（周念利，2012）；（2）贸易伙伴的消费者对该经济体的产品比较熟悉，即所谓的"习惯形成"会促使该消费继续下去（Zarzoso et al., 2009）。

$$\ln X_{ijt} = U_{ij} + \beta_0 \times \ln X_{ijt-1} + \beta_1 \times \ln GDP_{it} + \beta_2 \times \ln GDP_{jt} + \beta_3 \times \ln Dist_{ij} +$$
$$\beta_4 \times Comloff_{ij} + \beta_5 \times Border_{ij} + \beta_6 \times Colony_{ij} + \beta_7 \times Qpf_{jt} +$$
$$\beta_8 \times Qrri_{jt} + \beta_9 \times Bcp_{jt} + V_{ijt} \qquad (6.3)$$

由于模型（6.3）中加入了被解释变量的一阶滞后项 X_{ijt-1}，使用传统的组内估计（FE）方法会产生"动态面板偏差"，系数估计有偏（陈强，2014）。此时使用差分广义矩估计（GMM）可以消除"动态面板偏差"，通过引入所有可能的滞后项作为工具变量，达到对相关系数的准确估计（Arellano and Bond，1991），对模型（6.3）做滞后一阶差分可得模型（6.4），其中个体效应 U_{ij}、双边距离 $Dist_{ij}$ 等不随时间变化的变量因为差分被消除，即：

$$D. \ln X_{ijt} = \beta_0 \times D. \ln X_{ijt-1} + \beta_1 \times D. \ln GDP_{it} + \beta_2 \times D. \ln GDP_{jt} +$$
$$\beta_7 \times D. Qpf_{jt} + \beta_8 \times D. Qrri_{jt} + \beta_9 \times D. Bcp_{jt} + D. V_{ijt} \qquad (6.4)$$

使用贸易引力模型必须解决引力模型的内生性问题[①]，而使用差分GMM模型可以有效解决这个问题：（1）若引力模型包含未观察到的遗漏变量（Baier and Bergstrand，2005），会发生内生性问题，而差分GMM可以通过取差分控制遗漏变量。此外，差分能在一定程度上消除反向因果关系（周念利，2012）。（2）差分GMM估计可以引入前期的解释变量作为工具变量克服动态面板的内生性问题（钱学峰、陈勇兵，2009）。为了检验工具变量的有效性，采用AR（2）检验和Sargan检验来识别差分GMM模型是否有效（Arellano and Bond，1991）。

模型（6.4）中结合动态面板数据和差分GMM模型，将 Qpf、$Qrri$、Bcp 设置为先决变量，这是基于贝尔和伯格斯特兰（Baier and Bergstrand，2005）对解释变量内生性的逻辑推理，认为：（1）Qpf、$Qrri$、Bcp 分别为港口基础设施建设质量等级指标、铁路基础设施建设质量等级指标及海关程序负担质量等级，这些基础设施的建设和海关程序的调整往往是受到前期国家对外贸易的状况影响，如因为前期贸易情况发生变化，国家（政府）会做出调整以使当期的基础设施和海关程序能够应对贸易状况的改

---

① 使用引力模型通常要解决两个问题：内生性问题和贸易零值问题（Lin Sun and Michael R. Reed，2010），在本章中，由于粮食进口数据齐全，所以不用考虑贸易零值问题。

变。由此，前期干扰项和当期 Qpf、$Qrri$、Bcp 相关。（2）当期的贸易情况对当期的基础设施和海关程序影响很小，这是因为当期政策调整存在滞后效应，即国家会因为当期的对外贸易状况而做出调整，但是因为政策调整的滞后效应导致当期的基础设施和海关程序改变程度很小，因此当期干扰项和当期 Qpf、$Qrri$、Bcp 无关。（3）国家（政府）很难对未来的贸易形势做预判，由此不会对当期的基础设施和海关程序做出较大的调整，从而未来的贸易情况对当期的基础设施和海关程序影响很小，未来期干扰项与当期 Qpf、$Qrri$、Bcp 无关。综合上述三点，将 Qpf、$Qrri$、Bcp 设置为先决变量。

2. 资料来源说明

引力模型的因变量为 2005～2012 年①中国—东盟区域粮食进口贸易额②，本研究关注的自变量为 2005～2012 年我国与东盟国家的贸易便利化指标。引力模型还包括很多控制变量，各国的国内生产总值（GDP）数据来自世界银行发展指数（World Bank Development Indicators）数据库（http://www.worldbank.org）；贸易双方官方语言、共同边界、绝对距离和历史殖民的数据由 CEPII 数据库提供；论文将出口国的港口基础设施质量等级、铁路基础设施质量等级、海关程序负担等级三类贸易便利化指标作为解释变量，该解释变量资料来源于 2005～2012 年《全球竞争力报告》（The Global Competitiveness Report），其中港口基础设施质量等级、铁路基础设施质量等级、海关程序负担等级的取值范围均为 1～7，从 1～7 各质量等级逐渐提高。粮食进口数据来自联合国贸易统计数据库。此外，鉴于数据的可获得性，文中选取了我国和东盟六个成员国的数据，东盟六个成员国分别为印度尼西亚、马来西亚、菲律宾、新加坡、泰国和越南。上述七个国家在 2005～2012 年中国—东盟区域双边粮食进口总额占区域所有国家粮食进口总额的 90% 以上，能够反映中国—东盟区域的粮食进口贸易的状况。

---

① 选取 2005 为研究起点是基于数据方面的考虑，2005 年是本章贸易便利指标数据能追溯到的最早年份。

② 这里选取进口数据是因为政府部门往往在进口数据的统计上更为严格，因此进口数据更加真实地反映了贸易情况，国与国之间的进口也能够反映国与国之间的出口。

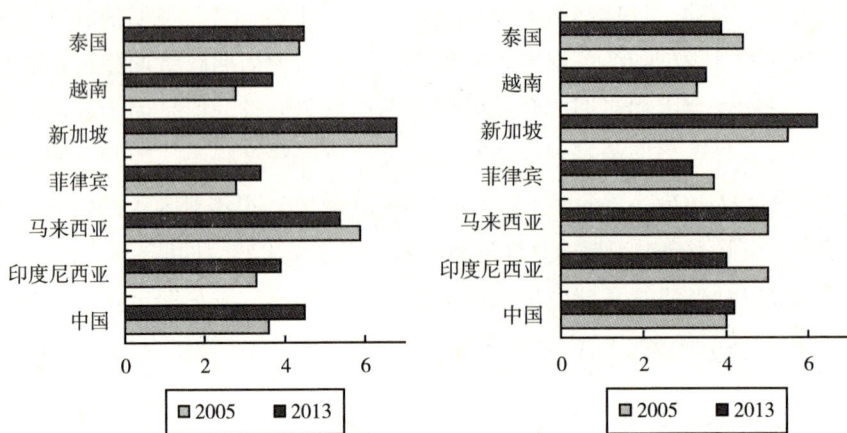

图 6-2   中国—东盟区域主要国家港口基础设施质量等级和海关程序负担等级

图注：左图为港口基础设施质量等级，右图为海关程序负担等级。

资料来源：《全球竞争力报告》。

从港口基础设施质量等级来看①，新加坡的等级是最高的，在 2005 ~ 2012 年间均保持接近最高值 7。马来西亚与泰国的等级也比较高，2012 年两国港口基础设施建设等级分别为 5.5 和 4.6。中国、越南、菲律宾以及印度尼西亚的港口基础设施建设等级在 2005 ~ 2012 年间经历了稳定的增长，增幅分别为 0.8、0.6、0.5 和 0.3，其中我国增幅最大，增幅比例达到 22%。在海关程序负担等级方面②，新加坡的海关程序负担等级相较其他国家是最好的，近年来均维持在接近 6 的水平，并相比 2005 年增长了 0.5。泰国、菲律宾和印度尼西亚 2012 年的等级相比 2005 年有所下滑，幅度分别为 0.6、0.5 和 1，这三个国家的海关程序负担等级尽管总体表现下降，但 2007 ~ 2008 年粮食价格危机过后这三个国家的海关程序负担等级均有提升，说明近年来这三个国家的通关便利程度在改善，这与中国—东盟自由贸易区的成功建立存在一定联系。马来西亚和越南则保持基本稳定，其中越南有 0.1 的小幅增长。我国海关程序负担等级从 2005 年的 4 提升到了 2012 年的 4.2，提升比例 5%。

①《全球竞争力报告》中，港口基础设施质量等级取值为 1~7，1 分非常差，7 分非常好。

②《全球竞争力报告》中，海关程序负担等级取值为 1~7，1 分非常差，7 分非常好。

（二）贸易便利化的影响

从粮食进口的角度，实证分析我国和东盟贸易便利化对该区域粮食可获得性的影响，并用模型（6.3）的回归分析做对比，以体现动态面板差分 GMM 估计的无偏性。模型（6.3）包含了滞后一期的被解释变量，产生了内生问题，而组内估计没有解决该问题。使用动态面板差分 GMM 估计模型（6.4）不仅可以消除滞后一期被解释变量的内生性问题，还可以避免遗漏不随时间变化的变量导致的内生性问题，估计结果更理想。

从动态面板差分 GMM 估计的模型检验看，Wald 检验告知模型总体显著性检验通过。Sargan 检验是验证工具变量设置是否合理的检验，文中的 Sargan 检验接受了过度识别检验有效的原假设，即工具变量设置是合理的。此外，动态面板差分 GMM 估计得到的扰动项必然存在一阶自相关，但不能存在二阶自相关（陈强，2014）；否则估计将产生偏误。文中的 AR（2）检验接受了原假设，即认为差分后的残差项不存在序列相关，估计是无偏的。通过上述三个检验说明了工具变量的有效性和模型设定的合理性。回归结果显示（见表6-4）：动态面板组内估计和动态面板差分 GMM 估计得出的相关系数均符合预期，而动态面板差分 GMM 估计在通过差分、设置先决变量、使用工具变量后，解决了可能存在的内生性问题，故而得到的系数更加合理。

表6-4　　　　我国与东盟贸易便利化对区域粮食进口的影响

	动态面板组内估计	动态面板差分 GMM 估计
lltf_im	0.552 *** (0.056)	0.678 *** (0.036)
lgdp_im	1.957 *** (0.416)	2.541 *** (0.138)
lgdp_ex	-1.870 *** (0.459)	-2.532 *** (0.137)
Qpf	0.432 ** (0.218)	0.328 *** (0.053)

	动态面板组内估计	动态面板差分 GMM 估计
Qrri	0. 513 **	0. 859 ***
	(0. 227)	(0. 080)
Bcp	0. 031	0. 061 ***
	(0. 121)	(0. 023)
cons	1. 498	0. 593
	(4. 255)	(1. 706)
样本数量	294	252
模型总显著性检验	$P > F = 0.0000$	$P > Wald\ chi^2 = 0.0000$
Sargan 检验（P 值）		0. 98
AR（2）（P 值）		0. 5469

注：（1）括号内为解释变量的 z 检验值。* 表示 10% 显著水平，** 表示 5% 显著水平，*** 表示 1% 显著水平；（2）Sargan 检定的零假设为过度识别检验是有效的；（3）AR（2）的零假设为差分后的残差项不存在二阶序列相关。

在贸易便利指标的估计中，动态面板差分 GMM 估计得到出口国的 *Qpf*、*Qrri*、*Bcp* 相关系数均与进口国粮食进口贸易量呈显著的正相关关系。其中铁路基础设施（*Qrri*）的影响最大，该指标每提升一个等级，我国和东盟区域内粮食进口额增长 85.9%；港口基础设施（*Qpf*）对粮食进口也有大的影响，该指标如果提升一个等级，粮食进口额将增长 32.8%；海关程序负担等级（*Bcp*）的影响较小，提升一个等级只能带来 6.1% 的粮食进口额，原因可能与中国—东盟区域在此类软性指标上的改革已较为深远、我国与东盟国家的跨境交易便利指数排名靠前有关[1]，因此提升潜力较小。该研究结果表明，未来为了增加区域粮食可获得性，提升区域内基础设施水平将是重点，相比较而言，海关程序层面的贸易便利化水平提升对提高区域粮食可获得性的意义有限。

研究结果还显示，前期粮食进口对当期粮食进口有显著的影响，前期粮食进口每增加 1%，能够使当期中国—东盟区域内粮食进口增加 0.678%。对

---

[1] 世行在 "Doing Business in 2013：Smarter Regulations for Small and Medium-Size Enterprises" 中一共统计了 189 个国家的跨境交易便利指数，其中中国第 74 位，越南第 65 位，印度尼西亚第 54 位，菲律宾第 42 位，泰国第 24 位，马来西亚第 5 位，新加坡第 1 位，这 7 个国家的跨境交易便利指数总体靠前。

比动态面板组内估计和动态面板差分 GMM 估计，这一结果（显著性和系数大小）不会因为计量方法的差异有太大改变。这说明中国—东盟区域范围内的粮食进口贸易具有较强的时间持续性，一个长期稳固的区域贸易合作关系对保障中国—东盟区域粮食的可获得性具有积极作用。

（三）方案模拟

上述实证结果显示了出口国港口基础设施质量等级（Qpf）和铁路基础设施质量等级（$Qrri$）对中国—东盟区域内的粮食进口有显著影响。为了分析我国与东盟国家此项贸易便利化改革对区域粮食可获得性的影响，文中设计了两套模拟方案，分析中国—东盟区域出口国 Qpf 和 $Qrri$ 的提升对区域内粮食进口的可能影响。设计的模拟方案为：分别假设样本 7 国中的 Qpf 和 $Qrri$ 低于区域平均水平的国家，经过公共投资，基础设施得到改善，Qpf 和 $Qrri$ 都达到区域平均水平，即 Qpf 达到 4.5，$Qrri$ 达到 3.6，其对我国与东盟国家粮食进口影响如表 6-5 所示。

表 6-5　　　出口国贸易便利化等级提升对区域内粮食进口的影响　单位：万美元

出口国	$Qrri$	$Qrri$ 提高至区域平均水平	其余六国粮食模拟进口增长	Qpf	Qpf 提高至区域平均水平	其余六国粮食模拟进口增长	其余六国粮食实际进口
中国	4.6	—	—	4.4	4.5	953	29 069
印度尼西亚	3.2	3.6	8 070	3.6	4.5	6 933	23 486
马来西亚	4.9	—	—	5.5	—		27 828
菲律宾	1.9	3.6	8 991	3.3	4.5	2 423	6 157
新加坡	5.7	—	—	6.8	—		4 125
越南	2.6	3.6	182 618	3.4	4.5	76 704	212 594
泰国	2.6	3.6	65 044	4.6	—		75 721
总计	—	—	264 723	—	—	87 013	378 980

资料来源：作者根据估计参数模拟计算。

表 6-5 呈现了我国与东盟国家提供港口和铁路基础设施质量等级对区域内粮食进口的影响。模拟分析表明，当区域内国家的铁路基础设施质量达到区域平均水平（3.6）后，区域内的粮食进口将增长 26.5 亿美元；港

口基础设施质量对区域内粮食进口的影响较小，达到区域平均水平（4.5）后，区域内粮食进口可以增加 8.7 亿美元。改善铁路和港口两个贸易便利指标合计可以为我国与东盟区域粮食进口带来 35.2 亿美元的增长。其中，越南的增幅最大，在上述两项指标改善后，区域粮食进口增长 25.9 亿美元，增长达到 120%。基于以上实证结果可以发现，我国与东盟贸易便利化对于保障区域内粮食的可获得性起重要作用。

2007～2008 年的全球粮食价格危机让许多学者开始重新审视利用国际市场保障粮食安全的可靠性。研究结果显示：一是提升我国和东盟区域贸易便利化水平，可以显著提高区域内粮食进口规模，增强区域粮食可获得性水平。研究结果表明，完善铁路、港口基础设施和简化海关程序可以促进中国—东盟区域内粮食贸易规模的增加。其中港口和铁路基础设施质量等级的影响较大，每提升一个等级，区域粮食进口分别增加 32.8% 和 85.9%；海关程序负担质量等级的影响较小，提升一个等级可以带来 6.1% 的粮食进口额。二是中国—东盟区域范围内的粮食进口贸易具有较强的时间持续性，这说明一个长期稳固的区域贸易合作关系对保障中国—东盟区域粮食的可获得性具有积极作用。三是如果将中国—东盟区域范围内落后国家的港口和铁路基础设施质量等级提高至区域平均水平，区域内的粮食进口将增长 35.2 亿美元，其中越南贸易便利化水平提高后，对区域粮食可获得性的影响最为明显。

以上研究表明，推进贸易便利化建设、加强基础设施建设十分必要。我国和东盟成员国应当加大铁路和港口基础设施方面的投入，对于贸易便利化水平不太高的国家，大规模的基础设施建设投入往往超出财力承受所限，对老挝、缅甸、菲律宾、泰国等国家带来较重的经济负担。因此在区域合作框架下，我国除了做好自身的铁路和港口基础建设以外，还应该积极推动和促进东盟成员国基础设施建设，或者通过跨国投资合作的方式参与东盟的基础设施建设，提升当地的贸易便利化水平。需要特别指出的是，简化中国—东盟区域海关程序对提升区域粮食贸易可获得性仍然有实证影响，但影响程度较小。同时，动态面板差分 GMM 模型估计结果显示，一阶滞后的粮食进口对当期粮食进口有显著的正相关作用，故而在中国—东盟自由贸易区建设框架下，建立和维护区域内长期稳定的粮食贸易合作

关系对保障区域粮食可获得性具有重要作用。我国应该结合正在实施的
"自由贸易区战略"，利用区域合作机制约束粮食主产国实施出口限制政
策，进一步建立和增强长期稳定的贸易合作关系，这样才能有效保障双方
粮食安全。

第七章　我国粮食进口的策略选择

为深入贯彻党的十八届三中全会、中央经济工作会议和中央农村工作会议精神，全面落实"以我为主、立足国内、确保产能、适度进口、科技支撑"的国家粮食安全战略。围绕确保粮食有效供给的重大目标，一方面是以国内生产为根本保障，核心是守底线、保口粮；另一方面就是提高国家粮食调控与统筹利用国际国内两种资源、两个市场相衔接的能力。以全球化视野用好、用足、用准贸易政策手段，发挥杠杆化效能，科学研判三大主粮供需及进口形势，合理安排进口规模和节奏，发挥大国优势努力打破国际市场准垄断，增强我国粮食进口收益。参照典型国家粮食进口政策内容，结合我国国情粮情和国际粮食市场特点，决定了开放条件下我国绝对的粮食安全既要立足国内生产实现基本自给，又要充分利用国际国内两个市场、两种资源，政策选择的关键把握拿捏好进口贸易与国内生产的关系。

在国际市场上，粮食贸易竞争力主要取决于价格和质量两个方面，近年来我国粮食国内市场价格已全面高于国际市场价格，在价格方面已经几乎没有竞争力；再加上在质量方面也一直不具有明显的竞争优势，所以我国小规模粮食生产与美加澳等国竞争力差距越来越大。所以当前不进口、不增加进口都不太可能，把握粮食产需与进口动态平衡的着力点不在于进与不进，而在于进多少和怎么进，这是实现基本自给的关键和实现粮食安全的基础。任何时候、任何情况下，粮食进口都不能影响国内粮食产业发展，不能影响到提高我国粮食综合生产能力。

一、典型国家粮食进口政策

韩国、日本作为东亚小规模农业经营的代表，农业经营以高成本、高价格、高补贴著称。它们都是典型的粮食进口国（大米除外），其政策根本目标在于保障本国粮食供应，在国内资源有限条件下，部分粮食供给主要依赖进口，采取"有保有放"，确保本国大米自给，并通过各种手段限制进口数量。在日韩两国本土的粮食生产中，大米是最重要的粮食作物，其产量均长期保持在本国粮食总产量的90%以上。在确保本国口粮绝对安全的基础上，对于小麦、玉米则有张有弛，也是基于国情的现实选择。

（一）严格管控大米进口数量

大米在日本居民的消费口粮中占据主导地位，很多民俗文化、节日庆典都和大米密切相关，所以日本国民对大米有着浓厚的感情情结，对大米进口实行严格的管制措施，力保国产大米供应，而玉米、小麦等依赖进口，这种"有保有放"、"次序放开"的策略有效保障了国内口粮绝对安全。2005年日本农林水产省将大米从量税转换为从价税，经测算后大米关税税率为778%（2012年日本政府在调查的基础上重新测算了关税，换算出的税率为280%）。如此高关税，境外大米几乎无进入日本市场的可能。经与WTO交涉，日本每年通过最低准入制度（Minimum access）以国营贸易形式进口大米77万吨（即MA大米），占本国大米产量不足10%。对超标进口大米征收405日元/公斤的关税（程国强，2012）。进口的大米在用途限制上管制严格，严禁用于主食，尽量不让进口米进入国内口粮市场，而主要把进口米用于补充库存、食品加工，或者储备一定时间后用作饲料、灾害年度放出以调节供给不足以及援助他国（何安华、陈洁，2014）。

当自产粮食不能完全满足国内需求后，韩国选择了确保大米绝对安全的粮食战略方针，《农业、农村发展基本计划》中分别对粮食自给率、主食自给率、大米自给率设定了目标值，其中大米自给率的目标值由原来的90%提高到2015年的98%。开放大米市场对韩国政府来说是一个艰难的决定，为此两度推迟大米关税化，仅按承诺的最低数量进口大米。在韩国加入WTO时，根据入世协议，参加国必须农产品准入关税化，要保证一定的义务进口量，1995～2005年为过渡期，期间韩国承诺执行最小义务进口量，即1995年进口大米的数量为基期（1988～1990年的平均值）消费量的 1%（大约 5 万吨），2004 年提高到 4%，约 20.5 万吨。在 2004 年的新一轮 WTO 协商中，韩国将大米关税化的最后时间再度推迟到 2014 年。根据世贸组织规定，韩国最低大米市场准入量，2005～2014 年将增加到 41 万吨，为之前进口量的一倍。除配额措施外，关税是韩国粮食进出口调控的另一工具，2015 年后韩国对进口大米征收超过 500% 的关税，使得国产米能够继续保持价格优势。实际上，日韩两国这些少许数量的大米进口，带有国际间品种调剂的性质，对国内大米产业并未产生多少实质性影响，尤其是日本即使进口一定数量的大米，但这些大米最终并未进入国内消费市场，通过进口转库存、对外援助和对他国再出口等方式[①]，消化了这些进口大米，试图把进口大米的影响降到最低。两国政府始终关注其口粮安全，在放开饲料和工业用粮全部进口时，对国民主食大米全力坚持本国自给。

（二）放宽准入小麦、玉米进口

狭小的土地在保障大米自给安全后，必然放弃其他农产品。日本小麦产量大约七八十万吨，本国所需的 80% 以上小麦需要进口。农林水产省粮食管理局根据全年小麦生产、消费及供需缺口情况作出大致判断后，确定小麦进口税率、额度。日本对小麦进口商的资格审查十分严格，通常进口商采取"同时买卖（SBS）"拍卖制度，参加投标的公司必须要说明进口小麦的价格、数量、来源等详细信息。中标后与政府签订协议，以取得小麦进口资质。日本对玉米基本采取完全放开的进口策略，每年进口量在 1 500 万吨左右，主要用于满足国内畜禽养殖需求。

韩国对小麦征收的关税非常低，通过依靠进口满足国内需求，并支持国内企业在粮食出口没有约束或约束少的国家投资小麦种植，得到政府支持资助的企业要作出承诺，在韩国发生粮食危机时，企业须将其在海外生产的粮食产品运回国内。韩国几乎不种植玉米（约 20 万亩），全部依靠进

---

① 在东盟与中日韩大米紧急储备项目（APTERR）中，其他国家坚持捐助大米必须来源于东盟和中日韩区域内，日本对此表示强烈反对，主张捐助的大米不限来源区域，背后暗含的主要目的是利用该项目将在 WTO 框架下承诺购进的大米转捐东盟，以保护其受高补贴的国内市场免受进口大米的冲击。

口，20世纪50年代和60年代所需的玉米主要来源于美国。90年代至21世纪初期，我国玉米价格低廉，且没有转基因成分，因而向韩国出口量剧增。目前，韩国每年玉米进口量都在800万吨左右。

日韩是典型的粮食进口国，鉴于其粮食贸易调控的经验做法，精心准备、科学设计、防患未然，高度重视口粮自给的经验，很值得我们借鉴。一是高度重视口粮的供给安全、产业安全。乌拉圭回合后，农产品市场准入关税化、扩大化趋势下，两国先从非主粮粮食品种着手，不仅要重视粮食总量的供需平衡，还应注重结构平衡，对大米市场开放谨慎慢行。日韩两国一直奉行的是"口粮绝对安全＋其他谷物进口替代"的粮食贸易战略，依据国情粮情守底线、保重点。当前我国不可能完全照搬日韩的高度保护做法，曾经做出的承诺也不可逆。鉴于我国居民主要口粮是大米和小麦，玉米大多作为饲料粮和工业用粮，今后在我国粮食安全问题上，应格外重视大米、小麦自给安全和供求平衡。基于我国国情和粮情，实现所有粮食自给既无可能也不符合市场化原则。这需要从战略上确定必须自给、安全自给的粮食品种，适当扩大利用玉米国际市场不会对国内粮食安全有实质性影响。二是更加重视在推进粮食贸易开放过程中做到开放有序、进出有度、进退有据。日韩两国在农产品贸易自由化的大潮下，科学合理设计贸易自由化粮食品种优先序和市场开放度，加强对口粮作物的合规性保护，以求减少对产业发展的损害和对产业安全的侵蚀，我们也要注意口粮开放和其他粮食品种开放之间的差异。三是在世贸框架协议内以合理、合规手段争取正当权益。WTO农业协议中充分考虑了农业的多功能性，日韩则以"非贸易关注"为正当理由，着重阐述水稻的涵养耕地质量、传承民族文化、净化空气环境等方面的功能，保住了本国市场进一步开放。未来WTO农业谈判中，应高度重视合理利用WTO规则所赋予的正当权利，要以最大发展中国家农民生计为突破口，我国粮食种植是生计型而非商业利益型，强调进一步开放市场会削弱国内粮食自给和粮农生计，要及时采用特殊保障措施。

二、我国粮食进口的策略选择

目前及今后一个时期，进一步增强粮食进口战略的针对性、稳健性和有效性，提供调控的预见性、科学性和适时性，对确保我国经济新常态的转型健康发展和社会和谐稳定意义重大，须进一步完善政策环境，强化政策抓手。具体而言，在努力实现四个目标引领下，要坚持"四个原则"、围绕"一中心"、狠抓"一条主线"、把握"三个维度"。

（一）主要原则

坚持立足国内、实现基本自给的政策方针和拓展统筹两种资源两个市场的战略视野，理顺政府与市场关系，转变粮食进口发展思路，不断完善进口调控体制机制，持续增强贸易活力。有效利用国际市场和调剂国外粮源满足供需余缺，必须增强粮食进口和粮食"走出去"的前瞻性、预判性和主动性，做到"心中有数、利用有度"，把握以下原则：

（1）坚持立足国内生产和有效利用国际市场相结合。稻谷、小麦和玉米三大主粮始终维持较高自给水平，为国家从容应对各种风险挑战提供了坚强有力的支撑，这是我们解决粮食安全的根本立足点和出发点。但粮食供求仍处于紧平衡状态，在全球经济一体化背景下，关起门来保障粮食安全已不现实，需要积极参与国际贸易，使我国粮食供给更加可靠、市场更加稳定。

（2）坚持有保有放与次序放开的粮食进口策略。从 20 世纪 60 年代到 21 世纪初期，日韩两国粮食自给率一直在下降，但粮食安全程度没有降低。既有主动利用国际市场、调补短缺之做法，又有策略调整侧重之高明。我国在调整粮食贸易政策时，要探索实施应进应出、有度有序、有保有放、应保必保的进出口调节策略，坚持确保口粮绝对安全的前提下，放宽非敏感产品进口，扩大资源型战略粮食品种的进口规模。

（3）坚持利用、掌握国际粮食及生产资源。长期以来，我们把粮食自给率作为衡量国家粮食安全的主要标准，粮食安全最终演变成数量安全，除了传统思维中的国内可持续生产能力，还应包括对国际粮食资源的控制度和影响力。在毫不放松国内生产的同时，更加主动地利用两种资源、两个市场，在经济上增强对国际市场和资源的控制力，扩大我国掌握的国际粮源。

（4）坚持通过互利互惠实现粮食区域框架合作。一方面，通过粮食

"走出去"，帮助发展中国家，尤其是在粮食生产资源丰富、开发潜力大的国家，建立育种加工研发中心和农业技术推广示范中心，提高其粮食产量也就是间接提高我国粮食安全程度。另一方面，在谈判中的自贸区合作框架下，如能加入约束出口限制行为的条款，实现区域内更自由的粮食贸易，有利于我国"适度进口"战略的实施。

（5）坚持发挥粮食产业链协同效应。重点支持和培育一批有实力的企业；在种粮的同时，提升对外合作层次，支持企业海外投资向深加工、仓储、物流、营销和科研设施倾斜，通过发展产业高端和资本运作，把利润集中到产业链核心环节，打造具有国际竞争力的大粮商。从粮食安全的新形势出发，打造国际粮商既不以追求绝对利润最大化为目的，也不能等同于发达国家的国际大粮商对外倾销富裕粮食，而是要真正成为保障国家粮食安全的重要载体。

（二）战略目标

粮食安全完全靠国内保全部、保所有，既不现实也无可能，适度进口是必然要求。在利用进口调剂国内余缺不可避免的背景下，要着力增强统筹利用两种资源、两个市场的主动性，既要发挥进口作为弥补国内供求缺口的重要调节手段，又必须对利用国际市场和资源的风险进行充分预估、防范，以期实现以下目标。

1. 发挥好进口的补充调剂作用

习近平总书记强调，"保障国家粮食安全是一个永恒课题，任何时候这根弦都不能放松"。2013 年中央农村工作会议，提出了新形势下的国家粮食安全战略。新战略首次提出"适度进口"，这是基于我国资源要素禀赋条件和经济全球化背景作出的综合考虑。

伴随着工业化、城镇化快速推进，国内粮食的刚性需求仍会延续。2001 年以来我国粮食消费总量增长加速，年均增速超过 2 个百分点，为改革开放以来增长速度最快的时期。2011 年我国粮食消费总量突破了 1.2 万亿斤，当年产需缺口 1 200 亿斤，创 1978 年以来的最高纪录。我国粮食供求总量平衡不断趋紧的同时，还潜存着结构失衡。在品质方面，优质化、多样化和专用化的粮食品种缺乏，如国内小麦供需基本平衡，但适宜加工面包用的强筋小麦和加工饼干、糕点用的弱筋小麦不及小麦总量的10%，难以满足食品加工业的需求；青贮、高淀粉、鲜食玉米较少，不能满足畜牧业和玉米深加工的需求。当然，目前我国正面临比较严重的粮食高库存压力①，甚至有提出"农业进入过剩周期"。我们要清醒地看到，国内并不是没有需求，而是需求因价格扭曲被暂时压制或替代，如2014年玉米加工企业因原料价格高涨，企业普遍经营困难，黑龙江、吉林等地企业亏损、限产、停产企业数量明显增加，不得不提前检修，玉米淀粉和酒精加工企业开工率分别低至一半左右。饲料加工企业受高原料成本和下游养殖业低迷的双重挤压明显，产量不断下滑。2014年全国饲料总产量为18 360万吨，同比上年下降5.1%。同时，一方面进口替代作用，2014年我国进口高粱578万吨、大麦541万吨、DDGS（酒糟蛋白饲料）541万吨，替代了相当一部分国内玉米需求。可以说粮食需求总量刚性增长态势不会改变，新增粮食需求200亿斤/年，供求关系将长期处于紧平衡状态。要把进口作为补充总量余缺、调剂品种结构的重要手段，粮食进口一方面是为了弥补国内产需不足缺口；另一方面是满足国内食品工业和高端群体需求，如进口品质较高的加拿大硬质红春麦、澳大利亚硬质白麦、美国硬红冬麦和美国软红冬麦等，用于糕点、面包及其他烘焙行业。沿海发达城市以及国内一线城市中等收入阶层不断壮大，人们越来越重视健康养生、有机生态绿色食品，对安全、优质、营养的高端大米需求持续增长，所以我国进口泰国米主要是为了补充国内高档米市场，满足高端群体消费，而非补充粮食缺口。

2. 构筑区域框架下的粮食合作机制

2007～2008年全球粮食价格危机时，许多粮食出口大国曾采取出口

---

① 根据中华粮网和中国粮油信息网相关数据显示，2012/2013年度国家收购临时存储玉米3 083万吨，2013/2014年度收储量达到6 919万吨，两年合计达到1亿吨。2014年5月至11月国家累计投放了约9 790万吨临储玉米进行拍卖，但因拍卖底价较高，在消费低迷、企业经营困难的情况下，加工企业难以接受，实际成交量只有2 583万吨，成交率仅为26.4%。大量库存积压不仅加大了国家财政负担，而且致使各地库存爆满，仓容紧张。特别是东北产区收储能力满负荷运转，虽采取租用社会库容、临时做囤等方式收购，但库存压力依然很大，许多粮食不得不露天存放。

限制令，被联合国粮食和农业组织（FAO）称之为"夸大市场波动"（Abdolreza Abbassian）。尽管很多国家意识到出口限制无助于缓解国际粮食危机，反而会起到推波助澜的作用。但继此次危机后，一些国家再次对粮食出口采取限制措施。2010年8月，乌克兰、印度、巴基斯坦、埃及以及哈萨克斯坦等世界重要粮食生产国依然通过出口禁令、出口配额等方式限制小麦、大米、大麦、玉米等粮食出口，严重扭曲了正常贸易行为，这些国家期望通过出口限制措施，能优先保障国内市场供应，降低国内市场价格，维护社会和政治稳定；粮食进口国则担心无法在国际市场上获得充足的供应，纷纷抢购以加大库存，更进一步推高了国际市场价格。因此，一些主要粮食出口国的临时出口限制政策和主要进口国的预防性进口政策进一步加剧了国际粮食供求矛盾。新一轮农业谈判，在约束农产品出口禁止和限制方面没有实质性突破，更并没有强制性安排，甚至还有可能削弱一些成员推进多哈谈判的动力和政治意愿。从更长的历史跨度看，很难排除小麦、大米、玉米等粮食再次实行出口限制。建立区域性合作框架机制，不失为一种稳定粮食进口渠道的有效途径，比如东南非共同市场规定禁止区域内国家实施粮食出口限制，除非出现战争和饥荒等危及粮食安全的情况；东盟内部也禁止成员方实施粮食出口限制。2004年澳泰国自由贸易协定中规定，也不允许双方采用或保持对任何产品的出口限制。为实现东盟地区长期粮食安全这一目标，东盟综合粮食安全（AIFS）框架为东盟成员国之间的合作提供规范的实际操作方法，通过区域启动条件约束在地区内部建立起符合本地区特点的粮食安全合作机制。依托现存东盟"10＋3"紧急大米储备项目，保障大米进口来源稳定。2010年10月，时任总理温家宝在越南河内举行的东亚领导人系列会议上承诺："中方愿与各方努力，推动10＋3大米紧急储备建设"；并宣布："在去年承诺为10＋3大米紧急储备项目专储30万吨大米的基础上，中国再捐资100万美元"。我国已在"东亚大米紧急储备"项目下担当更多责任，这为高调参与该项目提供了条件。长期以来，我国与东盟成员国之间的农业合作主要以农业贸易和人员交流为主，下一步可利用中国—东盟合作机制积累经验，在与粮食出口大国建立自贸区谈判中，争取粮食安全互保条款。

3. 保障"适度进口"战略实施

综合国际机构和国内有关部门的研究预测，预计到"十三五"末期我国粮食需求总量超过 7.2 亿吨，其中三大主粮消费量约 6 亿吨。假设未来几年我国农业支持进一步增加，并能维持边际效应不减，粮食单产仍能延续 2010 年以来的增长趋势（2010~2014 年粮食单产年均增长 2%），根据农业部的预计判断，"十三五"末粮食综合生产最大能力可达到 6.5 亿吨左右。需要特别指出的是，这是当前技术进步程度和资源约束水平下的极限产能，要实现这些产能，我国资源瓶颈将进一步收窄，环境压力将进一步扩大。考虑给调结构、转方式和缓解资源环境压力留出空间，如部分地区退耕还林还草，以及南方重金属污染治理、东北退耕还湿、北方地下水治理等多方面的影响，加之每年建设占用耕地以及粮改饲、粮改果的影响，预计到 2020 年粮食面积将现在减少近 7 000 万亩。综合测算，"十三五"末国内粮食产能稳定在 6 亿吨。届时，粮食自给率可保持在 85% 以上。从结构上看，大米和小麦自给率必须保持在 95% 以上，玉米自给率必须保持在 90% 左右，这样才能实现"口粮绝对安全、谷物基本自给"的粮食安全目标。不足部分可通过进口弥补，2014 年我国粮食进口量 1.06 亿吨，"十三五"时期每年新增粮食进口要控制在 300 万吨以内，主要就是控制玉米以及其替代品。

但受国内外价差驱动冲击，控制住进口规模也有很大难度。近几年全球经济复苏乏力，石油价格下行，美国生物质能源发展放缓，所以粮食等大宗农产品需求基本保持稳定；加之全球粮食也不断增产，供求关系宽松。FAO 数据显示，2014 年全球粮食库存消费比高达 25.2%，粮食价格进入下行周期。国际市场波动的短周期因素与需求增长、价差扩大的中长期因素叠加，进一步增强了粮食进口动力。2014 粮食进口中，既有像大豆、大麦等受国内需求增长拉动的必须进口，也有像玉米、小麦和大米等受价差驱动的非必须进口，据国家粮油信息中心估算，2014 年大米、玉米和小麦库存增加了 4 500 万吨，其中离不开进口的推动。"十三五"期间，劳动力和土地成本将继续上涨，粮食生产成本仍将继续攀升，国内外价差将继续扩大并难以逆转，可能会进一步导致非必须粮食进口大量增加。到

2020年，国内大米、小麦和玉米价格将高于配额外完税后价格（65%配额外关税和13%增值税）加港口杂费、利润等累计额，关税"防火墙"功能基本失效。如何统筹利用好两种资源、两种市场，既合理利用进口弥补国内产能不足，又避免过度进口影响国内产业安全和农民就业增收，面临很大考验。除了进一步加大财政支农力度，还必须采取系统性措施缓解其不利影响。

4. 培育国际竞争力的粮食进口主体

"入世"后中国作为新兴国家，具有庞大的消费能力和市场规模，遂成为跨国资本进行产业转移的新高地，外资粮食企业竞相进入我国。跨国粮商利用国际贸易经验和资金优势，迅速在我国粮食"布网收粮"。外资粮商已不满足于在农民与粮库、粮食加工企业之间充当搬运工角色，掌握了终端粮源后，利用市场优势地位和雄厚资本，迅速新建、扩建加工厂，并购和参股国内大型粮食企业。为突破投资门槛限制，外资企业通常采用分散入股逾越壁垒门槛，由旗下数家子公司共同参股达到总量份额的绝对优势。据国际粮商嘉吉公司官方网页显示，嘉吉在国内累计投资了42家企业，涉及饲料、生化、种子等农业生产资料。邦吉公司以上海为总部，生产营销网络分布在沿海省区。2005年路易达孚成为进入我国的首家外商独资农业企业，除偏远的5个省份之外，公司业务遍布全国。益海集团在工厂几乎遍布所有沿海省份及四川、湖北、湖南、黑龙江等内陆粮食主产区，并趁基层粮库改革转型、生产经营艰难之机，批量收购了基层粮库和国有小型粮食企业，还聘任原企业粮库负责人和基层粮食局官员为收购企业的管理层。在兖州调研时了解到，益海嘉里公司聘用的总经理具有丰富经验和较高管理能力，曾是原山东省粮食局的干部。外资收购国内中小粮食流通企业来把持销售环节，而且农民也更愿意把粮食以高价格卖给它们，外资的渗透给我国带来的粮食安全和风险问题益发显著，进而挑战国家储备粮制度。通过偏相关系数法分析粮食工业市场结构与产业发展绩效之间的关系，发现我国粮食加工业发展绩效整体水平偏低，迫切需要建立健全一批利用国际市场与资源的战略载体，形成产业布局全球一体、发展方式产融一体的现代粮食集团（粮商）。借鉴跨国粮商在多元化经营方式、产业链发展策略、成本效益控制手段、风险控制科学、科技研发创新领先等方面的经营，培育我国战略全球化、物流完备化、产业链条化、创新自主化、风险可控化的现代粮商，提高我国粮食企业的国际竞争力，担当起保障粮食安全体系的先行、龙头作用。因此，逐步培育我国粮商要保障国内调控的供应商，要具备完整的仓储和物流体系，满足产业链全球布局的需要；始终围绕国家战略需要，目的是代表国家有效地实施粮食贸易调控，以政府的手、市场化运作方式达到宏观调控目标，有效掌控粮食战略产业的资源、价格和利润分配的话语权，在国际粮食市场，代表我国行使调控贸易供求、稳定市场的控制和震慑职责。

（三）政策选择

以有效利用全球粮食资源为主要手段，增强我国在国际粮食市场的话语权和掌握力为重要支撑，加强粮食"走出去"和提高我国粮食进口权益为重点，按照市场决定、长远统筹、因势利导、优化布局、多措并举的思路，在确保获取境外粮食资源的同时，不断提升进口收益。按照国家新粮食安全战略的总体要求——"确保谷物基本自给，口粮绝对安全"，除了立足国内保产能，也要统筹国际调余缺。具体而言，要围绕"一个中心"，狠抓"一条主线"，坚持"三个维度"。

1. 围绕一个中心

芝加哥商品交易所是当前世界上最具代表性的农产品交易机构。从历史上看，二百年前由于芝加哥便捷的地理位置和发达的运输航道，逐步成为美国重要的农产品集散中转地和枢纽。为了减缓价格波动带来的冲击影响，1848年一些有影响的谷物交易商发起组建了芝加哥期货交易所，逐步使用远期交易手段发展粮食交易。交易所成立并开展交易后，不断完善、补充交易细则，于1865年用标准的期货合约取代了远期合同，并实行保证金制度。芝加哥期货交易所除提供粮食棉花等大宗农产品期货交易外，还为美国政府金融债券发行服务，以及提供了股票、政府债券、黄金白银等贵重金属期货交易功能，并能提供相应的期权交易。经过一个世纪的发展磨合，尤其第二次世界大战后美国已经成为世界经济中心，芝加哥期货交易所的粮食棉花食糖等期货价格，不仅成为美国农产品市场走势的风向标，而且成为国际农产品贸易的权威参考价格。从实践结果看，美国之所以能获得"三权一利"的效果（掌控话语权、主动权、主导权，实现核心利益），其基础就在于充分发挥了大宗农产品交易功能，即价格发现和风险管理。

当然，在全球经济一体化、联动性增强条件下，拥有定价中心也不意味着价格走势就由这个国家或交易所完全决定。但如果拥有这种全球功能性的交易所，该国对某种产品的市场影响力还是比较强的，如我国曾经遭遇的大豆产业危机，就是美国农业部以天气影响为由，大幅修改调整了大豆月度报告的供给、库存数据，使库存骤降至低点，短时期内价格猛涨了近3倍，CBOT大豆价格从2003年8月时的最低点约540美分，一路上涨到2004年4月初的约1060美分，创下近30年来的新高。我国压榨企业在恐慌心理支配下，纷纷加大采购力度。随即而来的就是，美国农业部再次把大豆供给、库存数据调整至正常年景、大获丰收时的状态，国际大豆价格瞬间下跌，跌幅过半，我国大豆加工企业转变为全行业亏损、集体性沦陷，国内压榨企业70%停产，进口合同违约，造成了我国"大豆危机"。同时，掌握话语权的国家，可以通过制定法律法规对农产品交易行为、条约进行规范和约束，防止市场价格大起大落，甚至引导市场走势向有利于本国产业成长的方向发展，这对于规避和防范市场风险、保障国内产业健康平稳运行作用显著。

2014年，以农产品交易为重要组成部分的大连商品交易所和郑州商品交易所，全年成交额分别为41.5万亿元和46.5万亿元，远低于芝加哥商品交易所的年度成交额。我国作为全球最大的农产品（粮食）进口国之一，随着全球价格波动频次越来越高、幅度越来越大，开放条件下面临的外部冲击日益增大，迫切需要在整合现有商品交易所、批发市场的基础上，在高起点、高标准和高质量上谋求新突破，依托上海自贸区、广东自贸区政策创新优势，打造中国的全球大宗农产品交易中心，发挥应对外部市场波动、规避贸易风险、主导国际定价权的功能，这将为我国统筹国内外市场运行和资源配置，提供更高的支撑性平台。

（1）打造全球大宗农产品交易中心可行性。积极打造全球性大宗商品交易中心是我国未来争取国际话语权、占领国际经济社会制高点建设不可或缺的内容，是打造中国国际金融中心和提升贸易经济发展核心竞争力的有效抓手，也是落实当前"转方式、调结构"新经济发展战略和实现"中国梦"的迫切需要，更是建设东亚经济中心极，进一步增强国家竞争力的内在要求。

一是我国经济总量持续壮大并保持健康发展势头。国内生产总值由1978 年的 3 645 亿元增加至 2014 年的 63.6 万亿元，经济总量居世界位次稳步提升，对世界经济增长的贡献不断提高。1978 年，我国经济总量位居全球排名第 10 位；经过三十多年的经济体制改革，激活了经济增长动力，2008 年中国的 GDP 超过了德国，仅次于美国、日本；2010 年又以 5.88 万亿美元总量超过日本的 5.50 亿美元，位居世界第二，成为仅次于美国的世界第二大经济实体。经济总量占世界份额由 1978 年的 1.8% 提高到 2012年的 11.5% 。甚至国际货币基金组织称，2014 年我国 GDP 达 17.6 万亿美元，超过美国的 17.4 万亿美元，从而成为世界第一大经济体。在今后十年、二十年或五十年，我国很有可能成为世界最大经济实体。打造全球性商品交易中心不是一蹴而就的，随着 19 世纪中后期国际分工的深化和世界大市场的形成，国际贸易活动才在世界一些主要地区相对集中并催生一批地区性和国际性交易中心出现。之前将全球大宗商品交易中心从欧洲转移到北美，未来我国应推动全球大宗商品交易中心从北美向亚洲转移，特别是向中国转移。我国日益增长的经济总量，能有力地保障农产品消费势头不减。

二是人民币国际使用范围稳步扩大。据环球银行金融电信协会（SWIFT）统计，2014 年人民币已成为全球第 5 大支付货币、第 6 大外汇交易货币，较上年同期排名，继续保持第 2 大贸易融资货币的地位[①]。面对国际政治经济格局的新变化以及人民币国际化的机遇和挑战，我国大力推动相关改革，支持人民币国际使用范围继续扩大。2014 年，我国在英

---

① 中国人民银行：《人民币国际化报告（2015 年）》，2015 年 6 月，载 http：//www.financialnews.com.cn/yw/jryw/201506/t20150612_78138.html。

国、德国等 10 个国家新建了人民币清算安排。香港点心债、台湾宝岛债、法国凯旋债、德国歌德债等离岸人民币债券市场平稳较快发展。与瑞士、俄罗斯、加拿大等 13 家境外央行或货币当局新签或续签了约 1.5 万亿元人民币的双边本币互换协议。简化跨境贸易、直接投资人民币业务办理流程，开展个人跨境贸易人民币结算，支持跨国企业集团开展人民币资金集中运营，与我国发生跨境人民币收付的国家达到 189 个。超过 47 个国家或地区的货币当局在中国境内持有人民币金融资产并纳入其外汇储备，人民币成为越来越受欢迎和重视的储备货币之一，有利于开展大宗农产品交易结算[①]。

三是农产品贸易市场更加开放。加入世界贸易组织以来，我国农业对外开放步伐不断加快，对外开放程度越来越大，已经成为世界第三大农产品贸易国。2001 ~ 2013 年，我国农产品贸易总额由 279.2 亿美元增加到 1 867.5 亿美元，年均增长 17.2%。其中出口额由 160.7 亿美元增加到 678.4 亿美元，年均增长 12.8%；进口额由 118.5 亿美元增加到 1 189.0 亿美元，年均增长 21.2%。农产品贸易逆差达 510.6 亿美元，粮棉油糖大宗农产品的净进口量相当于大约 9 亿亩耕地产出。按播种面积当量计算，部分农产品进口量占国内产量的比例超过 1/3。尤其要提及的是，我国现有农产品平均关税水平为 15.2%，不足世界平均水平的 1/4，84% 的农产品税目的关税低于 29%，其中 25% 的农产品税目税率低于 10%；关税形式单一，从价税比例达 99%，关税制度极其透明，实施税率和约束税率一致。粮棉油糖等大宗产品虽然实行关税配额制，但配额内关税低，除食糖配额内关税为 15% 外，其他多数产品只有 1%；配额外关税最高也只有 65%；关税配额量相当大，占同类产品世界总配额量的 2/3 甚至 90% 以上。

（2）建设内容。一是打造一个综合型电子交易平台。打造大宗农产品交易中心需要搭建一个运作载体，并以此为平台不断积聚资源、资本和资产融合，强化各种要素合理配置和核心功能的有效支撑。未来，以工业化为载体的新技术、新装备和信息化服务平台成为农产品营销的主渠道。信

---

① 中国人民银行 2014 年年报。

息技术为农产品加工流通服务的开展提供技术保障，通过开展农业信息服务，促进信息资源开发，推动信息收集、处理、分析、加工活动的信息中介服务组织形成和发展。利用互联网平台建设促进农产品网上交易、农村电子商务、订单农业等。通过云计算、物联网、大数据等的加速创新和应用普及，将智慧城市、数字交易等新理念引入农产品营销。利用"互联网＋"科技信息平台，吸引更多供需客户参加交易，建立稳定的客户群体，培育国际化大宗农产品电子交易服务商，创出一个有国际知名度的大宗商品交易"中国品牌"，最终成为亚洲地区、全球市场具有重要影响力的大宗商品交易、定价、结算和信息的交易平台。

二是在城市群、城市带发展多个交易区。遵循做大做强现有市场，优化发展交易品种的要求，增强交易区现有服务功能。以现有大宗农产品专业交易市场为基础，完善会员准入制度，提高交易效率，重点建设粮棉油糖等全国性大宗商品交易市场群，在长三角、珠三角、京津唐力争形成若干个具有全球有影响力的交易市场区。最终建成拥有众多交易品种、交易客户的、具有全球影响力和知名度的农产品交易市场和交割库。

三是提供多维、全方位公共服务。成立大宗农产品交易管理机构，主要负责交易平台建设，从事交易监督管理、指导协调和基础服务工作，统筹解决交易中心经营中遇到的各种问题困难。商务部部门负责现货市场行业管理，指导自贸试验区现货市场规划布局，加强物流仓储标准化制度建设与管理，促进市场建立健全交易、交收、仓储、信息发布、风险控制等业务规则与制度，强化行业监管，推动市场健康发展。央行、银监会、证监会、保监会部门负责加强与金融管理部门之间沟通协调，指导做好大宗农产品现货市场资金存管、清算和结算等相关工作，规范市场交易品种和交易方式，防范系统性金融风险，推动现货市场与期货市场联动发展。应在自由贸易账户体系、投融资汇兑便利、人民币跨境使用等方面形成"一线放开、二线严格"的金融管理框架。"一行三会"还应积极推动跨境贸易人民币结算便利化，争取资本项目可兑换，扩大人民币跨境使用范围和额度等方面的先行先试。建立监管协调机制和跨境资金流动监测机制，进一步完善金融宏观审慎管理措施和切实加强机构风险管理自我责任。区域内实行"一线放开、二线安全、高效管住、区内自由"监管制度。海关、检验检疫利用大数据、信息化，加强信息共享、便利化，联合实施"一次申报、一次查验、一次放行"监管试点，提高进出口通关速度。启动实施国际贸易"单一窗口"管理制度，发展贸易、运输、加工、仓储等业务的跨部门综合管理服务平台。探索建立货物状态归类监管制度，控制监管风险。

四是规划建设一批仓储加工产销基地。根据地理区位、主导产业、资源条件、市场容量和发展潜力等条件，按照统筹谋划、分工协作、以强带弱的原则，围绕粮食等大宗战略性农产品安全、生态承载能力，以粮棉油糖等战略物资为重点，在沿海主销区和内陆主产区等地统筹规划建设一批国家战略物资储运基地、大宗散货储运基地和标准交割仓库。进一步完善软硬件配套设施，全面加强仓储物流体系建设，构建以国内外大宗农产品主产区为原点，以国际大型中心城市带、城市群为终点、以重要港口城市和铁路公路枢纽为节点，全面衔接产销加的运输网络体系。在广东自贸区、福建自贸区、天津滨海新区和上海自贸区等地规划建设后方服务基地，积极争取利用保税区、保税港区的创新政策优势，利用沿海港口基础条件，从区域板块与战略功能相结合的角度，构建以战略产业发展保障基地、城市农产品供应保障基地和生态可持续发展保障基地为主体的完整战略布局。争取与国际港口城市——如纽约、洛杉矶、鹿特丹、新加坡等建立直接大宗农产品贸易直接通道，成为专业的贸易港、物流港和国际期货交易所的标准交割仓库。

五是培育一批具有国际竞争力、产业链条完整的农业企业。以发展大宗农产品仓储物流为切入点，以种植、生产价格和国际贸易为补充，加快与当地政府和行业内企业投资合作，建立产销加工储运基地。鼓励各类大宗农产品企业走出去，支持通过购并、入股等方式进入国际农产品贸易主渠道，增强在国际贸易中的话语权和定价权。引导企业注重提升自身在大宗农产品领域的运营能力，这些企业不仅仅是生产商，还应是供应商、综合商。供应网络要确保无论是平时状态还是突发应急状态，都能抓得住、顶得上、应得急，为平抑市场异常波动，保持大局稳定提供基础支撑，提高在全球市场上的经营能力、竞争能力和资源掌握能力。无论是国有企业还是其他所有制企业，都可以按照统一政策予以支持。

2. 狠抓一条主线

坚持一条主线即要统筹考虑国内粮食生产与国际市场利用这条工作主线。"十一五"以来，我国粮食连年丰收，粮食产能已经稳定在 11 000 亿斤（2011 年后，粮食产量连续三年超过 11 000 亿斤，可认为产能稳定于此基础）。但也出现了资源过度消耗、环境污染加剧等问题，粮食生产要在各种生产要素绷紧条件下"高位爬坡"，以拼资源、耗投入为主的增产路径已难以为继。一些主产省区地表水开发利用程度超过 60%，甚至地下水资源开发利用程度接近 100%，引发河道干枯断流、地面沉降等一系列问题。2013 年我国化肥生产量 7 037 万吨（折纯，下同），农用化肥施用量5 912 万吨，粮食生产每亩化肥施用量 23.4 公斤，超过国际上为防止农业环境污染而设置的每亩 15 公斤化肥安全施用量上限，更远高于世界平均水平（每亩 8 公斤）。东北地区黑土层厚度减少、耕地质量下降等问题日益突出，这些直接影响了粮食可持续发展。

"十三五"期间要着力转变粮食安全实现方式，把产能建设作为根本。要着力利用"两种资源、两个市场"，积极推进战略性农业国际合作，促进粮食等大宗农产品进口市场多元化，逐步提高我国对粮食贸易的掌控能力、国际粮食市场影响能力以及国际粮食资源利用能力。从全球耕地资源来看，大洋洲、美洲、欧洲的人均占有耕地水平分别为 19.4 亩、6 亩和5.6 亩，有大量耕地可用来生产粮食出口。据南京农业大学对世界主要粮食出口国的粮食生产潜力分析，结果显示全球可开发潜在耕地 3.74 亿公顷，潜在粮食产量 24.21 亿吨。其中，巴西耕地潜力巨大，能够生产 14.2亿吨潜在粮食；阿根廷能生产 3.7 亿吨；其他潜在粮食产量超过 1 亿吨的国家有澳大利亚、巴拉圭和美国。我国若能获得上述粮食生产潜力的 10%~20%，便足以有效保障国内粮食安全。从生产方式来看，美国、欧盟等发达产粮大国普遍采取休耕、轮作等方式调控粮食产量和保护耕地质量，这些国家无须再扩大耕地面积就能增加粮食产量。

3. 把握三个维度

（1）着力处理好"进多少、怎样进、何时进"。但也要清晰认识到，粮食国际贸易的不确定性和风险性不容忽视，对我国这样的人口和经济大国来说，国内粮食消费需求增长旺盛、基数庞大，对于国际粮食市场风险也不能小觑。据粮农组织和国际经合组织预测，2020年国际粮食市场贸易将保持紧平衡且竞争激烈。其中，大米和小麦新增贸易量有限，预计小麦、大米贸易量分别为4 000万吨和1.4亿吨，比目前供应量增加700多万吨和1 200万吨，进口国数量和进口量也呈现增长趋势。玉米总体供需偏紧，未来玉米市场库存消费比将有所下降，贸易量约增加2 000多万吨，但欧洲、非洲等传统进口国新增需求近1 000万吨，加之玉米作为生物质能源原料与能源市场价格形成联动和强金融属性，总体需求及供应不确定性比较大。

总体来看，利用国际市场资源需要严格防范好各种国际风险，借力不依赖，做到三个坚持。一是在数量上坚持谷物基本自给、口粮绝对安全与利用进口调剂余缺相结合，稻谷、小麦基本上达到完全自给，少量进口主要用于品种调换，玉米至少实现90%以上自给。二是在方式上坚持贸易手段和"走出去"战略相配套。既要科学谋划和制订粮食进口策略，并适时适度进口紧缺粮食品种，也要积极推进农业"走出去"战略，通过开发国际资源形成境外粮食权益产量和产能储备，增强全球粮食调配能力。三是在时点上要把握好进口的时机、节奏和力度，实施适时出手的"错峰进口"，提高进口效率，做到既为我所用又避免影响国内生产和大量进口等造成的粮农卖粮难，确保进口不影响国内相关产业的后续发展。否则，不仅增加了调控工作的难度和压力，而且很容易导致调控政策陷入"顾此失彼"的尴尬境地。

（2）加强区域性粮食战略合作。通过区域性的国际间粮食合作可能是保障国内粮食安全另一种现实途径，未来一个时期，我国应该着力提升中国东盟"10＋1"和"中国＋X"自贸区框架下的粮食安全合作制度化建设与务实合作水平。东盟是全世界最主要的大米产区之一，泰国、越南、老挝、柬埔寨和缅甸是东盟主要大米生产国，年出口大米量累计约2 000万吨，占据全球出口量的70%左右。粮食安全对中国和东盟国家都至关重要，双方在粮食安全领域的合作还有很大潜力。一方面，来自中国的杂交水稻新品种和水稻种植技术在越南、柬埔寨、文莱等国家受到欢迎，对当地稳步增产发挥了重要作用；另一方面，我国市场十分庞大，对包括粮食在内的产品需求也十分旺盛。由于历史原因和现实存在的一些矛盾使得我国在该地区的影响力远不及在遥远非洲大陆的影响力，不论是出于经济发展还是出于地缘政治利益的目的，强化中国—东盟交流，增强我国在该地区的影响力都有着十分重要意义。农业合作一直是双方合作的重要领域，双方粮食安全的新战略为中国东盟区域合作提供了一个机会。中国—东盟自由贸易区覆盖19亿人口，若在"10 + 1"区域内解决粮食问题，就是在为全球粮食安全做贡献。

对于正在谈判的自贸区——中国巴基斯坦自贸协定第二阶段谈判和正在研究的自贸区——中国印度自贸区，可考虑把粮食（农业）安全合作作为其中的重要内容，与印度、巴基斯坦的粮食贸易、农业技术输出和食品加工贸易等方面的发展潜力尤其巨大。作为传统农业国，大米是巴基斯坦继棉花、小麦后的重要农产品。巴基斯坦是世界第五大大米出口国，最近两年大米出口量都在350万吨以上，约占全球大米出口量的10%。大米凭借高品质和极具竞争力的价格在我国市场获得一席之地，年销量60万~70万吨，目前我国已经成为巴基斯坦非巴斯马蒂大米（non-basmati rice）的主要进口国。绿色革命对增加印度粮食生产、保障粮食自给自足起到了极大作用。2011年度，印度大米产量达到创纪录的1.02亿吨，除了保障国内粮食消费外，2012年印度大米出口量增长了一倍，抓住泰国大米政策失误契机，并放宽大米出口限制，一跃成为世界第一大米出口国。印度非常希望打入我国市场，从而消化富余大米。同时，印度是世界上第二大小麦生产国，也是重要的小麦出口大国，2011年9月取消了出口小麦的禁令后，激发了小麦出口活力，在2012~2014年期间小麦出口量都在400万吨左右。我国通过建立自贸区范围内有效的农业技术培训、农业种业输出和粮食投资便利化机制，打造良好的互信关系，这对我国在自贸区范围内建立应对全球"金融战"的粮食和农产品储备基地，具有现实和深远意义，我国完全可以与自贸区国家逐步构建步调一致应对全球粮食和农产品价格波动的协调机制。

（3）培育我国的国际大粮商。面对日益激烈的国内外农业发展环境，跨国农业垄断寡头在全球粮食主产地和国际贸易中占据主导地位，并通过掌控产业链核心环节等，攫取核心竞争优势和市场话语权。国际粮食市场的波动性、不确定性对国内产业的影响十分广泛。但我国利用国际市场和资源尚缺少整体性、系统性规划和顶层设计，没有定价权、被动接受等问题非常突出，急需打造我们自己的国际大粮商，建立健全利用国际市场与资源的战略机制和载体，持续提升国家对国际粮食资源的支配能力。目前，世界上"ABCD"和益海嘉里、丸红等通过宽领域、全产业链的全球布局，把利润集中到产业链核心环节，实现垄断利润。大粮商的首要目标是提高国家对农业战略产业的掌握能力，构筑更加安全可靠的粮食安全体系，保障国内主要农产品价格调控在合理水平，确保"中国人的饭碗任何时候都要牢牢端在自己手中"。中国国际大粮商不仅要具备完整的仓储和物流体系，满足产业链全球布局的需要，而且建立的供应网络必须是持续稳定的。结合供应链优势，有策略地进入国际粮食市场，避免突然大量采购引发"大国效应"。随着金融资本市场的突飞猛进，要通过期货市场发挥作用，进行风险控制。另外，根据时机实施"走出去"战略，实行"开拓性"进口。我国是世界人口最多的发展中国家，是粮食生产大国、消费大国和进口大国，打造中国国际大粮商必须立足我国国情农情，真正成为保障贸易规模、提高贸易效率和稳定贸易渠道的载体。

三、政策建议

本研究以经济全球化和国内粮食战略调整为背景，较全面地构建了我国粮食进口常态化下应对风险的研究框架，明确了进口风险的概念，创设性地论述了稳定粮食进口渠道、增加粮食进口收益等问题。从文献述评、理论基础出发，实证分析论述了风险理论框架下的粮食进口，主要基于国内粮食流通与进口、粮食调控效率、市场势力、大国效应、贸易便利化等内容展开研究，进而提出粮食进口的策略选择和政策建议。这一思路力图保证研究逻辑上的自洽性和连贯性，希望对实际工作的政策制定提供参考或启示。

全面落实国家粮食安全新战略及各项工作部署，必须始终根植于我国国情粮情的现实基础，紧盯客观形势和粮食供需格局变化，抓准节点、把握规律、顺势而为、趋利避害，不断完善调控措施，探索创新机制办法，始终做到防范倾向性问题有策略研判，化解拐点型影响有政策储备，面临突发性事件有应对预案。坚定不移地贯彻国家粮食安全新战略，从战略层面来讲，我国粮食进口风险防控战略应从风险管理的需要出发，以市场化为根本导向，以最大收益、最小风险依靠国际市场获取所需粮食为目标，构筑导向明确、重点突出、配套协调的进口政策体系。从操作实战来讲，可借鉴日韩粮食进口的政策经验，结合我国粮情、农情具体情况，综合运用市场监控、谈判策略、政策扶持和贸易救济等政策工具，多措并举、稳妥推进各项政策落地生根，发挥"组合拳"功效，为粮食进口提供全方位、多层面的立体安全防护网。未来中长期，应着重从以下几个方面强化落实确保粮食进口安全的政策措施。

（一）加强粮食对外协作力度和范围，抓紧完善粮食进口贸易调控政策

1. 实施多元化粮食进口策略

随着国内外粮食市场的关联越来越密切，我们必须以全球化视野、战略性思维、长远眼光谋划我国粮食发展。站在全局高度加强粮食领域国际合作交流，冷静观察，沉着应对，在更大范围、更广领域、更高层次上促进生产要素的优化配置，最大限度地利用国际化、全球化带来的机遇。改善贸易环境，拓展贸易渠道，在巩固现有进口渠道的同时，积极拓展新的进口来源，合理分散进口风险。重点加强与粮食资源丰富、生产潜力较大的国家之间开展战略性互利合作，并签订粮食输入协议，从而防止出现单一粮食出口大国对我国市场的垄断集中。目前我国大米进口来源国主要是越南、泰国和巴基斯坦，通过签订政府间合作协议等方式，稳定进口渠道，加强与缅甸、老挝的农业合作，适当增加其他周边国家进口量。小麦全球生产分布广泛，应在巩固美国、澳大利亚和加拿大等进口渠道的同时，积极开拓哈萨克斯坦、乌克兰等中亚国家及法国、俄罗斯等欧洲国家的新渠道。目前，玉米主要从美国进口，今后应逐步增加从其他出口大国

如巴西、阿根廷、乌克兰等国家的进口。

2. 完善粮食进口配额管理和国营贸易制度

更好地把握配额发放的时机、节奏、数量，加强使用监管，遏制配额倒卖，避免在国际价格过低时发放，导致"边收获边进口"。参照日本的大米配额招标经验，试行粮食配额招标制度，对进口国别、品种、用途等严格要求和跟踪。加强海关监管和边境检验检疫，严打走私行为，避免低质、低价粮食产品无序流入国内。进一步细化农产品配额额度，在保持某产品既定配额量前提下，可适当增加高端进口产品（如香米）的配额量，缩减中低端产品（如籼米）的配额量。同时，尽早研究制定超配额进口关税调控政策，研究建立进口关税调节基金的可行性。高比例的国营贸易管控下的配额管理，能有效起到防火墙作用，未来应着力通过完善关税配额和国营贸易管理实施进口调控。对未来超配额进口应及早着眼相关贸易对策，采取诸如滑准税、附加税等有效措施，确保产业发展空间。

3. 强化进口与储备的衔接联动

日本对进口大米在国内市场的流通严格限制，主食用约占10%，用于制作大酱、脆饼等加工约占36%，用于对外援助约占27%，用于饲料约占5%，库存约占22%。借鉴日本的经验，管制进口大米用途，确保严格封闭运行，避免冲击国内市场。健全进口转储备调节机制，避免快进口和高库存"双碰头"，把中储粮总公司纳入粮食进口国营贸易企业名单，对进口转国家储备的大宗农产品，免征进口环节增值税，海关、质检等部门提供通关便利，中央调节周转储备主要来源于进口补充。

4. 创设粮食产业损害防范与救济机制

加强和完善国内产业损害监测预警，加大"两反一保"等贸易救济措施的实施力度，推进公平贸易，有效发挥粮食进口的积极作用，规避其对国内产业的负面影响。我国承诺的粮食进口约束关税低，在产业受到损害或损害威胁时，应及时采取贸易救济措施，特别是一般保障措施，这是

WTO 规则赋予的权利，是我国"两反一保"条例规定的法定手段，核心就是通过征收额外关税确保进口价格不低于国内成本价，确保国内产业合理利润空间。启动贸易救济措施，要符合我国"两反一保"条例和 WTO 有关透明度的要求，扎实做好各项准备工作。推动开展粮食产业损害评估，组织专家对贸易中长期产业安全程度进行评定。完善产业应诉帮扶机制，配合粮食进口商做好应诉动员、组织与协调工作。拟订粮食进口控制的分级预警评价标准，对应拟订响应机制和工作预案。

（二）根据国际粮食市场风险性加大特点，强化对国际粮食市场的监测监管

1. 强化粮食进口监管和进口报告制度

加强进口粮食的国内流通管理，建立进口粮食原产地标识制度，确保能追溯进口粮食的用途和流向，避免因进口渠道不稳不畅、进口到港量集中与收获同期碰头对撞以及来自外部的不公平和非常规冲击等，导致国内产业发展受阻及市场被挤等不利影响。持续推进进境粮食指定口岸建设，将其作为一项长期工作来抓。针对高粱、大麦、DDGS（干酒糟及其可溶物）等玉米替代物的大量进口且没有配额限制，尽快要求大麦、木薯、高粱以及玉米酒糟的进口商登记进口细节，以便更好地监控进口需要。进一步研究 DDGS 大量进口对国内玉米加工环节的冲击，抓紧出台更加具有调控效力的 DDGS 进口管理措施。研究建立强制性企业贸易信息报告制度，提高市场运行的可预测性和透明度，增强企业社会责任。

2. 抓紧构建有国际影响力的粮食监测预警与应急保障体系

市场化程度较高的经济发达国家都已建立了从粮食信息采集、分析到发布的粮食监测预警体系，用以指导生产、调控市场，并借助完善的农产品期现货市场体系，影响世界粮食价格走势。借鉴发达国家的成功经验，结合我国农业转型升级的客观实际，特别要加强对国内外粮食成本、国内价格与配额外完税后价差等信息的监测，引导粮食生产和消费，争取粮食国际市场定价权，夺取粮食贸易主动权。以粮食信息监测、分析预警、信

息发布等内容为核心，加快建立全球信息监测预警系统，打造汇集全球粮食动向的高效、权威、统一信息监测平台，形成官方权威的大粮食数据系统。建立粮食中长期预测系统，综合考虑相关影响因素，对粮食大国的生产、贸易、消费变化等进行滚动预测，涵盖数据大平台、中长期预测模型和分级预警与响应机制。组建专业化粮食信息分析预警团队，完善粮食监测信息发布和综合信息服务配套机制，依靠信息引导配置全球资源。

（三）深入参与多边双边谈判，维护粮食发展核心利益

1. 强化贸易磋商谈判和国际规则标准制定参与度

继续坚定不移地推动 WTO 框架下的多边贸易谈判，维护好粮食产品关税保护幅度和国内支持空间，利用 WTO 农业委员会宣传我国立场。积极参与 WTO 贸易政策审议和争端解决工作，及时了解贸易伙伴政策动向，努力消除贸易障碍。积极参与 FAO 等国际组织活动，加大涉农国际标准磋商的参与力度，及时跟踪研究相关国际规则，保护好核心利益，为粮食进口营造良好的外部环境。积极参与有关农业国际投资规则磋商和制定，推动签署双边投资保护协定，争取有利于扩大投资的市场准入和互保条款。

2. 积极开展重要粮食大国自贸区谈判

深入参与自由贸易区谈判，推动区域粮食战略形成共识，围绕产业发展需要，科学合理设定敏感粮食进口条件。我国要着力推动农业谈判中粮食出口限制和禁止政策的透明化、确定性，联合日本、韩国、巴西、西班牙和埃及等主要粮食进口国，寻求在 WTO 框架下或区域范围内完善粮食出口限制和禁止的约束机制。开展自贸区战略深化研究，结合正在实施的中日韩、中印和中国巴基斯坦自贸协定第二阶段谈判，考虑利用区域协作机制约束粮食主产国实施出口限制政策，加强区域性粮食国际合作。

3. 推进"10 + 1"、"10 + 3"粮食安全务实合作

因地缘因素，由我国主导的大湄公河次区域农业合作（GMS）较少受

到欧美等政治势力的干预，力争把 GMS 机制下的粮食安全合作打造成中国与东盟在该领域合作的样板，从而促进中国与东盟国家粮食合作。东盟区域内国家发展差异很大，印度尼西亚、菲律宾面临着日益突出的粮食安全问题，应尽快破解合作困局、提升合作水平与成效。我国可将粮食安全合作作为地区一体化的重要推手，积极主动参与地区制度建设，在推动粮食安全合作与地区信任良性互动的过程中实现中国与东盟地区共同发展。我国应通过强化对"10 + 3 紧急大米储备库"的资金和制度建设投入，引领整个东亚地区粮食安全合作进程，不仅可考虑通过追加注资成为第一出资国，而且还要着重加强对该机制功能建设的引领和塑造。

（四）加快培育国内领军的粮食集团，推进粮食企业"走出去"

1. 推进国内粮食企业整合、重组

我国粮食企业基本上都经营规模小、产能过剩、产品单一。即使几个大型国有粮食企业也很难与国际大粮商抗衡。做强、做大、做优国内粮食企业，增强与国际粮商竞争的能力，按照"将零散资产整合为整体资产、低效资产整合为高效资产、劣质资产整合为优质资产、小型资产整合为大型资产"的原则，整合国内中小粮食企业资源，采取兼并、重组、资产置换、合作的形式，形成多层次的市场粮食经营主体。通过并购实现强强联合，形成粮食企业的中坚力量，与实力强大的外资控股企业抗衡，并借此培育我国粮食领域的世界级跨国公司。鼓励企业开展境外粮食经营加工，建立产销加工储运体系，绕过跨国公司开展直接贸易。

2. 完善国内粮食企业供应布局

加快构建以陆桥通道、沿长江通道为横轴，以沿海航道、京哈京广京沪、包昆通道为纵轴的粮食走廊建设。按照粮食走廊模式分类的便捷性、合理性、因地制宜和以问题为导向的原则，粮食走廊建设不仅要考虑最优成本和路径，还要考虑各地粮食调运的来源、粮食调运的方式以及保障粮食安全的难度和重要程度。加强港口粮食物流中心建设，完善物流中心配套设施，加快实现铁路、公路和水路间无缝对接进程，从而提高粮食流通

效率，实现粮食顺利运转。改善现有港口城市粮食物流的制约条件，完善粮食物流发展需要，加强粮食"四散化"运输和装卸设备建设。

3. 稳步推动粮食企业"走出去"

进一步领悟党中央将农业"走出去"上升为国家战略的意图，形成推进农业"走出去"一盘棋总体部署。在现有研究报告、规划成果基础上，结合针对不同行业、地区、运行模式等情况执行的联合调研结果，从区域、品种、投资规模、运作模式选择、政府企业角色分工、政策体系保障等方面进行合理引导。在坚持市场决定性作用和企业自主独立的原则下，务实稳步推进粮食企业"走出去"，利用国外资源获取境外"权益土地"，争取"权益产能"，建立产销加工储运体系，提高调配水平。加强驻外使领馆的农业工作力量，在驻农业大国的国家大使馆增设农业参赞或外交人员，统筹粮食贸易。

参考文献

[1] 鲍晓华：《食品安全标准促进还是抑制了我国谷物出口贸易——基于重力模型修正贸易零值的实证研究》，载《财经研究》，2011 年第 3 期。

[2] 陈博文、钟钰、刘佳：《基于市场势力视角对我国大米进口市场结构的研究》，载《国际贸易问题》，2015 年第 3 期。

[3] 陈博文、朱立明、钟钰：《当前中国粮食适度进口的战略分析》，载《农业展望》，2014 年第 8 期。

[4] 陈传兴、李静逸：《中国大豆与玉米进出口贸易的"大国效应"分析》，载《国际观察》，2011 年第 2 期。

[5] 陈飞、范庆泉、高铁梅：《农业政策、粮食产量与粮食生产调整能力》，载《经济研究》，2010 年第 11 期。

[6] 程国强：《中国农业对外开放：影响、启示与战略选择》，载《中国农村经济》，2012 年第 3 期。

[7] 程国强：《粮食进口如何趋利避害》，载《瞭望新闻周刊》，2005 年第 16 期。

[8] 池邦劳、王永县、朱涛等：《我国进口粮食的风险评价》，载《国际技术经济研究》，2001 年第 2 期。

[9] 邓娟：《南京国民政府时期上海米荒及其应对研究（1927 - 1937）》，华中师范大学硕士论文，2009 年。

[10] 杜海蓉：《中国粮食产业：外资的影响与我们的对策》，载《江苏农村经济》，2011 年。

[11] 段开龄：《现代保险研究》，载《经济评论》，1993 年第 1 期。

[12] 范建刚：《"大国效应"的有限性与我国粮食外贸政策的选择》，载《经济问题》，2007 年第 8 期。

［13］方晓丽、朱明侠：《中国及东盟各国贸易便利化程度测算及对出口影响的实证研究》，载《国际贸易问题》，2013 年第 9 期。

［14］傅龙波、钟甫宁、徐志刚：《中国粮食进口的依赖性及其对粮食安全的影响》，载《管理世界》，2001 年第 3 期。

［15］弗兰克·奈特：《风险、不确定性和利润》，华夏出版社 2011 年版。

［16］高帆、龚芳：《国际粮食价格是如何影响中国粮食价格的》，载《财贸经济》，2012 年第 11 期。

［17］高焰辉、董金移、张锐：《外资与中国粮食安全》，载《中国外资》，2009 年第 9 期。

［18］官桓刚、屈丽英：《中国进口贸易风险分析——来自辽宁的典型案例》，载《东北财经大学学报》，2005 年第 6 期。

［19］郭庆方：《中国原油进口效率研究》，载《中国石油大学学报（社会科学版）》，2012 年第 4 期。

［20］郭晓亭、蒲勇健：《证券投资基金风险分析》，重庆市证券业学术会议论文，2002 年。

［21］亢霞：《中国粮食流通效率和现代流通体系构建初探》，中国农业出版社 2014 年版。

［22］国家粮食局：《2013 中国粮食发展报告》，经济管理出版社 2013 年版。

［23］何安华、陈洁：《日本保障粮食供给的战略及政策措施》，载《现代日本经济》，2014 年第 5 期。

［24］何安华、陈洁：《韩国保障粮食供给的战略及政策措施》，载《世界农业》，2014 年第 11 期。

［25］何树全、高旻：《国内外粮价对我国粮食进出口的影响——兼论我国粮食贸易的"大国效应"》，载《世界经济研究》，2014 年第 3 期。

［26］何琬、孙晓蕾：《石油进口国家的风险选择与贸易多元化分析》，载《国际经济合作》，2011 年第 7 期。

［27］胡宣达、沈厚才：《风险管理学基础——数理方法》，东南大学出版社 2001 年版。

[28] 胡小平：《粮食价格与粮食储备的宏观调控》，载《经济研究》，1999 年第 2 期。

[29] 胡迎春、刘卿：《粮食禁运的风险与中国粮食安全的政策选择》，载《中国农垦经济》，2003 年第 8 期。

[30] 胡鞍钢：《立足国内 基本自给 适度进口 促进交换——中国 21 世纪粮食战略的基本选择》，载《经济研究参考》，1997 年第 67 期。

[31] 黄汉权：《发展粮油加工业保障国家粮食安全》，载《中国国情国力》，2013 年第 3 期。

[32] 孔凡玲、李彦民：《人民币汇率变动对中国小麦进口贸易的影响研究》，载《中国农学通报》，2013 年第 8 期。

[33] 蒯鹤潍：《调整现行管理体制防范粮食进口风险》，载《农产品加工》，2006 年第 9 期。

[34] 匡远配、李文、刘志雄：《对粮食安全政策中的"95%"的探讨》，载《粮食储藏》，2005 年第 3 期。

[35] 匡增杰：《WTO 贸易便利化议题谈判进程回顾与前景展望》，载《世界贸易组织动态与研究》，2007 年第 5 期。

[36] 蓝海涛：《当前我国粮食加工业利用外资的突出问题及对策》，载《宏观经济研究》，2011 年第 5 期。

[37] 李炳坤：《加入世贸组织与农业发展对策》，载《中国农村经济》，2002 年第 1 期。

[38] 李春艳：《外资侵蚀中国粮油市场中国粮食安全堪忧》，载《党政干部文摘》，2009 年第 3 期。

[39] 李丰、李光泗、郭晓东：《外资进入对我国粮食安全的影响及对策》，载《现代经济探讨》，2011 年第 6 期。

[40] 李光泗、李丰、赵霞等：《重视外资进入我国粮食产业》，载《中国粮食经济》，2012 年第 1 期。

[41] 李光泗、郑毓盛：《粮食价格调控、制度成本与社会福利优化》，载《农业经济问题》，2014 年第 8 期。

[42] 李国祥：《内忧外患粮食安全考验中国》，载《中国贸易报》，2009 年 2 月 3 日。

［43］李晶晶：《直面粮食进口安全》，载《中国外资》，2005 年第 8 期。

［44］李晓钟：《我国粮食对外贸易中的一个"悖论"以及成因探析》，载《国际贸易问题》，2005 年第 4 期。

［45］李晓钟、王斌：《我国罗非鱼产业国际市场势力实证分析》，载《农业经济问题》，2010 年第 8 期。

［46］李晓钟、张小蒂：《粮食进口贸易中"大国效应"的实证分析》，载《中国农村经济》，2004 年第 10 期。

［47］李义伦、肖芝娥：《我国粮食进出口贸易"逆调节"表现及成因分析》，载《农业机械》，2011 年第 26 期。

［48］李勇、蓝海涛：《中长期中国粮食安全财政成本及风险》，载《中国农村经济》，2007 年第 5 期。

［49］李豫新、郭颖慧：《边境贸易便利化水平对中国新疆维吾尔自治区边境贸易流量的影响——基于贸易引力模型的实证分析》，载《国际贸易问题》，2013 年第 10 期。

［50］林大燕、朱晶、吴国松：《季节因素是否影响了我国大豆进口市场格局——基于拓展 H-O 模型的理论分析与实证检验》，载《国际贸易问题》，2014 年第 3 期。

［51］林光华、陈铁：《国际大米价格波动的实证分析：基于 ARCH 类模型》，载《中国农村经济》，2011 年第 2 期。

［52］刘林奇、曾福生：《粮食进口对我国粮食安全影响的实证分析——基于风险视角》，载《求索》，2014 年第 10 期。

［53］刘春雨、王锐：《中国粮食进口风险影响因素实证研究》，载《广东农业科学》，2015 年第 5 期。

［54］刘晓梅：《我国粮食安全战略与粮食进口规模》，载《宏观经济研究》，2004 年第 9 期。

［55］罗万纯、刘锐：《中国粮食价格波动分析：基于 ARCH 类模型》，载《中国农村经济》，2010 年第 4 期。

［56］鲁靖：《不和谐的中国粮食贸易：实证分析与对策》，载《经济与管理研究》，2005 年第 9 期。

［57］鲁靖、邓晶：《中国粮食贸易特征的原因分析与对策》，载《国

际贸易问题》，2006 年第 5 期。

[58] 卢俊峰、刘伟华：《中国大宗商品进口风险及防范措施探析》，载《经济师》，2011 年第 3 期。

[59] 卢锋：《粮食禁运风险与粮食贸易政策调整》，载《中国社会科学》，1998 年第 2 期。

[60] 卢锋：《我国棉花国际贸易"贱卖贵买"现象研究》，载《经济研究》，2000 年第 2 期。

[61] 卢锋、谢亚：《我国粮食供求与价格走势（1980～2007）——粮价波动、宏观稳定及粮食安全问题探讨》，载《管理世界》，2008 年第 3 期。

[62] 吕捷、林宇洁：《国际玉米价格波动特性及其对中国粮食安全影响》，载《管理世界》，2013 年第 5 期。

[63] 马九杰、张传宗：《中国粮食储备规模模拟优化与政策分析》，载《管理世界》，2002 年第 9 期。

[64] 马建蕾、吕向东：《大宗农产品国内外价差形成的原因、影响及对策》，载《世界农业》，2013 年第 12 期。

[65] 马述忠、王军：《我国粮食出口市场势力的实证分析》，载《浙江社会科学》，2012 年第 7 期。

[66] 马晓河：《有关粮食宏观调控的几点建议》，载《经济研究参考》，2004 年第 15 期。

[67] 苗珊珊、陆迁：《国际大米价格波动对国内市场的传递效应——基于误差修正模型的估计》，载《财贸研究》，2012 年第 1 期。

[68] 倪洪兴：《我国农产品贸易带来的挑战与对策建议》，载《清华大学中国农村研究院"三农"决策要参》，2014 年第 29 期。

[69] 潘苏、熊启泉：《国际粮价对国内粮价传递效应研究——以大米、小麦和玉米为例》，载《国际贸易问题》，2011 年第 10 期。

[70] 钱学锋、陈勇兵：《国际分散化生产导致了集聚吗：基于中国省级动态面板数据 GMM 方法》，载《世界经济》，2009 年第 12 期。

[71] 瞿商：《中国粮食国际贸易和性质的历史分析》，载《中国经济史研究》，2006 年第 3 期。

[72] 孙林：《粮食丰产国出口限制是否推动了国际粮食价格上涨？——

以大米为例的实证分析》，载《中国农村经济》，2011年第9期。

[73] 孙林、倪卡卡：《东盟贸易便利化对中国农产品出口影响及国际比较——基于面板数据模型的实证分析》，载《国际贸易问题》，2013年第4期。

[74] 孙林、唐锋：《因变量零值情况下国际贸易引力模型估计的研究新进展》，载《统计与决策》，2012年第21期。

[75] 孙林、唐峰：《粮食出口限制、粮食安全与区域合作框架下的约束机制》，载《国际经贸探索》，2012年第10期。

[76] 孙林、蓝旻、钟钰：《贸易便利化对中国与东盟区域谷物可获得性的影响：进口贸易流量视角的考察》，载《农业技术经济》，2015年第1期。

[77] 孙林、徐旭霏：《东盟贸易便利化对中国制造业产品出口影响的实证分析》，载《国际贸易问题》，2011年第8期。

[78] 孙绪：《中国农产品进口激增与粮食安全：成因与对策》，载《国际经济合作》，2014年第11期。

[79] 谭术魁、彭补拙：《粮食安全的耕地保障检讨及近期耕地调控思路》，载《经济地理》，2003年第3期。

[80] 同文：《粮油加工业市场动向》，载《农产品加工》，2006年第11期。

[81] 谭砚文、温思美、李崇光：《中国棉花国际贸易对国际市场棉花价格影响的实证分析——对中国棉花"贱卖贵买"现象的质疑》，载《中国农村经济》，2005年第1期。

[82] 汤洋、刘书琪：《适度进口粮食 确保粮食安全》，载《黑龙江粮食》，2007年第6期。

[83] 唐锋、孙林：《WTO关于粮食出口限制措施的约束机制：局限和发展》，载《农业经济问题》，2013年第7期。

[84] 王常伟、吴志华：《基于SCP理论的我国大米工业绩效分析》，载《粮油加工》，2009年第8期。

[85] 王明涛：《证券投资风险计量、预测与控制》，上海财经大学出版社2003年版。

[86] 王楠、张晓峒：《基于 PVAR 模型的金融数字化资源与城市化进程的关联性研究》，载《情报科学》，2011 年第 10 期。

[87] 王强、陈俊华：《基于供给安全的我国石油进口来源地风险评价》，载《世界地理研究》，2014 年第 1 期。

[88] 王锐：《我国粮食进出口与粮食价格关系的实证研究——基于粮食安全的角度》，载《广东商学院学报》，2012 年第 1 期。

[89] 王瑞元：《我国粮食加工业的发展趋势》，载《粮食与食品工业》，2011 年第 5 期。

[90] 王双进、李顺毅：《粮食价格波动的成因及调控对策》，载《经济纵横》，2013 年第 2 期。

[91] 王孝松、谢申祥：《国际农产品价格如何影响了中国农产品价格》，载《经济研究》，2012 年第 3 期。

[92] 王文斌、戴金平：《国际粮食价格与其产量、消费和库存——基于时间序列的实证研究：1980 – 2007 年》，载《国际贸易问题》，2009 年第 5 期。

[93] 吴海霞、王静：《中国粮食市场价格波动溢出效应研究》，载《农业技术经济》，2012 年第 10 期。

[94] 武拉平：《国内外粮食市场关系研究》，载《中国农村观察》，2001 年第 1 期。

[95] 吴利群：《进口贸易风险探析》，载《中国商贸》，2010 年第 26 期。

[96] 肖小勇、李崇光：《我国大蒜出口的"大国效应"研究》，载《国际贸易问题》，2013 年第 8 期。

[97] 谢翀：《新粮食安全观下外资并购粮油企业的安全审查法律制度探析》，载《湖南农机》，2010 年第 6 期。

[98] 谢娟娟、岳静：《贸易便利化对中国——东盟贸易影响的实证分析》，载《世界经济研究》，2011 年第 8 期。

[99] 徐芳、官雨虹：《我国产销区粮食运输存在的问题及对策》，载《财经科学》，2009 年第 12 期。

[100] 徐晖、马建蕾：《日本大米进口调控政策及对中国的启示》，载

《世界农业》，2014年第1期。

[101] 杨军、仇焕广、董婉璐等：《2013年国内外玉米供需分析及2014年展望》，载《农业展望》，2014年第2期。

[102] 杨光焰：《促进外资粮油企业规范发展的若干思考——基于粮食市场安全视角》，载《价格理论与实践》，2014年第4期。

[103] 杨莲娜：《中国粮食的进口安全分析》，载《皖西学院学报》，2013年第6期。

[104] 杨晓龙、刘希宋：《我国石油进口风险分析及对策》，载《技术经济》，2005年第8期。

[105] 杨燕、刘渝琳：《中国粮食进口贸易中"大国效应"的扭曲及实证分析》，载《国际商务：对外经济贸易大学学报》，2006年第4期。

[106] 杨正兵、童蓥：《小麦贸易格局的演变对中国粮食安全的影响——基于"粮食禁运"的理论分析》，载《中国农学通报》，2009年第17期。

[107] 杨俊伍、李青夏、靳乐山：《中国粮食进口对世界粮食市场的弹性分析》，载《粮油加工》，2008年第12期。

[108] 仰炬、王新奎、耿洪洲：《我国粮食市场政府管制有效性：基于小麦的实证研究》，载《经济研究》，2008年第8期。

[109] 姚惠源：《我国粮食加工业发展的新机遇与新挑战》，载《粮食加工》，2010年第6期。

[110] 叶青、易丹辉：《中国证券市场风险分析基本框架的研究》，载《金融研究》，2000年第6期。

[111] 于爱芝：《中国小麦进口与国际小麦市场价格变动的因果关系研究——对"大国"贸易模型的一个检验》，载《财经理论研究》，2004年第3期。

[112] 余淼杰：《发展中国家间的民主进步能促进其双边贸易吗——基于引力模型的一个实证研究》，载《经济学：季刊》，2008年第4期。

[113] 余莹：《国际粮食贸易规则之演进》，载《太平洋学报》，2011年第6期。

[114] 喻闻、黄季焜：《从大米市场整合程度看我国粮食市场改革》，

载《经济研究》，1998 年第 3 期。

　　[115] 袁国洲：《中国粮食安全问题及对策》，载《中国经贸》，2009 年第 5 期。

　　[116] 袁平：《国际粮食市场演变趋势及其对中国粮食进出口政策选择的启示》，载《南京农业大学学报（社会科学版）》，2013 年第 1 期。

　　[117] 占明珍：《市场势力研究——来自中国汽车制造业的实证》，武汉大学博士论文，2011 年。

　　[118] 张立莉：《WTO 框架下贸易便利化问题研究》，载《云南财经大学学报（社会科学版）》，2009 年第 4 期。

　　[119] 张会清：《中国铁矿石进口风险的量化评估——兼评进口多元化策略的成效》，载《国际经贸探索》，2014 年第 1 期。

　　[120] 张静伟：《中国粮食进口风险影响因素研究》，载《价格月刊》，2015 年第 5 期。

　　[121] 张吉祥：《我国粮食国际贸易定价权的风险分析》，载《调研世界》，2007 年第 5 期。

　　[122] 张吉祥：《贸易自由化与我国粮食安全目标实现的条件》，载《调研世界》，2007 年第 3 期。

　　[123] 赵永红：《解决国内外价差导致我国粮食进口激增的对策》，载《农业科技与装备》，2013 年第 4 期。

　　[124] 赵予新：《后危机时代中国粮食对外贸易的政策选择》，载《渔业经济研究》，2010 年第 4 期。

　　[125] 周莉萍：《我国粮油工业发展的几个关键问题》，中国食品产业网，2007 年。

　　[126] 周念利：《缔结"区域贸易安排"能否有效促进发展中经济体的服务出口》，载《世界经济》，2012 年第 11 期。

　　[127] 周刚等译，Frank J. Fabozzi 著：《投资管理学》，经济科学出版社 1999 年版。

　　[128] 钟钰、陈博文、孙林、秦富：《泰国大米价格支持政策与实践及启示》，载《农业经济问题》，2014 年第 10 期。

　　[129] 钟钰、陈博文：《国际粮食供求与我国粮食进口效率研究》，载

《现代经济探讨》，2014 年第 8 期。

　　[130] 钟钰、陈博文：《国内外粮食价差与我国粮食进口动态关系研究》，载《价格理论与实践》，2015 年第 5 期。

　　[131] 钟甫宁：《粮食储备和价格控制能否稳定粮食市场？——世界粮食危机的若干启示》，载《南京农业大学学报（社会科学版)》，2011 年第 2 期。

　　[132] 钟庆君：《外资进入我国粮食领域：一个不能漠视的问题》，载《红旗文稿》，2009 年第 10 期。

　　[133] 朱晶、钟甫宁：《从粮食生产波动的国际比较看我国利用世界市场稳定国内供应的可行性》，载《国际贸易问题》，2000 年第 4 期。

　　[134] 朱晶、钟甫宁：《市场整合、储备规模与粮食安全》，载《南京农业大学学报（社会科学版)》，2004 年第 3 期。

　　[135] 朱淑珍：《金融创新与金融风险》，复旦大学出版社 2002 年版。

　　[136] 朱彬：《我国粮食进口的中长期对策思路》，载《宏观经济管理》，2007 年第 12 期。

　　[137] 国务院：《国务院关于深化粮食购销体制改革的通知》，载 http：//www. chinalawedu. com/falvfagui/fg22016/11974. shtml，1994 – 05 – 09。

　　[138] 国家发改委：《国家粮食安全中长期规划纲要（2008 – 2020)》，载 http：//www. gov. cn/test/2008 – 11/14/content_1148698. htm，2008 – 11 – 13。

　　[139] 国家发改委：《粮食现代物流发展规划》，载 http：//www. moa. gov. cn/zwllm/zcfg/qtbmgz/200709/t20070903_883764. htm，2007 – 09 – 03。

　　[140] 人民网：《中国的粮食问题》白皮书，载 http：//www. people. com. cn/GB/channel2/10/20000908/224927. html，2014 – 07 – 15。

　　[141] 商务部：《促进大豆加工业健康发展的指导意见》，载 http：//www. mofcom. gov. cn/aarticle/bh/200809/20080905789913. html，2008 – 08 – 19。

　　[142] 姚润丰：《500 亿斤中央储备粮实现新陈轮换》，载 http：//news. xinhuanet. com/food/2015 – 02/09/c_1114301041. htm，2003 – 01 – 21。

　　[143] 中国畜牧业信息网：《农业协定》，载 http：//www. caaa. cn/show/newsarticle. php?ID = 533，2004 – 01 – 01。

　　[144] 中国政府网：《国家新型城镇化规划（2014 – 2020)》，载 http：//

www. gov. cn/gongbao/content/2014/content_2644805. htm, 2014 – 03 – 16。

[145] A. H. Mowbray, R. H. Blanchard, C. A. Williams Jr, *Insurance.* 4thed, New York: McGraw-Hill, 1995.

[146] Anderson J. E. , A Theoretical Foundation for the Gravity Equation, *American Economic Review* LXIX, *Journal of African Economies*, 1979: 106 – 116.

[147] Anderson J. E. , EW Incoop, Borders, Trade and Welfare, *National Bureau of Economic Research*, Working Paper Cambridge, MA No. 8515, 2001 – 10.

[148] Anderson J. E. , Van Wincoop E, Gravity with Gravitas: A Solution to the Border Puzzle, *American Economic Review*, 2001 (1): 170 – 192.

[149] Abe K. , Wilson J. S. , Governance, Corruption, And Trade In The Asia Pacific Region, Research Working Papers, 2008 (42): 1 – 42.

[150] Arellano M. , Bond S. , Some, Tests of Specification for Panel Data: Monte Carlo Evidence and an Application to Employment Equations, *Review of Economic Studies*, 1991 (2): 277 – 297.

[151] Alberto Portugal-Perez and john S Wilson, Export Performance and Trade Facilitation Reform: Hard and soft Infrastructure, *World Development*, 2012, Vol. 40: 1295 – 1307.

[152] Buguk C, Hudson D, Hanson T, Price Volatility Spillover in Agricultural Markets: An Examination of U. S. Catfish Markets, *Journal of Agricultural & Resource Economics*, 2003 (1): 86 – 99.

[153] Baumeister C. , Kilian L. , Do oil price increases cause higher food prices, *Economic Policy*, 2014 (80): 691 – 747.

[154] Brandow G E, Market Power and Its Sources in the Food Industry, *American Journal of Agricultural Economics*, 1969 (1): 1 – 12.

[155] Bain, Joe, Barriers to New Competition, Cambridge: MA: Harvard University Press, 1956.

[156] Baker, Bresnahan. Economic Evidence in Antitrust: Defining Markets and Measuring Market Power, Stanford Law and Economics, 2006.

[157] Bergstrand J. H. , The Gravity Equation in International Trade: Some Microeconomic Foundations and Empirical Evidence, *Review of Economics & Statistics*, 1985 (3): 474 –81.

[158] Bergstrand J. H. , The Generalized Gravity Equation, Monopolistic Competition, and the Factor-Proportions Theory in International Trade, *Review of Economics & Statistics*, 1989 (1): 143 –53.

[159] Baker, Bresnahan. Economic Evidence in Antitrust: Defining Markets and Measuring Market Power, Stanford Law and Economics, 2006.

[160] Balcombe, K, The nature and determinants of volatility in agricultural prices: an empirical study, Kelvin George Balcombe, 2009.

[161] Brown, Lester R. , Who Will Feed China? Wake-up Call for a Small Planet, New York: W. W. Norton&Company, 1995.

[162] Blundell R, Bond S, Initial conditions and moment restrictions in dynamic panel data model, Economics Papers, 1998 (1): 115 –143.

[163] Baier S L, Bergstrand J H, Do Free Trade Agreements Actually Increase Members' International Trade, *Journal of International Economics*, 2007 (1): 72 –95.

[164] Ben, S. , and John, S. W. , Trade facilitation in ASEAN member countries: Measuring progress and assessing priorities, Journal of Asian Economics, 2009, Vol. 20: 367 –383.

[165] Bresnahan T F, Empirical studies of industries with market power, Handbook of Industrial Organization, 1989: 1011 –1057.

[166] Bollerslevb T, Generalized autoregressive conditional heteroskedasticity, Eeri Research Paper, 1986, 31 (3): 307 –327.

[167] Bayoumi T. and Eichengreen B. , Is Regionalism Simply a Diversion? Evidence from the Evolution of the EC and EFTA, CEPR Discussion Papers 1294, 1995.

[168] Baumeister, Kilian, Do Oil Price Increases Cause Higher Food Prices? CFS Working Paper, No. 2013: 1 –70.

[169] Cheong C, Mehari T, Williams L V, Dynamic Links Between

Unexpected Exchange Rate Variation, Prices, and International Trade, *Open Economies Review*, 2006 (2): 221 – 233.

[170] Crane F G, Insurance principles and practices, 1984.

[171] Corporation I F, Bank W, Doing Business 2013 : Smarter Regulations for Small and Medium-Size Enterprises, Access & Download Statistics, 2013.

[172] Cowling, Waterson, Price-Cost Margins and Market Structure, *Economics*, 1976 (43): 267 – 274.

[173] Cumhur Buguk, Darren Hudson and Terry Hanson. Price Volatility Spillover in Agricultural Markets: An Examination of U. S. Catfish Markets, *Agricultural and Resource Economics*, Vol. 28, No. 1 (April 2003), 86 – 99.

[174] Dennis A, The Impact Of Regional Trade Agreements And Trade Facilitation In The Middle East And North Africa Region, *General Information*, 2006 (24): 1 – 24.

[175] Deaton, A., Laroque, G., On the behavior of commodity prices, *Review of Economic Studies*, 1992, Vol. : 1 – 23.

[176] Dorosh P A, Simon Dradri, Haggblade S, Regional trade, government policy and food security: Recent evidence from Zambia, *Food Policy*, 2009 (4): 350 – 366.

[177] Djankov S, Freund C L, Pham, Cong S, Trading on time, Social Science Electronic Publishing, 2006 (1): 166 – 173.

[178] Evdokia, M., and Silvia, S., The Potential Impact of Trade Facilitation on Developing Countries' trade, OECD Trade Policy Papers No. 144, 2013.

[179] Engle R F, Autoregressive Conditional Heteroscedasticity with Estimates of the Variance of United Kingdom Inflation, *Econometrics*, 1982 (4): 987 – 1007.

[180] Freund. C, Rocha. N, What contains Africa's export?, WTO staff Working paper, ERSD – 2010 (7).

[181] Felipe J, Kumar U, The Role of Trade Facilitation in Central Asia:

A Gravity Model, Working Paper No. 628, Annandale-on-Hudson, General Information, 2010 (4): 5 – 20.

[182] Fellmann T, Hélaine S, Nekhay O, Harvest failures, temporary export restrictions and global food security: the example of limited grain exports from Russia, Ukraine and Kazakhstan, *Food Security*, 2014 (5): 727 – 742.

[183] Ghoshal A, Going against the Grain: Lessons of the 1980 Embargo, *World Economy*, 1983 (2): 183 – 194.

[184] Glosten L R, Jagannathan R, Runkle D E, On the relation between the expected value and the volatility of the nominal excess return on stocks, *Journal of Finance*, 1993 (5): 1779 – 1801.

[185] Goldberg P K, Knetter M M, Measuring the intensity of competition in export markets, *Journal of International Economics*, 1999 (1): 27 – 60.

[186] Gilmore R, A poor harvest : the clash of policies and interests in the grain trade, Longman, New York and London, 1982.

[187] Haile, Kalkuhl, Braun, Short-Term Global Crop Acreage Response to International Food Prices and Implications of Volatility, ZEF-Discussion Papers on Development Policy No. 175, Center for Development Research, Bonn, February 2013: 1 – 33.

[188] Hall, The Relation between Price and Marginal Cost in U. S. Industry, *Journal of Political Economy*, 1988 (5): 921 – 947.

[189] Helpman E, Imperfect Competition and International Trade: Evidence from Fourteen Industrial Countries, *Journal of the Japanese & International Economies*, 1987 (87): 62 – 81.

[190] Haufbauer, G. C and Schott, J. J, Economic sanctions reconsidered: History and current policy, Institute for international economics, Washington, DC, 1985.

[191] Hildegunn K Nordas, Enrico Pinali, Masimo Geloso Grosso, Logistics and Time as a Trade Barrier, OECD Trade Policy Working Papers, No. 35, OECD Publishing, 2006: 58.

[192] Haigh M S, Markets J O F, Webb R I, Cointegration, unbiased

expectations, and forecasting in the BIFFEX freight futures market, Journal of Futures Markets, 2000 (6): 545 –571.

[193] Hall. The Relation between Price and Marginal Cost in U. S. Industry, *Journal of Political Economy*, 1988 (5): 921 –947.

[194] Iwanow, K. , Trade facilitation, regulatory quality and export performance, *Journal of International Development*, 2007 (19): 735 –753.

[195] J. S. Rosenbloom, A Case Study in Risk Management, Prentice Hall, 1972.

[196] James M. Collins, Tmothy W. Ruefli, Strategic risk. a state-defined approach, Kluwer Academic Publishers, 1996.

[197] Jonathan B. Baker and Timothy F. Bresnahan, Economic Evidence in Antitrust: Defining Markets and Measuring Market Power, Available from: Timothy Bresnahan Retrieved on: June 2, 2014.

[198] John, S. W. , Catberine, L. M. , and Tsunebiro, O. , Assessing the Benefits of Trade Facilitation: A Global Perspective, *World Economy*, 2005, Vol. 28: 841 –871.

[199] John, S. W. , Catberine, L. M. , and Tsunebiro, O. , Trade Facilitation and Economic Development: A New approach to Quantifying the Impact, World Bank Economic Review, 2003, Vol. 17: 367 –389.

[200] Koester U, Regional Cooperation to Improve Food Security in Southern and Eastern African Countries, International Food Policy Research Report No. 53. Washington D. C. : International Food Policy, 1986.

[201] Koo W W, The impacts of China's accession into the WTO on the U. S. wheat industry, Agricultural Economics Reports, 2000.

[202] Koo W W, Lou J, Johnson R G, Increases In Demand For Food In China And Implications For World Agricultural Trade, Agricultural Economics Reports, 1996.

[203] Krugman, Obstfeld, International Economics: Theory and Practice, Addison-Wesley, 2005: 10 –15.

[204] Lerner, The Concept of Monopoly and the Measurement of Monopo-

ly Power, *Review of Economic Studies*, 1934 (3): 157 – 175.

[205] Love I, Zicchino L, Financial Development And Dynamic Invest-ment Behavior. Evidence From Panel Var, *Quarterly Review of Economics & Finance*, 2006 (2): 190 – 210.

[206] Nicita A, Exchange rates, international trade and trade policies, International Economics, 2013: 47 – 61.

[207] Njinkeu D, Cameron H, Poverty L E A, Aid for Trade and Development, Economic Development and Multilateral Cooperation, Palgrave-McMillan, 2006, (2): 1 – 41.

[208] Nelson D B, Conditional Heteroskedasticity in Asset Returns: A New Approach, *Econometrical*, 1991 (2): 347 – 70.

[209] Porter, The Structure within industries and companies performance, *Review of Economics and Statistics*, 1979 (61), 214 – 227.

[210] Portugal-Perez A, Wilson J S, Export performance and trade facilitation reform : hard and soft infrastructure, World Development, 2010 (7): 1295 – 1307.

[211] PNgan P H, Dawe D, The Vietnamese rice industry during the global food crisis, Rice Crisis Markets Policies & Food Security, 2010.

[212] Paarlberg R L, Lessons of the grain embargo, *Foreign Affairs*, 1980 (1): 144 – 162.

[213] Paarlberg R L, The 1980 – 81 US grain embargo: Consequences for the participants, in Leyton-Brown, D. (ed.), The utility of international economic sanctions, Croom Helm, London and Sydney, 1987.

[214] Ramesh Sharma, Food Export Restrictions: Review of the 2007 – 2010 Experience and Consideratons for Disciplining Restrictive Measures, FAO Commodity and Trade Research Working Paper, 2011.

[215] Rezitis, Sassi, Commodity Food Prices: Review and Empirics, Hindawi Publishing Corporation.

[216] Song, Market Power and Competitive Analysis of China's Soybean Import Market, University of Kentucky Doctoral Dissertations, 2006.

［217］Shively, G. E, Food price variability and economic reform: an ARCH approach for Ghana, *American Journal of Agricultural Economics*, 1996 (78): 126–136.

［218］Stigler G J, Friedland C, What Can Regulators Regulate- The Case of Electricity, J. l. & Econ, 1962 (1): 1–16.

［219］Sun L, Reed M R, Impacts of Free Trade Agreements on Agricultural Trade Creation and Trade Diversion, *American J of Agricultural Economics*, 2010 (5): 1351–1363.

［220］Sadler M, Magnan N, Grain import dependency in the MENA region: risk management options, Food Security, 2011: 77–89.

［221］Samuelson, P, Stochastic speculative price, *Proceedings of the National Academy of Sciences*, 1971 (68): 335–337.

［222］Scott, L. B. , and Jeffrey, H. B. , Do free trade agreements actually increase members' international trade? , *Journal of International Economics*, 2007, Vol. 71: 72–95.

［223］Serra, Teresa, Gil, Jose Maria, Price volatility in food markets: can stock building mitigate price fluctuations?, 2012 Conference, August 18–24, 2012, Foz do Iguacu, Brazil, 2013 (3): 507–528.

［224］Shively, G. E, Food price variability and economic reform: an ARCH approach for Ghana, *American Journal of Agricultural Economics*, 1996 (78): 126–136.

［225］Siamwalla, Setboonsarng, Trade, exchange rate, and agricultural pricing policies in Thailand, The World Bank, 1989.

［226］Song, Marchant, Reed, Xu, Competitive Analysis and Market Power of China's Soybean Import Market, *International Food and Agribusiness Management Review*, 2009 (12): 21–42.

［227］Tinbergen J, Shaping the World Economy: Suggestions for an International Economic Policy, Mew York: The twentieth Century Fund, 1962.

［228］Titapiwatanakun, The Rice Situation in Thailand, Technical Assistance Consultant's Report, 2012.

[229] Wailes, Chavez, World Rice Outlook: International Rice Baseline with Deterministic and Stochastic Projections, 2012 – 2021, Arkansas Rice Research and Promotion Board and the Arkansas Agricultural Experiment Station, 2012.

[230] Williams, Chester Arthur, and Richard M. Heins, Risk management and insurance, McGraw-Hill Companies, 1985.

[231] Winters L A, Digging for Victory: Agricultural Policy and National Security, *The World Economy*, 1990 (2): 170 – 191.

[232] Wilson, J. S., Mann, C. And Otsuki, T., Assessing the Benefit of Trade Facilitation: A Global Perspective, *The World Economy*, 2005 (6): 841 – 871.

[233] Wilson, John S, Mann C L, et al, Trade facilitation and economic development: measuring the impact, Policy Research Working Paper No. 2988, Tsunehiro Otsuki, 2003 (3): 367 – 389.

[234] Will Martin, KymAnderson, Export restrictions and price insulation during commodity price booms, *American Journal of Agriculture Economics*, 2012 (2): 422 – 427.

[235] Wright, International Grain Reserves and Other Instruments to Address Volatility in Grain Markets, The World Bank Reserve Observer, Oxford University Press, 2012: 1 – 39.

[236] WTO, Food Export Barriers and Humanitarian Food Aid by the WFP (WT/GC/138), 2011 – 11 – 18.

[237] WTO, Revised draft modalities for agriculture (TN/AG/W/4/Rev. 4), 2008 – 12 – 06.

[238] Wright, W. and Williams, J. C, The economic role of commodity storage, *Economic Journal*, 1982 (367): 596 – 614.

[239] Yu, Wusheng, Jensen, Hans Grinsted, Trade policy responses to food price crisis and implications for existing domestic support measures: the case of China in 2008, World Trade Review, 2014.

[240] Zarzoso, I. M., Felicitas, N. D., and Horsewood, N., Are Re-

gional Trading Agreements Beneficial? Static and Dynamic Panel Gravity Model, *North American Journal of Economic and Finance*, 2009 (20): 46 – 65.

[241] Zilberman, The Impacts of Biofuels on Commodity Food Prices: Assessment of Findings, *American Journal of Agricultural Economics*, 2013 (95): 275 – 281.

后　记

　　自做博士后以来，笔者一直关注粮食安全问题，并开展了较为系统深入的研究。当前，国家粮食安全形势更趋复杂，已与当年不可同语。如何在有限的资源环境下有效满足我国日益增长的粮食需求，确保人口大国的粮食安全，是一个战略问题。尤其是迈向中高端收入过程中，需求增长与国内水土资源要素紧绷的矛盾突显，立足国内解决粮食安全的压力与挑战愈加严峻。那么如何在农产品市场开放条件下，更加有效利用国际市场，意义重大，这也是本书的着眼点。因此，自接到国家社科规划办的立项通知以来，激动兴奋之余，随即而来的是责任和压力，恐怕辜负了这份期冀，不能胜任研究任务。2013 年底中央农村工作会议提出国家粮食安全新战略，这为本课题研究提供了新视野，启发了新思路。

　　本书内容是国家社科基金"我国粮食进口风险防控与战略安排研究"的综合研究成果，由我本人主持，其他主要执笔人有南京财经大学粮食经济研究院李光泗副教授、浙江工业大学经贸管理学院孙林教授、堪萨斯州立大学农业经济系（Department of Agricultural Economics, Kansas State University）博士生陈博文（时为中国农业科学院农业经济与发展研究所硕士研究生）、浙江工业大学硕士研究生蓝旻、国家粮油信息中心胡文忠。本书内容共分七章，是团队成员共同努力的成果。各章内容主要撰写人员名单如下：第一、第二章钟钰，第三章钟钰、胡文忠，第四、第五章钟钰、陈博文，第六章孙林、钟钰、蓝旻，第七章钟钰。最后，在成书过程中，由钟钰进行核稿及修订。

　　在课题研究过程中，中国农业科学院农业经济与发展研究所秦富教授、李先德研究员、薛桂霞研究员、吕新业研究员、刘合光研究员、陈秧分副研究员和张宁宁博士等给予了大力指导和支持。另外，国家粮食局的王晓辉博士不遗余力地帮助协调调研事宜，积极促成我们前往广东海大集团股份有限公司、黑龙江农垦北大荒粮食集团、大连北方国际粮食物流股份有限公司等企业顺利开展调研，获得了宝贵的第一手资料。书稿中部分章节内容已在一些期刊发表，正是由于诸位编辑的精致修改和宝贵建议，使文中内容增色颇多，为本书的撰写奠定基础。最后，课题能荣幸地以"免于鉴定"的形式顺利结项，离不开上述专家和学者的指导、关心和帮助，在此一并表示衷心、诚挚的感谢。同时，本书能够顺利出版，得到中国农业科学院科技创新工程（ASTIP – IAED – 2015 – 06）的有力支持。

书中观点和内容是课题组基于学术性、政策性角度提出的，仅供学术界和决策部门参考。由于本人的知识水平和研究能力有限，在文字和内容逻辑衔接等诸多方面，难免有疏漏和不妥之处，敬请业界同仁和广大读者予以批评指正和不吝赐教。

钟　钰

2016 年 4 月

图书在版编目（CIP）数据

我国粮食进口风险防控与策略选择／钟钰等著．—北京：
经济科学出版社，2016.7
ISBN 978 - 7 - 5141 - 7034 - 4

Ⅰ.①我…　Ⅱ.①钟…　Ⅲ.①粮食 – 进口贸易 – 风险
管理 – 研究 – 中国　Ⅳ.①F752.652.1

中国版本图书馆 CIP 数据核字（2016）第 141902 号

责任编辑：齐伟娜
责任校对：靳玉环
责任编辑：李　鹏

我国粮食进口风险防控与策略选择
钟　钰　等著
经济科学出版社出版、发行　新华书店经销
社址：北京市海淀区阜成路甲 28 号　邮编：100142
总编部电话：010 - 88191217　发行部电话：010 - 88191540
网址：www. esp. com. cn
电子邮件：esp@ esp. com. cn
天猫网店：经济科学出版社旗舰店
网址：http://jjkxcbs. tmall. com
北京季蜂印刷有限公司印装
710 × 1000　16 开　14.25 印张　220000 字
2016 年 8 月第 1 版　2016 年 8 月第 1 次印刷
ISBN 978 - 7 - 5141 - 7034 - 4　定价：36.00 元